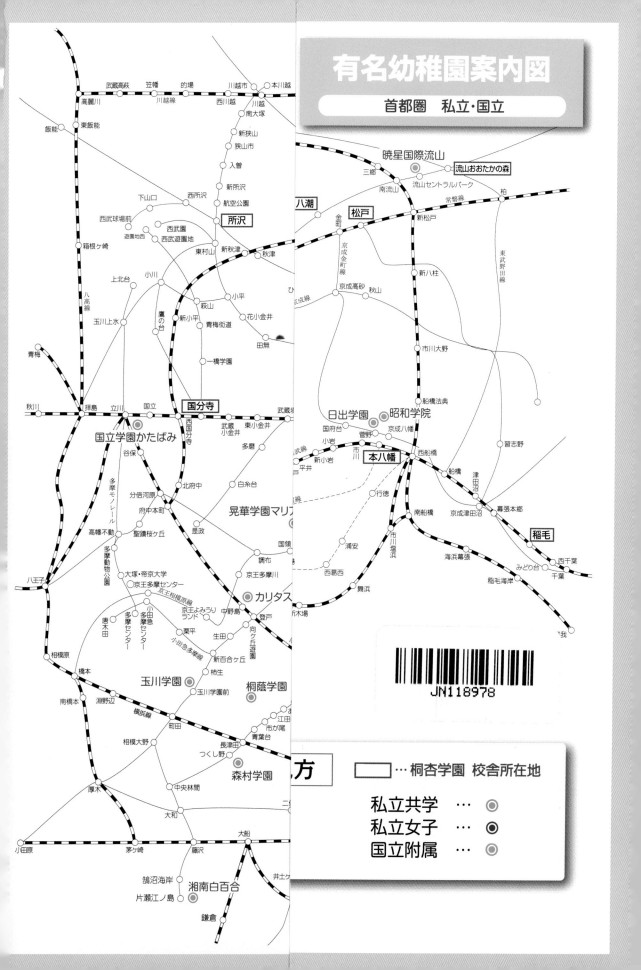

有名幼稚園案内図

首都圏　私立・国立

有名幼稚園に合格するために
なんでもわかる
幼稚園受験の本

首都圏有名国立・私立幼稚園案内
進学状況・入試データ・保護者の受験メモ

過去の試験問題の傾向
小集団テスト・個別テスト・面接テスト

入園願書の書き方とポイント
親子でする模擬テスト
面接テスト回答例

はじめに

【幼稚園受験を通して】

　受験するからには是が非でも合格したいと思うのが当然です。しかし、合格するよりも更に大切なことは、受験を通して、学ぶ楽しさをこの幼児期に体験させ、学習の姿勢を身につけさせることです。

　幼児期に培われたこの姿勢は、受験経験のない子どもとの間に大きな違いをつくり出します。苗木で言えば根を張らせる大切な時期です。少しでも早く根を張った木には、さまざまな可能性を持つ芽が育ちます。その芽は枝となり葉を繁らせ、他の木よりも早く大きく大木にすくすくと育っていくでしょう。その創造的な力の芽を育むのがこの時期です。

　以前は幼稚園を受験するなどあまり考えられず、そのような時代を過ごされたお父様、お母様にあっては、子どもを受験させるにあたって、テストではどんな問題が出るのか、面接では何を聞かれるのか、などと不安に思われている方も多いのではないかと思います。

　本書を通して幼稚園受験というものへの理解を深めていただくと同時に、お子様の大切な将来のために役立てていただければ幸いです。

【本書の内容について】

　この本は、はじめて幼稚園を受験されるご家庭を念頭に置いて編集されています。実際に受験を体験された方々から寄せられたアンケートをもとに、感想、アドバイスなどを掲載しています。入試内容については、幼稚園側からはテストの出題に関しての発表がありませんので、受験者の体験をもとに少しでも実際の内容に近づくように努めました。

　コロナ禍の影響で、説明会や出願方法、考査などが変更になった部分もありますが、「入試出題例」や「保護者の受験 memo」については、過去の内容もそのまま残して掲載しています。

　（例）　（説明会）　対面形式　→　オンライン形式、Web での動画配信

　　　　（出　願）　窓口　→　郵送、Web 出願

　　　　（考　査）　2 日間に渡っておこなわれていた　→　1 日のみの実施

　　　　　　　　　　集団でのテスト　→　個別テスト　　　　など。

「入試データ」については、下記の 2 種類の表記があります。

 ※ 2024 年実施予定の内容です。

2025 年 4 月入園のための入試です。

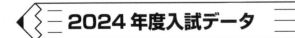 ※ 2023 年秋実施済みの内容です。

2024 年 4 月入園のための入試です。

「なんでもわかる**幼稚園受験の本**」目次

Contents

受験の準備

■事物に関する知識や判断を、年齢相当に高めておくこと。

■生活経験を深めておくこと。都会で生活している子どもは、ややもすると家庭内でのひとり遊びが多くなりがちです。公園や田舎に遊びに行くとか、近所の子どもと遊ぶなどして経験を深めましょう。

■人の話をよく理解し、言われた通り行動できるようにしておきたい。テストには先生の指示があります。どんな大勢の中でも、ちゃんと指示のきけることが大変大切なことです。

■積極的に行動したり、発表する子どもでありたい。テストには、必ず指示に伴う発表や行動があります。大勢の中で、積極的に発表したり行動することは、なかなか難しいことです。日常生活の中で、できるだけ子どもに発表したり、行動したりするチャンスを与え、また子どもの話をよく聞いてあげることも大切です。

■持続性や、集中力をつけておくこと。子どもはあきやすいものです。きらいな課題でも、短時間なら集中して最後までやりとげる持続性や集中力がほしいものです。

■生活にリズムをもたせること。日常生活において、起床、食事、幼稚園、遊び、テレビ、就寝など、受験直前まで、ふだんのままのリズムで生活させるようにしてほしいものです。

■言葉づかいに配慮すること。その家庭でつかっている言葉に注意し、わざわざていねいな言葉をつかわせたりさせないこと。子どもらしい言葉づかいを身につけさせることが大切です。幼児語は改めておきましょう。

受験当日の心得

■当日は早めに起床させ、時間をゆったりととることができるよう配慮し、絶対に遅刻などしないよう、早めに家を出るようにしましょう。試験場には少なくとも20分位前には到着するよう前日から計画をたてておくことです。

■運動能力のテストをされることもありますから、服装はさっぱりとした動きやすい着なれたものがよいでしょう。上靴持参の場合は、はきなれたものがよいでしょう。

■父母の服装も上品で清潔なものを選び、けばけばしい化粧などは慎みましょう。

■試験場へは、実際入園した場合に利用する電車やバスを利用するのがよいでしょう。交通渋滞や、駐車場難などで所定の時刻に遅れる場合もありますから、自家用車、タクシーなどは避けたほうがよいでしょう。

■試験場に到着したら、ただちに関係ある掲示事項を読み、その指示に従って行動しましょう。

■考査の始まる前に必ず用便に行かせましょう。

■あくまでも親が興奮してはいけません。日頃と同じ平静さを保ち、あたたかく考査室に送り出してあげましょう。この場でのいろいろな注意は禁物です。

入園試験の概要

　入園試験では、いろいろな観点から子どもを観察・判定し、その結果により選考がおこなわれます。各園により選考方法、選考基準は異なりますが、いずれもいくつかのものの組み合わせによって、入園試験がおこなわれています。多くの幼稚園では、知力、徳力、体力が年齢相応にバランスよく発育しているかどうかを判定しています。また、子どもの能力だけでなく、家庭情況も重視されています。

　入試の選考は次の４つの項目に分けることができます。

選考基準

1. 知力の発達をみるもの
月齢相応の知的能力をそなえているか、伸びる可能性があるか、などをみる。

2. 徳力の発達をみるもの
友達といっしょに集団生活が送れるかどうか、しつけができているか、情緒的に子どもらしい安定を示しているか、などをみる。

3. 体力の発達をみるもの
健康状態はどうか、運動機能はどうか、園生活上支障はないか、などをみる。

4. 家庭情況をみるもの
園と家庭の教育方針に矛盾はないか、教育に理解のある親か、好ましい親子関係か、などをみる。

　以上４つの項目が総合的に判定されます。必ずしもこの全部が出題されるとは言えませんが、全領域にわたり、基礎的能力を十分に身につけておくことが必要です。個別または集団の形式で入園前の子どもに無理のないようにいろいろと工夫して入園試験がおこなわれています。

1 知力の発達をみるもの

（1） 記憶力………物・数・色・図形・場所の記憶、短文・数の復唱
（2） 言語力………物の名称、絵の判断、話の理解、話作り
（3） 数能力………計数、対応、多少、大小、長短・高低判断、水の量
（4） 推理力………条件推理、影絵、系列
（5） 知覚力………線書き、色の模写、欠所・同絵・同図形発見、迷路、位置、量感
（6） 知識力………物の用途、仲間分け、家族、道徳判断、生活習慣、不合理発見
（7） 構成力………積み木構成、パズル、図形構成

2 徳力の発達をみるもの

（1） 自由遊び…………　ままごと、積み木、本、ブロックなどの遊具で好きなように遊ぶ。
（2） 指示行動…………　歌、遊戯、楽器遊び、絵画、折り紙、紙芝居、遠足ごっこ、お店屋さんごっこ。
　　　　　　　　　　　　個別または集団で行動観察としておこなわれます。親子でいっしょに遊ぶ様子
　　　　　　　　　　　　から親子のかかわり方をみる場合もあります。

3 体力の発達をみるもの

（1） 身体検査…………　内診、レントゲン検査、視力・色盲検査、爪の検査、身長、体重
（2） 運動能力…………　走る、ケンケン、両足とび、平均台、跳び箱、鉄棒のぶらさがり、ボール投げ、
　　　　　　　　　　　　ボールころがし、的あて、クマ歩き、縄跳び、マット運動（1種目ずつで行っ
　　　　　　　　　　　　たり、いくつかの種目を連続して行う場合もあります）。

4 家庭情況をみるもの

　　願書やアンケートからではわかりにくい、家庭教育のあり方や人柄などを知るために親や子どもに対
して面接テストがおこなわれます。
（1） 親への質問事項
　　　志望理由、職業、教育方針、生活信条、しつけ、子どもについて。
（2） 子どもへの質問事項
　　　名前、年齢、友達、兄弟、食物の好き嫌い、通園方法、幼稚園について。

　　近年、受験戦争の低年齢化が叫ばれ幼稚園入試も厳しさを増してきています。しかし、3・4歳の子ど
もに難しいことを要求しているわけではありません。お友達と仲良く遊べるか、親の手がかけられすぎ
ていないかに大きなポイントがおかれています。自分の身体を十分に使って仲間と夢中になって遊ぶ子、
何事も自分でする子、自分の考えをきちんと言う子が幼稚園で求められています。友達遊びをたくさん
させることが合格への道のようです。

入園願書の
書き方とポイント

　入園試験は入園願書の提出から始まります。入園願書の書き方の上手・下手で試験官の受ける印象が違ってきます。願書および付属資料によって面接試験がおこなわれることになりますから、願書の記入はきわめて重要なことといえます。

　入園願書の記入で注意すべきことは

１．字は丁寧にわかりやすく楷書で書くこと

２．記入内容は、正しく真実を記入すること

３．説明事項などは表現に十分注意すること

などです。くずした字や傾いた字は避け、誤字には十分注意しましょう。

※ここに掲載した願書・面接資料は、過去に配布されたものです。形式や内容は年度により変わる場合があります。あくまでも書き方や文章の例として参考にしてください。

暁星幼稚園

選考番号		受付番号		

3.0 ㎝×4.0 ㎝

写 真

張 付

暁星幼稚園長　　　　　　殿

年　　月　　日

保護者氏名　桐杏一郎 ㊞

入 園 願 書

<table>
<tr><td rowspan="6">志願者</td><td>ふりがな</td><td colspan="2">とう　きょう　た　　ろう</td><td rowspan="2">保護者との続柄</td><td rowspan="2">長男</td></tr>
<tr><td>氏　名</td><td colspan="2">桐杏　太郎</td></tr>
<tr><td>生年月日</td><td colspan="2">　　年 △ 月 □ 日生</td><td>性別</td><td>⑭ ・ 女</td></tr>
<tr><td>現住所</td><td colspan="4">〒 171－0022
東京都豊島区南池袋 0-0</td></tr>
<tr><td>電話番号</td><td colspan="4">03（　3982　）　0000</td></tr>
<tr><td>これまでの教育</td><td colspan="4">みどり幼稚園 在園中</td></tr>
<tr><td rowspan="4">保護者</td><td>ふりがな</td><td colspan="2">とう　きょう　いち　ろう</td><td rowspan="2">志願者との続柄</td><td rowspan="2">父</td></tr>
<tr><td>氏　名</td><td colspan="2">桐杏一郎　　年齢 30 歳</td></tr>
<tr><td>現住所</td><td colspan="4">〒 171－0022
東京都豊島区南池袋 0-0</td></tr>
<tr><td>電話番号</td><td colspan="4">03（　3982　）　0000</td></tr>
<tr><td>備考</td><td colspan="5">本人の従兄弟にあたります（実父の甥）鈴木学が貴園の年長に在籍し、素直でやさしくのびのび育っており、貴園の教育方針の良さを実感しております。
貴園に入園を強く希望致します。</td></tr>
</table>

※過年度のものの記入例です。今年度のものは、必ずご確認ください。

家庭調査書

			受験番号
氏名	桐杏 太郎	これまでの教育	みどり幼稚園 在園中

性質	弟の面倒をよく見たり 動物を可愛がる優しさがあり また 明るく 根気強さも ある反面、集団の中に入ると 比較的おとなしく 自分らしさを出すのが 苦手です。

志願の理由	我が家では まず健康第一とした上で 自分のことは自分で行ない 思いやりの気持ちを持った子どもに育てようと努めてまいりました。 貴園のキリスト教的愛の教育を通して、宗教的情操や 日常生活の よりよい習慣を養っていただきたいと願い 志望させていただきました。

家族	続柄	氏名	年齢	学歴	職業
	父	桐杏一郎	30	東都大学経済学部卒業	株式会社平成銀行 資金証券部勤務
	母	桐杏良子	28	東都大学文学部卒業	
	本人	桐杏太郎	3	みどり幼稚園在園中	
	弟	桐杏次郎	1		

※過年度のものの記入例です。今年度のものは、必ずご確認ください。

健康診断書

暁星幼稚園

| 受付番号 |
| 受験番号 |

住　所

氏　名　　　　　　　　　　　　　　年　　月　　日生　　歳

歯		齲歯数	本	処置	本	診察所見
				未処置	本	
視　力	右					
	左					
聴　力	右					
	左					
脊椎・骨格						
栄 養 状 態						
運 動 機 能						
眼　疾　患						
耳鼻咽頭疾患						
皮 膚 疾 患						
アレルギー疾患						
既往症 結核、腎疾患、 心疾患、その他						

上記の通り診断します。

年　　　月　　　日

医療機関名

医師　　　　　　　　㊞

書き方のポイント

入園願書記入上の留意点

1. これまでの教育欄

① 幼稚園に通っている場合、幼稚園名を記入する。

② 幼稚園に通っていない場合は、児童館のプレイルームや習い事を記入すると良いでしょう。

2. 備考欄

① 幼稚園側に知らせておきたいことがあれば記入したり、健康について補足しておきたいことがあれば記入するとよいと思います。

② 兄弟や従兄弟が在園（在学）中だったり、父が卒業生の場合記入しておくとよいでしょう。また、暁星をよく理解して志望している点をつけ加えることが大切です。

③ 父親の学歴や職業は家庭調査書に記入欄がありますので記入する必要はありません。

家庭調査書記入上の留意点

1. 性質欄

長所ばかりをたくさん書くのではなく、短所についても率直に書くことが大切です。面接時の様子と書いてある内容に大きな違いがあると、印象を悪くするばかりでなく、不利になる場合がありますので注意が必要です。

2. 志願の理由欄

① 幼稚園説明会で教育方針についての説明があるので、必ず出席して聞いておく必要があります。説明会での配布書類にも、カトリック幼児教育の基礎となるものをしっかりとらえて保育していると書いてありますので、よく理解しておくことが大切です。

② 幼稚園と家庭の教育方針の一致する点を研究し、ぜひとも入学を願っている熱意が伝わるように記入することが望まれます。

アンケートについてはこれまで、

① 生後から今までの育児歴で印象に残ったこと、また、育てる上でポイントとされてきたことは何ですか。

② 子どもと今まで離れて生活したことがありますか。ある場合は理由と期間。

③ 幼稚園の見学会や説明会に参加されての感想を3行以内に書いてください。

などの設問が出題されています。短時間で記入し提出するので日頃から子どもとの関わりで心に残ったことをメモしたりして、準備しておくとよいでしょう。また説明会の感想などは出席後すぐノートにまとめておくとよいと思います。

日本女子大学附属豊明幼稚園

	受付番号	

年度 **面 接 資 料**

写真
白黒・カラーどちら
でも結構です。

日本女子大学
附　属 **豊 明 幼 稚 園**

志願者氏名	池袋花子	2年保育 ③年保育	生年月日	保護者との続柄	男 女
	(ふりがな) いけ ぶくろ はな こ		西暦 ○年 △月 □日生	長	

現住所	〒171-0022 東京都豊島区南池袋1-X-X 電話 03(3982)0000	保護者氏名	池袋太郎 (ふりがな) いけ ぶくろ た ろう

	幼 児 関 係		家 族 紹 介
行動の傾向	初めて出会うことには、とまどいや不安のため、自分のペースに持ち込むまでに時間のかかる場合がありますが、慣れると明るく活発にものごとに取り組むことができます。また、ころんだり、意地悪をされたりしても、泣かずに我慢できる方です。		父 池袋太郎 昭和○年生まれ。平成○年、○○大学芸術学部放送学科卒業後、○○○○株式会社へ入社。現在は、社内のシステム管理責任者として、システム化による業務効率の改善、コスト削減などを担当しております。 子供には、幅広い視野でいろいろな情報に接することを薦め、創意工夫の芽をのびのびと伸ばして欲しいと願っています。
保育歴おけいこ事その他	2歳5か月から、母と子のスイミング・スクールに通っております。		母 池袋春子 昭和○年生まれ。○○女子大学附属中学校、高等学校を経て、昭和○年に○○女子大学文学部国文学科を卒業。在学中は、○○○○の研究をテーマとし、その生い立ちや作品の分析に、大変充実した時間を過ごせたことが強く印象に残っています。
利用する交通機関	JR山手線 池袋～目白 目白駅からスクールバスにて幼稚園前下車		自身の経験からも、御校の教育理念、環境が、今後の子供の成長過程にとって、必ず大きな意味を持ってくるものと確信しております。
通園に要する時間	約25分		
本園を志望する理由	家庭では、できるだけ自分で考え、自分で決めること、日常生活におけるルールを守ることを教えています。またお友達とは仲良くし、そして弱い者をいたわることのできる優しさを身につけ、精神的にも肉体的にも強い子供になってほしいと願っております。孟母三遷の教えの通り、環境の重大さを考え、恵まれた環境の中で、幼稚園から一貫した教育を受けさせたいという願いをこめて、御校入園を希望しております。御校が長年幼児教育に力を注がれ、それぞれの個性を重んじた、少人数制の誠に行き届いたしつけをなされる点、また創造性を高めるとともに、知性・感性を培い、伸ばしていただける点に共鳴いたします。		上記太枠内の記入はご自由です。

※過年度のものの記入例です。今年度のものは、必ずご確認ください。

書き方のポイント

　豊明幼稚園の出願時提出書類は、入園願書です。後日、志願者受付番号票に受付番号が記入され、面接資料の用紙といっしょに郵送されてきます。面接資料には、性質、保育歴、交通機関と時間、志望理由、教育方針、家族構成などを記入する項目があります。面接期間以前の幼稚園で指定する日（テストの日割発表日）に提出します。健康診断書もそのとき提出します。

面接資料記入上の留意点

　記入する前に、入園案内・募集要項をよく読んで教育方針をしっかり把握すること。

　その中で特に
　①　女子を人間として教育する。
　②　女子を婦人として教育する。
　③　女子を国民として教育する。
という創立者成瀬仁蔵の精神には理解を深めておいたほうがよいと思います。

　実際の面接は面接資料を参考におこなわれます。子どもの性格面や志望理由にどんな立派なことを記入しても、実際の応答内容や態度により子どもに対する接し方、家庭の教育方針と違和感はないかどうかズバリ見抜かれてしまいます。

　面接では、両親の考えや人柄を通じて、その家庭の雰囲気や子どもの性格に至るまでを読みとろうとしている傾向が見られます。そのためチームワークのとれた家庭環境、温かい家庭環境に育った子どもであるかどうかが評価の対象となります。

光塩幼稚園

（　　　　年度）	入園願書	受付番号

光塩女子学院幼稚園長　　　　　　　　殿

わたしは貴園 **3** 年保育に入園したいと思いますので出願します

〇 年 △ 月 □ 日

本人氏名　山田恵子

保護者氏名　山田弘　　　　印

本人	ふりがな 氏名	やまだ けいこ 山田 恵子	〇 年 △ 月 □ 日生		
			保護者との続柄	( )男	(長)女
	現住所	電話番号　03 - 3982 - 0000　〒165-0022　東京都中野区江古田〇丁目〇番〇号			

保護者	ふりがな 氏名	やまだ ひろし 山田 弘	本人との続柄	父
	現住所	電話番号　03 - 3982 - 0000　〒165-0022　東京都中野区江古田〇丁目〇番〇号		

家族（本人は除く）・同居人	続柄	氏名	年令	備考（参考になると思われる事は ご自由にお書きください）
	父	山田 弘	〇歳	桐杏大学 経済学部　卒業
	母	山田 京子	△歳	桐杏美術大学 油絵科 卒業
	兄	山田 一夫	□歳	中野区立 江古田小学校 1年在学中

本人の性向	多少、内向的な面があり、人前に出ますと、はきはきしない面もございますが、本質的には明朗快活で、自立心が強く何事にも興味を持ち、納得するまで、精一杯、やり抜く性格です。
出願理由 その他	子供には、人の話を、よく聞き、人の気持ちを理解した上で自分の考えを、きちんと言え、実行できる人になってほしいと願っております。そのような点につき貴園の「キリスト教を土台に、まず人間として基本的に大切なしつけを重視する教育」に感銘を受け、希望いたしました。

（　　　　年度）

受付番号	

氏名	本人	山田　恵子
	父	山田　弘
	母	山田　京子

本人と父母の写真（顔がはっきりしているもの）を貼付してください

サイズはサービス判程度、多少の大小は可
白黒、又はカラー写真、家族全員でも可

（撮影 ○年 □月）

現住所	東京都中野区江古田○丁目○番○号	電話 03-3982-0000

通園方法	徒歩の場合		乗物利用者は主な乗物の種類（緑バス）	
	子どもの足で　　　分	徒歩　　分	乗物　　15 分	
	乗物利用者の交通機関	緑バス 線 江古田2丁目 駅 乗車 高円寺南5丁目 駅 下車	（乗換駅）	
		線 駅 乗車 駅 下車		

緊急連絡の方法(自宅以外で)	父親勤務先 (株)○○建設 03-3375-××××
お子様の教育について特に幼稚園に望まれることがありましたら、お書きください。	キリスト教に基づいた人間愛を保育活動の中で教えていただき、偏見に寄らない、広く温かい心を育てていただきたいと思います。

（備考）
　　　人間形成の基礎を作る上で、幼稚園はとても大切な時期と考えております。貴園の説明会にお伺いした際、園児達の生き生きとした様子や、身近な材料での素晴らしい制作物などを拝見し、ぜひこの園で、幼稚園生活を過ごさせたいと思い希望致しました。

光塩女子学院幼稚園

※過年度のものの記入例です。今年度のものは、必ずご確認ください。

書き方のポイント

　光塩幼稚園の出願時提出書類は、入園願書とアンケートです。このアンケートには、志望理由、園に対する希望、本人の性質、通園方法などを記入し、提出します。

入園願書記入上の注意事項

① 　氏名・生年月日・父母との関係は、戸籍謄本の通り記入する。

② 　家族の記入。父、母の次は子どもで、年齢の高い順に記入する。

③ 　保護者名の後の押印を忘れないこと。

④ 　写真は、受験児の顔がよくわかるものを貼付する。

　（3か月以内に撮影したもの。指示された寸法を確認）

⑤ 　黒の万年筆または、ボールペンで書く。

入園願書記入上の留意点

　学校の教育方針と家庭での教育方針が一致する点として、学校の教育方針を学校案内書や、説明会に出席して、しっかりと研究しておくことが大切です。

1．本人の性向

　園側がこういう子どもを育みたい、こういう教育をしたいという願いにあたり、子ども自身の性格にふさわしい要素が入っているとよいと思われます。

　「日常生活の中でのけじめ、しつけを心がけている」「社会に益する人間形成をはかっている」

という教育目標を掲げている点には、理解を深めておいたほうがよいと思われます。日常の遊びや生活態度の中で、目立ったものを具体的に説明するとよいでしょう。長所は、あれもこれもと書くよりも特徴のある点について具体的に説明をしておいたほうが、印象に残るのではないでしょうか。

2．出願理由

・園の教育方針、さらに宗教行事を多く取り入れているなど、教育内容を知り整理しておく。

・子どもを育ててきた方針と園の方針の一致点をあげる。

・カトリック教育の良さをどのように考えているか、具体的にまとめておくとよいでしょう。

3．幼稚園に望まれること

・園に留意してほしい点として、「園の指導の中の、こういう点が特に気に入っており、理想とするところです。今後ともこの点の充実をはかっていただけますことを、希望致します」という具合に親としての気持ちを一言つけ加えるとよいでしょう。

4．備考

・園側に知らせておいたほうがよい点（例、健康上、性質上、家庭の事情、その他）を記入しておくとよいでしょう。

・願書記入の際、志望理由と子どもの性向の欄に書ききれなかったこと、説明会の感想、園の様子で気づいた点など記入し、なるべく空白をなくすことが望ましいと思います。

　提出書類は、面接時に同じ内容の質問がされた時、答えられるように、あらかじめコピーをとっておくとよいでしょう。また、両親でよく話し合い、考えをまとめておく必要があります。

学習院幼稚園

入 園 願 書

（　　　年度入園選考）

選考 番号	

学習院幼稚園長　殿

　　　　年10月　　日　　　　　　　　保護者氏名　　桐杏　一郎　㊞

下記の者入園を希望いたします。

ふりがな	とうきょう　　しょうた		年　　月　　日生	
幼児氏名	桐杏　翔太	父母との 続柄	長	男女
現住所	〒 170-0005　　　　　　電話　03（5555）0000 東京都豊島区南大塚○丁目○番地○号			

家 族 欄 （本人を除く）	幼児との 続柄	氏　　名	生 年 月 日	在学校名・学年など
	父 ふりがな とうきょう　いちろう	桐杏　一郎	平成○○年 ○月 ○日	平成○○年　○○大学経済学部卒業
	母 ふりがな とうきょう　ゆうこ	桐杏　優子	平成○○年 ○月 ○日	平成○○年　○○大学文学部卒業
	妹 ふりがな とうきょう　ゆい	桐杏　結衣	令和○○年 ○月 ○日	なし
	ふりがな		年　　月　　日	
	ふりがな		年　　月　　日	
	ふりがな		年　　月　　日	

現住所が国外・遠隔地等の場合、確実な連絡先（都内もしくは東京近郊）をご記入ください。

氏名	（幼児との続柄　　　　　　　）
住所	
電話	

黒色のペン又はボールペンでご記入ください。

※過年度のものの記入例です。今年度のものは、必ずご確認ください。

書き方のポイント

　学習院幼稚園の出願時提出書類は、入園願書です。提出書類を書く際のことについては、説明会で詳しく話してくれるのでぜひ出席するとよいでしょう。願書といっしょに提出する写真票には、最近3か月以内に撮影した家族全員が写っている写真を貼ります。

入園願書記入上の留意点

①　氏名・生年月日・父母との関係は戸籍謄本の通り記入する。

②　黒の万年筆またはボールペンで記入する。

③　記入事項で「提出は自由です」というような場合でもできるだけ詳細に記入し、提出したほうがよいでしょう。

> ※自由となっている欄も幼稚園側では知りたいと思っていることは確かであると思われます。兄弟の間で私立の別の園であったりすると不利だろうと考え、書かないケースもあるようですが学習院は受験生本人を重視する幼稚園なので正直に記入して差しつかえないでしょう。

　これらの提出書類を見ながら面接が実施されます。その際に面接は必ず両親で来てほしいということ、また、やむを得ず、どちらかが欠席の場合には、書面で欠席理由を幼稚園に届けるようにと説明会で言われました。

面接では、

父親に対して　　・職業について（会社の内容、事業年数、従業員数、職務などを）お聞かせください。

　　　　　　　　・通園方法を教えてください。

　　　　　　　　・お子さんと日頃どのように接していますか。

　　　　　　　　・どういう子どもに育ってほしいですか。

母親に対して　　・どんなお子さんですか。

　　　　　　　　・お子さんはどんな遊びが好きですか。

　　　　　　　　・ご家庭で大切にしていることは何ですか。

　　　　　　　　・卒業生としての感想や思い出を話してください。

　　　　　　　　・子育てで気をつけてきたことはどんなことですか。

などの質問が過去に出されています。父親の仕事の内容については必ず聞かれる質問です。母親には子どもの育て方、保育歴、兄弟関係のことなどが中心となっています。面接時間は5～10分程度です。

白百合学園幼稚園

幼児調査票

3・2年保育（保育年数を○で囲んでください）

受付番号

ふ り が な		家庭での呼び名	生年月日	
氏　名 （戸籍通りに）			西暦　　　　年 　　月　　　日生	

現 住 所	(〒　　　－　　　　)	自宅電話番号（　　　）　－ 父　携帯電話番号 父　氏名

ふ り が な		幼児との関係	母　携帯電話番号
保 護 者 氏 名			母　氏名

入園前の 教育状況	①　_____幼稚園 　　_____保育園　　　年　　月入園　週　　回 　　4月から8月末日までの出席日数（　　　日）　欠席日数（　　　日） ②　_____研究所 　　_____教室　　　　週　回　（　　オより）
	その他　_____

家庭に おける 躾・教育	

志望理由	

食　事	食　欲	さかん ・ ふつう ・ むらがある ・ ない	※該当する 項目に○印を つけ、（　）内は ご記入下さい。
	好き嫌い	ない ・ 少し ・ 多い	
		好きなもの（　　　　　）・ 嫌いなもの（　　　　　）	
	食事に要する時間	30分以内 ・ 1時間以内 ・ 1時間以上	
言　葉	正しく発音できる ・ 赤ちゃん言葉が残っている ・ よく話をする ・ あまり話さない		
	意味のある言葉を言い始めた時期　（　　　年　　　ヶ月）		
利 き 手	右利き ・ 左利き ・ 両利き ・ 左利きを右利きになおした		
通園順路	自宅から園まで通う方法と所要時間をお書き下さい		
今後 引っ越しなさる 場合の住所			

※今年度のものは、必ずご確認ください。

続　柄	名　　前	備　　　考
父		
母		
本人		

家族その他（お書きになりたい方はご自由に何でもお書きください。）

※事実と異なる記入が判明した場合は入園を取り消す場合もあります。

本　人　写　真
(4.5cm×4.5cm)

ここに貼付してください

家族写真
(9cm×12cm)
ここに貼付してください。

書き方のポイント

　白百合学園幼稚園の出願時提出書類は、入園願書と幼児調査票です。出願時に提出した幼児調査表を見ながら面接がおこなわれます。

幼児調査表記入上の留意点

1．家庭におけるしつけ、教育

　①　親がどのような方針で育てているか。

　②　どのように実践しているか。

　③　祖父母や兄弟のいる場合など、その環境の中でどのような関わりを持っているか。

　以上の観点から具体的に家庭の特徴が出るように記入します。

［例］

小さい頃から、規則正しい生活、挨拶、食後の歯みがき、ものを大切にすることなどを守らせてきました。また、週末にはできるだけ家族で郊外に出かけ、自然に親しみ、生き物と触れあうことで小さいものや弱いものをいたわる心を培い、愛や思いやりのある子どもに育つよう願っています。

2．志望理由

　記入する前に入園案内書をよく読んだり、知人に聞いたりして、教育方針をしっかり理解しておくことが必要です。そして、白百合学園幼稚園の教育方針のどの部分が家庭の教育方針と一致しているか把握して、親としての気持ちが強く伝わるように記入します。両親でよく話し合い、慎重に記入することが大切です。

［例］

貴園の宗教教育を通して、心身共に健やかで、人を思いやる清らかな心や感謝の気持ちを養いつつ、堅実な女性に成長してほしいと願っています。親も子も、これからキリスト教の教えのもとで共に学び、成長してゆきたいという、強い希望を抱いております。

お茶の水女子大学附属幼稚園

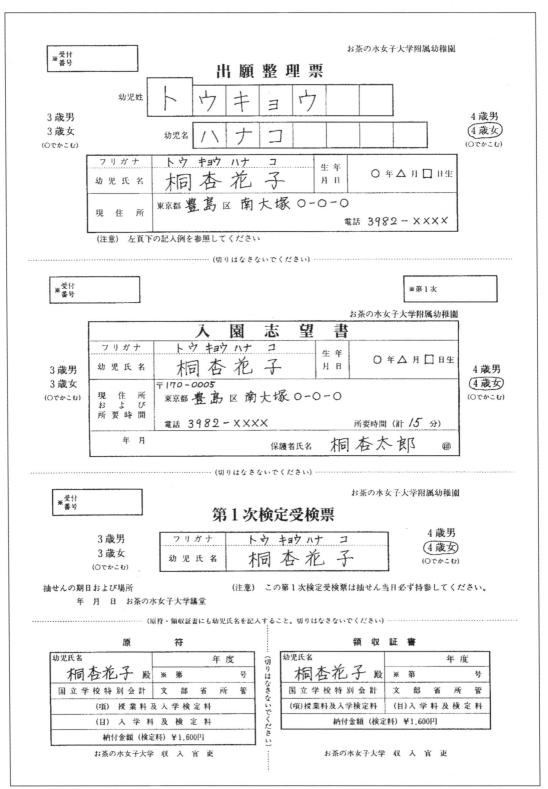

※今年度のものは、必ずご確認ください。

書き方のポイント

出願手続上の留意点

　出願用紙に必要事項を記入・署名の上、入園検定料とともに持参します。入園検定料は、郵便局振り出しの「郵便為替」（普通為替証書等）で受け付けられます。郵便為替以外の金券及び現金では納付できません。「郵便為替」は 1,600 円分をあらかじめ郵便局で用意して持参します。「郵便為替」の受取人指定欄には「お茶の水女子大学」と記入します。その他の欄には記入の必要はありません。願書提出の際、「第１次検定受検票」を必ず受け取ってください。検定料未納の場合は受検資格がありません。

入園志望書記入上の注意

・ 通園時間は、徒歩または公共の交通機関（電車・バス）によるものとして計算し、条件〔保護者と同居していて、東京都 23 区内に在住し、幼児の足で片道 30 分以内（乗り換え時間を含む）で通園できる者。（これらの事項は在園期間を通じて適用されるものとする）〕を満たしていない場合、たとえ出願しても入園資格がないものとされるので注意してください。

・ 「所要時間」欄には、幼児の足で自宅から幼稚園までに要する時間の合計を書いてください。

・ 下記の区間および乗り換えについては（　　）内の時間で計算してください。
（時間は電車・バス運行表などによる）

　　　　地下鉄丸ノ内線　　池袋駅 ― 茗荷谷駅（５分）・御茶ノ水駅 ― 茗荷谷駅（６分）

　　　　地下鉄有楽町線　　池袋駅 ― 護国寺駅（４分）

　　　　都営バス………池袋駅 ―（護国寺経由）― 大塚２丁目（11 分）

　　　　　　　　　　　大塚駅―大塚２丁目（７分）

　　　　徒　　歩………茗荷谷駅 ― 幼稚園（８分）

　　　　　　　　　　　護国寺駅 ― 幼稚園（12 分）

　　　　　　　　　　　大塚２丁目バス停 ― 幼稚園（３分）

　　　　　　　　　　　大塚３丁目バス停 ― 幼稚園（５分）

　　　　乗り換え………大塚駅での JR 線とバスとの乗り換え（３分）

　　　　　　　　　　　池袋駅でのすべての乗り換え（５分）

　　　　　　　　　　　御茶ノ水駅での JR 線と地下鉄丸ノ内線との乗り換え（５分）

　　　　　　　　　　　後楽園駅での地下鉄南北線と地下鉄丸ノ内線との乗り換え（６分）

・ 計算例（巣鴨駅を利用する方の例）

$$\left[自宅 \xrightarrow[徒歩]{3分} 巣鴨駅 \xrightarrow[JR]{2分} 大塚駅（乗り換え3分） \xrightarrow[都バス]{7分} 大塚2丁目 \xrightarrow[徒歩]{3分} 幼稚園 \atop 3分 + 2分 + 3分 + 7分 + 3分 = 18分 \right] 所要時間 \ 計18分$$

・ 第１次検定（抽選）に当選した方は、後日、①第２次検定受検票、②健康調査書、③母子健康手帳を持参し、第２次検定を受検します。

・ 母子健康手帳の予防接種の項目も詳しく見られますが、１番重視されるのは通園時間で、厳しくチェックされます。

幼稚園入試の **合格** Point

幼稚園受験では実際にどのようなことがおこなわれるのでしょう。また、幼稚園側は何を見ているのでしょう。桐杏学園でおこなわれた「暁星幼稚園そっくりテスト」を題材に幼稚園入試問題のポイントを解説していきます。

【考査A】

1. 集団テスト

絵本の読み聞かせ（内容についての質問がある）

紙芝居を使用する幼稚園もありますが、人の話を聞く力があるかどうかを試されます。大勢の中で、気をそらさず、興味を持って、静かに話を聞くことができるか、話している途中で話し手の邪魔をするような行為がないか、行儀はどうなのか。これらは集団生活をおこなっていく上で、とても大切な要素です。図書館を利用したり、お友達どうしで読み聞かせをする機会を作ってみましょう。

2. 個別テスト

質問者の話をきちんと聞くことができるか、質問の意図を理解する能力があるか、答えを自分で導き出し、それを質問者に伝えることができるか、人に頼ることなく自分で取り組もうとする意欲があるかを試されます。依頼心が強いと、落ち着かない態度になったりしっかりした受け答えができないので、ふだんの生活で自分のことは自分でさせるよう習慣づけておくことが大切です。また、自由遊びを行っている間に、子どもを呼んで個別テストをおこなう園では、今まで遊んでいたことが気になって、質問に集中できないことがあります。日頃から呼ばれたらきちんと返事をして、問いかけにはきちんと答えようとする素直さが大切です。

① 「お手本と同じように積み木を作ってください」

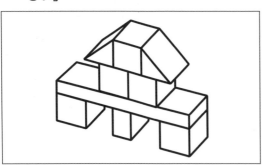

積み木遊びは観察力や構築、思考の創造力を養うのにとても適しています。積み木で遊んだ経験のない子どもは、1番下の段から積まなければいけないということが理解できません。遊びの中でどういう順番で積んでいけばよいのかを自然に学んでいかせることが大切です。

② 「お手本と同じようにカードで作ってください」

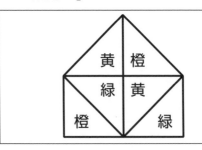

直角二等辺三角形を使って四角や三角を作り、それを組み合わせて家の形にしていきます。同じ色のカードを使用した場合は難しい作業ですが、違う色を組み合わせることで形を捉えやすくなります。基本的な構成なので、繰り返し練習し、同じ色のカードを使用した場合でもできるようにしておくとよいでしょう。

③ 絵カードを見せて名称を答える。「これは何ですか」
   馬の鳴き声をテープで聞かせたあと名称を答える。「何の鳴き声でしょう」

入試ではよくおこなわれる課題です。カードを使用せずに「動物園にいるものを言ってください」「台所にある
ものを言ってください」と聞かれる場合もあります。生き物を愛することの大切さを教えたり、身の回りのも
のに対して、名称や用途を教えたりする家庭環境であるのかということが試されます。

④ 「紙コップの中のビー玉をスプーンですくって、もう１つのビンの中に入れましょう」

手の協応性が養われているかを観察されます。ふだんの食事の際、テレビやビデオを見たりせず、落ち着いた
雰囲気の中で食事に集中し、こぼさないよう注意深くおこなえるようにしていくことが大切です。

⑤ 絵（ⅰ）を10秒提示後隠して、絵（ⅱ）を提示する。
   「さっき見た絵と違うところをお話ししてください」
   短時間に集中して絵を観察することができるか、違いを相手にわかるように表現できるかを問われます。記憶
   力を養うことはもちろんですが、日頃の会話が単語調にならないように心がけましょう。

（ⅰ）　（ⅱ）

⑥ 「他のお友達がおこなっている間は、椅子に座
   って待っていましょう」

ある程度の時間、何もしなくても静かに座って待てるかど
うか、お友達にちょっかいを出したり、おしゃべりをした
り、不安になることなく落ち着いて待てることが大切です。
ふだんの生活の中でも待つ場面がたくさんあると思いま
す。状況をきちんと理解させ、初めは短い時間からだんだ
んに長い時間待てるようにしていきましょう。

【考査B】

1．体操

● 年齢に見合った身体能力が身についているか、指示通りに行動できるかを試されます。子どもにとっては遊びという感覚が強いので、自分勝手な行動をしがちです。また、やったことのないことをするのは不安になりがちですが、臆することなく子どもらしくのびのびと積極的におこなえることが大切です。

① 「先生が言った色のテープの上をケンケンで進み、帰りはケンパーで戻りましょう」
　 「終わったら椅子に座って待ちましょう」
② 「ライオンに向かってボールを投げましょう」
③ 「平均台を前歩きで渡ったあと、ヘビ跳びをしましょう」

　 体操は多くの幼稚園で実施され、年齢に応じた体力、運動神経が養われているかを観察されます。日頃から、外遊びを多くしている子どもにとっては十分に取り組める楽しい内容ですが、体力がなく、うまく取り組めない子どもはいざ通園が始まると具合が悪くなるなど、よい幼稚園生活をスタートすることができません。そういった確認もあると思われます。外遊びを心がけ、身体の基礎作りをしていきましょう。

2．自由遊び …… ぬいぐるみ、ブロック、積み木、ままごとなどで自由に遊ぶ

● 自分から進んで遊べるか、すぐに飽きることなく1つの遊びに集中できるか、物を大切に扱えるか、片づけはどうか、お友達との関わり合いで、物を取り合ったり邪魔するような行為がないかなどを試されます。最近では何もせず、ぼーっとしている子どももいます。場の雰囲気にのまれることなく、楽しんで参加できるよう、ふだんから言葉がけしてあげましょう。

3．母子遊び …… 子どもが遊んでいる中へあとから入室して、子どもと自由に遊ぶ

● あとから母親が入室することで、子どもの態度にどんな変化が見られるか、本来の親子関係や子どもの性格が見えてきます。今までは他の子どもと仲良く遊んでいたのに、母親の前では依頼心が出て積極的に遊べなかったり、後片づけの合図があっても片づけられなかったりします。逆にお母様のほうが緊張して平常心ではいられないため、子どももふだんしていることができなくなることもあります。他の人に迷惑をかけないように楽しく遊ぶということが大切なポイントですから、落ち着いて参加するよう心がけましょう。

　 幼稚園の入試では、「お子さんがどのような環境でどのように育てられたのか」「そして今後どのように育てられていくのか」ということが重要なポイントです。子どもが1番初めに学ぶ場は家庭です。愛情を持って育てられる家庭環境であるか、年齢に応じた社会性や知性、体力、生活習慣を身につけるための努力をしている家庭であるかを総合的に判断されます。次に、もう一つの重要なポイントとして、家庭と幼稚園が連携して子どもを教育していくために、家庭の教育方針と幼稚園（小学校～高校・大学）の教育方針が合っているかどうかということがあります。常に子どもや家庭のことについてご夫婦で話し合い、子どもの将来や教育方針、幼稚園受験に対して統一した見解を持っていくことが大切です。

首都圏有名 国立・私立幼稚園一覧

※ 記載内容は 2024 年度の入園希望者（2023 年の受験者）に配布された募集要項および、
2025 年度入試の幼稚園公表分募集要項をもとにしています。

私立共学 ※必ず 2025 年度募集要項をご確認ください。

暁星幼稚園

		募集内容	2 年保育 男児 40 名 女児 10 名	併設小学校への進学状況	非公表
最寄り駅	（地）九段下駅徒歩 6 分 中央線 飯田橋駅徒歩 12 分	入園金	300,000 円	費用（月額）	51,000 円

雙葉小学校附属幼稚園

		募集内容	2 年保育 男児計 50 名	併設小学校への進学状況	女児は原則として全員進学できる
最寄り駅	中央線 四ツ谷駅徒歩 3 分	入園金	女児 220,000 円 男児 140,000 円	費用（年額）	718,800 円

東洋英和幼稚園

		募集内容	3 年保育 男児 若干名 女児 30 名 2 年保育 男児 若干名	併設小学校への進学状況	女児は原則として全員進学できる
最寄り駅	（地）六本木駅徒歩 7 分 麻布十番駅徒歩 10 ～ 13 分 乃木坂駅徒歩 15 分	入園金	女児 430,000 円 男児 130,000 円	費用（年額）	女児 914,600 円 男児 734,600 円

日本女子大学附属豊明幼稚園

		募集内容	3 年保育 男児 24 名 女児 60 名	併設小学校への進学状況	女児は原則として全員進学できる
最寄り駅	山手線 目白駅からスクールバス	入園手続時納入金	女児 338,000 円 男児 294,000 円	費用（年額）	女児 623,000 円 男児 537,000 円 （その他小桜会費などあり）

品川翔英幼稚園

		募集内容	3 年保育 男女計 140 名	併設小学校への進学状況	考査により選抜
最寄り駅	京浜東北線 西大井駅徒歩 5 分 京浜東北線・りんかい線・東急大井町線 大井町駅徒歩 13 分	入園手続時納入金	186,000 円	費用（月額）	38,000 円 （その他給食費などあり）

清明幼稚園

		募集内容	3 年保育 男女計 45 名 2 年保育 男女計 20 名 1 年保育 男女 若干名	併設小学校への進学状況	1 年以上在園で内部推薦あり
最寄り駅	東急池上線 雪が谷大塚駅徒歩 6 分	入園手続時納入金	140,000 円	費用（年額）	3 年保育 456,000 円 1・2 年保育 432,000 円

成城幼稚園

		募集内容	3 年保育 男女 計 40 名	併設小学校への進学状況	原則として全員進学できる
最寄り駅	小田急線 成城学園前駅徒歩 20 分	入園金	250,000 円	費用（年額）	1,040,000 円

昭和女子大学附属昭和こども園

		募集内容	3 年保育 男女 計 40 名 2 年保育 男女 計若干名	併設小学校への進学状況	小学校との一貫教育 内部試験あり
最寄り駅	東急田園都市線・世田谷線 三軒茶屋駅徒歩 8 分	入園手続時納入金	80,000 円	費用（月額）	16,500 円 （その他給食費などあり）

青山学院幼稚園			募集内容	3年保育 男女各20名	併設小学校への **進学状況**	原則として 全員進学できる
	最寄り駅	渋谷駅からバス (地) 表参道駅徒歩10分	入園手続時 納入金	900,000円	費用 (年額)	730,000円

宝仙学園幼稚園			募集内容	3年保育 男女計60名 2年保育 男女計5名	併設小学校への **進学状況**	優先入学の資格はあるが 試験で最終決定
	最寄り駅	(地) 中野坂上駅徒歩8分	入園手続時 納入金	185,000円	費用 (月額)	46,440円 (その他暖房費などあり)

光塩幼稚園			募集内容	3年保育・2年保育 男女計90名	併設小学校への **進学状況**	考査により選抜
	最寄り駅	中央線 中野駅徒歩10分 (地) 東高円寺駅徒歩5分	入園手続時 納入金	3年保育・満3歳児クラス 150,000円 1・2年保育130,000円	費用 (月額)	37,500円 (その他教材費などあり)

学習院幼稚園			募集内容	2年保育 男女 各26名	併設小学校への **進学状況**	原則として 全員進学できる
	最寄り駅	山手線 目白駅徒歩5分	入園手続時 納入金	300,000円	費用 (年額)	1,101,000円 (入園金以外の合計)

川村幼稚園			募集内容	3年保育 男女計30名 2年保育 男女計10名	併設小学校への **進学状況**	進学を希望し 園長が推薦する園児
	最寄り駅	山手線 目白駅徒歩2分	入園手続時 納入金	200,000円	費用 (月額)	54,500円

東京音楽大学付属幼稚園			募集内容	3年保育 男女計約40名 2年保育 男女計約10名	併設小学校への **進学状況**	────────
	最寄り駅	東武東上線 下板橋駅より ※令和6年12月まで仮園舎	入園金	150,000円	費用 (年額)	(年少) 647,200円 (年中) 704,500円 (年長) 756,000円

聖学院幼稚園			募集内容	3年保育 男女計約40名 2年保育 男女計若干名	併設小学校への **進学状況**	原則として 全員進学できる
	最寄り駅	山手線 (地) 駒込駅徒歩7分	入園手続時 納入金	200,000円	費用 (月額)	46,300円

星美学園幼稚園			募集内容	3年保育 男女計84名 2年保育 男女計若干名	併設小学校への **進学状況**	優先入学の資格はあるが テストで最終決定
	最寄り駅	京浜東北線 赤羽駅徒歩10分 (地) 赤羽岩淵駅徒歩7分	入園手続時 納入金	85,000円	費用 (月額)	28,000円 (その他教育充実費などあり)

淑徳幼稚園			募集内容	3年保育 男女計35名	併設小学校への **進学状況**	原則として 全員進学できる
	最寄り駅	東武東上線 ときわ台駅徒歩15分 (地) 志村三丁目 徒歩15分	入園手続時 納入金	200,000円	費用 (月額)	48,600円

聖徳幼稚園			募集内容	3年保育 男女計56名 1・2年保育 男女計10名	併設小学校への **進学状況**	内部進学テストによる 優先入学制度あり
	最寄り駅	中央線・西武多摩川線 武蔵境駅徒歩5分	入園手続時 納入金	270,000円	費用 (月額)	45,000円

桐朋幼稚園	募集内容	3年保育 男女計26名	併設小学校への 進学状況	推薦制度あり
最寄り駅	京王線 仙川駅徒歩5分	入園手続時 納入金	300,000円	費用 （月額）	62,100円 （その園児諸料などあり）

晃華学園マリアの園幼稚園	募集内容	3年保育 男女計約50名 2年保育 男女計約10名	併設小学校への 進学状況	園からの推薦制
最寄り駅	京王線 つつじケ丘駅・調布駅からバス	入園手続時 納入金	3年保育 150,000円 2年保育 100,000円 1年保育　70,000円	費用 （月額）	3年保育 34,000円 2年保育 31,000円 （その他施設費などあり）

玉川学園幼稚部	募集内容	3年保育 男女 計35名 2年保育 男女 計若干名	併設小学校への 進学状況	原則として 全員進学できる
最寄り駅	小田急線 玉川学園前駅徒歩3分	入園金	200,000円	費用 （年額）	3年保育 1,054,500円 2年保育 1,061,500円 ※入園金以外の合計

国立学園附属かたばみ幼稚園	募集内容	3年保育 男女 計約24名 2年保育 男女 計約5名 1年保育 男女 計約5名	併設小学校への 進学状況	原則として 全員進学できる
最寄り駅	中央線 国立駅徒歩12分	入園手続時 納入金	200,000円	費用 （年額）	3年保育 537,000円 2年保育 513,000円 1年保育 513,000円

森村学園幼稚園	募集内容	3年保育 男女計約40名 2年保育 男女計約20名	併設小学校への 進学状況	優先入学制度あり
最寄り駅	東急田園都市線 つくし野駅徒歩5分	入園手続時 納入金	3年保育 300,000円 2年保育 270,000円	費用 （年額）	762,000円

桐蔭学園幼稚園	募集内容	3年保育 男女計30名	併設小学校への 進学状況	原則として 全員進学できる
最寄り駅	東急田園都市線　市が尾駅・あざみ 野駅・青葉台駅／小田急線 柿生駅・ 新百合ヶ丘駅からバス	入園手続時 納入金	（入園料）120,000円 （保育料等）287,500円	費用 （月額）	50,700円 （納入は3か月分ずつ分納）

湘南白百合学園幼稚園	募集内容	3年保育 男女計70名	併設小学校への 進学状況	原則として 全員進学できる
最寄り駅	小田急線　片瀬江ノ島駅徒歩3分 江ノ島電鉄線　江ノ島駅徒歩8分 湘南モノレール　湘南江の島駅徒歩8分	入園手続時 納入金	200,000円	費用 （月額）	44,500円

カリタス幼稚園	募集内容	3年保育　男女計65名 2年保育　男女計若干名	併設小学校への 進学状況	内部試験により選抜
最寄り駅	南武線　中野島駅徒歩10分 小田急線　登戸駅徒歩20分	入園手続時 納入金	374,000円	費用 （年額）	496,600円

日出学園幼稚園	募集内容	3年保育 男女計約45名 2年保育 男女計約10名	併設小学校への 進学状況	内部進学テストによる 優先入学制度あり
最寄り駅	京成本線 菅野駅徒歩2分	入園手続時 納入金	152,000円	費用 （月額）	34,500円 （その他給食費などあり）

昭和学院幼稚園	募集内容	3年保育 男女計約50名 2年保育 男女計約20名	併設小学校への 進学状況	内部試験により選抜
最寄り駅	京成線　京成八幡駅徒歩15分 総武線・都営新宿線 本八幡駅徒歩15分	入園手続時 納入金	3年保育 150,000円 2年保育 180,000円 1年保育 180,000円	費用 （月額）	保育料無償により、それ以外の 諸費用 14,800円／年中・年長 （その他給食費など）

暁星国際流山幼稚園		募集内容	3年保育 男女計60名 2年保育 男女計若干名 1年保育 男女計若干名	併設小学校への 進学状況	————————
最寄り駅	TX　流山セントラルパーク駅前	入園手続時 納入金	3年保育 120,000円 2年保育 100,000円 1年保育　80,000円	費用 （月額）	3年/2年保育 約46,500円 1年保育　　　約47,000円

私立女子　※必ず2025年度募集要項をご確認ください。

白百合学園幼稚園		募集内容	3年保育 女児計45名 2年保育 女児計15名	併設小学校への 進学状況	原則として 全員進学できる
最寄り駅	総武線　飯田橋駅 （地）九段下駅徒歩8分	入園手続時 納入金	300,000円	費用 （年額）	780,000円 （その他雑費などあり）
田園調布雙葉小学校附属幼稚園		募集内容	2年保育 女児60名	併設小学校への 進学状況	原則として 全員進学できる
最寄り駅	東急大井町線　九品仏駅徒歩10分 東急東横線・目黒線 田園調布駅から徒歩15分	入園手続時 納入金	400,000円	費用 （年額）	605,000円

国　立　※必ず2025年度募集要項をご確認ください。

お茶の水女子大学附属幼稚園		募集内容	3年保育 男女各約20名 2年保育 男女各約10名	併設小学校への 進学状況	原則として 全員進学できる
最寄り駅	（地）茗荷谷駅徒歩8分 （地）護国寺駅徒歩8分	入園手続時 納入金	31,300円	費用 （年額）	73,200円 （その他諸経費あり）
東京学芸大学附属幼稚園竹早園舎		募集内容	2年保育 男女 各15名	併設小学校への 進学状況	原則として 全員進学できる
最寄り駅	（地）茗荷谷駅徒歩15分	入園手続時 納入金	31,300円	費用 （年額）	73,200円 （その他諸経費あり）
埼玉大学教育学部附属幼稚園		募集内容	3年保育 男女計約20名 2年保育 男女計約10名	併設小学校への 進学状況	内部進学制度 により進学
最寄り駅	京浜東北線 北浦和駅徒歩15分	入園手続時 納入金	31,300円	費用 （年額）	73,200円 （その他諸経費あり）

首都圏有名国立・私立 幼稚園案内

暁星幼稚園

■園　長　吉川　直剛
■園児数　100名
■制　服　あり
■通園バス　なし
■昼　食　弁当（月～金）
■保育時間　午前9時15分～午後1時30分
　　　　　　（水曜日は午前12時30分まで）
　　　　　　※土曜日は休園

■所在地　〒102-8133
　　　　　東京都千代田区富士見1-2-5
　　　　　☎ 03（3264）5875
　　　　　https://www.gyosei.ed.jp
■併設校　暁星小学校（男子）
　　　　　暁星中学校（男子）
　　　　　暁星高等学校（男子）

★指導方針

　キリスト教的「愛」の教育の中で、教師や友だちとのふれあいを通し、子ども自身が生命の尊さを学び、子どもらしい感性を育み、物事を深く捉え、主体的に行動できる力を育てる。

★特色

● 少人数クラス編成により、一人ひとりがその個性に応じて育つように配慮します。
● 幼稚園生活のさまざまな場面を通して、キリスト教の教えにもとづき、感謝の心、思いやりの心を育て、宗教的情操の基礎を養います。
● 遊びを通して想像力、思考力、および主体的に行動する力を育て、小学校生活への移行を図ります。
● 本園を修了した男児は、原則として暁星小学校への内部進学が認められる。（但し、審査の結果、小学校に進学できない場合もあります）

★進学状況

■ 併設小学校への進学状況
〈男子〉暁星小学校を希望するものは、優先的に推薦される。

2025年度入試データ

※幼稚園公表分。
※ 2025年度の要項は、幼稚園配布のもので必ずご確認ください。

■募集要項　※2024年実施予定
◇募集人員　＜2年保育＞男子40名 女子10名
◇要項販売　9月9日～13日
◇出願　9月12日～16日（Web）
◇考査料　25,000円
◇考査日　11月3日～5日のうち1日
◇面接日　10月26日
◇結果発表　11月6日（Web）
◇入園手続　11月6日・7日
◇幼稚園説明会　6月6日
◇園舎見学会　7月10日
◇入試説明会　9月9日

■入試状況
非公表

■インフォメーション
2024年度より、外部委託によるお弁当も導入しています。

| 2年保育 | 入試出題例 | ※桐杏学園調査を含む過去数年の内容 |

【個別テスト・行動観察】

● 運動（ケンケン、ハイハイ、グーチョキパー、ジャンプ、片足立ち、平均台、ボールつきなど）。
● かくれんぼ。
● 電車や飛行機のまねをする。
● くつとくつ下をぬいで、はく。
● 歌を歌う。
● ボール投げ。
● 壁際の椅子の所から先生がいるところまで「ケンパー」で行き、帰りは「ケンケン」で椅子に戻る。
● 電車ごっこ。

● 反対語を答える（高い→低い、大きい→小さい、広い→狭い）。
● 同絵発見（マークや物の絵など4〜5種類）。
● 箱の中に入っている品物を、見ないで手で触って何か当てる。
● じょうろ・歯ブラシ・野菜などの絵を見せられ、その名前を答える。
● 間違い探し。

● 粘土。
● 折り紙（先生のお手本通りに三角や四角を折る）。
● 「好きなものは何ですか」と聞かれ、答えると「それを取ってきてください」と指示がある。
● 指人形（ゾウ・ライオン・サル・ウマ）で遊ぶ。
● 先生と同じように指まね。
● 先生の後について、音楽に合わせて行進、手拍子。
● 先生が紙芝居を読んでいるのを聞く（内容に関する質問はなし）。
● 絵を見せられ、しばらくして絵は幕でかくされる。絵の内容について聞かれる。
● トレーに3種類の大きさの豆があり、3つのケースに分けて入れる。
● 指示したものを箱の中から選び出す（例：『ストローと磁石とフォークを持ってきてください』）。
● かごの中から動物のぬいぐるみを持ってくる。
● 10個の積み木を先生のお手本通りに積む。
● 積み木、電車などで自由に遊ぶ。

● 新幹線の塗り絵（クーピー使用）。
● イチゴの塗り絵。
● 紙に色鉛筆で絵を描く。終わると「何を描いたのですか」と聞かれる。

● 絵を見て答える。
　・ 水の中で見られるのはどれですか。

　・ 何のお仕事をしていますか。わかるだけ答えなさい。

【 母子テスト 】

- 紙ストロー2本、赤色・青色のリボン、セロテープ、カラーペン、ハサミを使って好きなだけ好きなものをつくる（5分）。子どもはハサミを使用しない。つくったあとそれを使って遊ぶ。終了したあと、説明を聞いて片づけをする。
- 紙コップ（2個）、折り紙（3枚）、ハサミ、セロハンテープ、ペン（黒色）を使って、好きなものをつくる。子どもはハサミを使用しないこと。
- おもちゃ（ぬいぐるみ、動物のお面、ボール、風呂敷など）で自由に遊ぶ
- 4枚の絵から好きなものを選び、母親とお話をする。
- 段ボール（新品）を使って自由に遊ぶ。
- 絵カードを使って、お話作り。カードは動物・昆虫・乗り物など。
- 人形を使って母子で自由に遊ぶ。
- 白いカゴの中にボール3個、マント数枚、組みひも6本があり、母子で自由に遊ぶ。

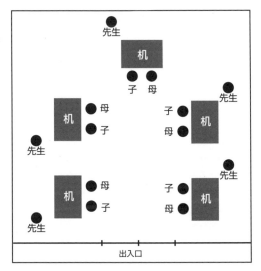

【 面接テスト 】（約15分）

父親へ

志望理由をお聞かせください。
○○ご出身ですが、なぜ本園を選びましたか。
お子様の教育で今大切にしていることはどのようなことですか。
ご家庭で実際におこなっている教育を、具体的に教えてください。
お仕事について教えてください。
お仕事がお忙しいとは思いますが、お子様と過ごす時間をどのようにおつくりになりますか。
園の行事に参加できますか。
宗教教育についてどう思われますか。
通園時間はどのくらいになりますか。
男子校についてどう思われますか。
お兄様についてお聞かせください。
お子様が今1番興味を持っているものは何ですか。
お子様が生まれてから、ご自身が変わったことはありますか。
子育てのなかで、どんなときに喜びを感じますか。
将来どんな人になってもらいたいですか。
お子様が将来、社会で活躍するには何が必要とお考えですか。
最近のお子様とのエピソードがあれば教えてください。
今の社会情勢から、これからどのような世の中になっていくと思いますか。
お父様にとって、家族とはどんな存在ですか。
お子様にとって、お父様はどんな存在ですか。

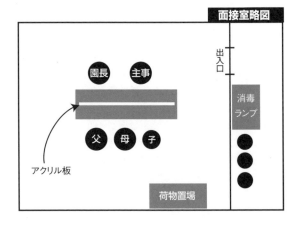

母親へ

家族構成を教えてください。祖父母とは同居ですか。

どんなお子様ですか。お子様のよさを言ってください。

お子様を育ててきて嬉しかったこと、たいへんだったことは何ですか。

お子様から学んだことを教えてください。

お子様（男の子）をたくましく育てるために、どうしていますか。

絵本の読み聞かせを通じてお子様が成長したと思うことは何ですか。

今のお子様に気がかりなことはありますか。

お子様の長所と短所をお聞かせください。

キリスト教教育になりますが大丈夫ですか。

子育てをしていてお困りのことは何かございますか。例えばどんなときですか。

子育てで我慢についてどのように教えていますか。

幼稚園ではどのようなお子様と言われていますか。

幼稚園の先生は今回の受験をご存じですか。

幼稚園でのお母さま方との付き合いは、どのようにされていますか。

出身校について教えてください。

お子様が将来、社会で活躍するために家ではどのように接していますか。

お仕事をされていますが、送迎は大丈夫ですか。

災害など、緊急時のお迎えは大丈夫ですか。

お子様がお母様の言うことを聞かないとき、どのように対処しますか。具体的にお話しください。

お子様から学んだことを教えてください。

子どもへ

お名前とお歳を教えてください。

何という幼稚園に通っていますか。…何組ですか。…担任の先生の名前を教えてください。

幼稚園のお友達と何をして遊びますか。

幼稚園では何をして遊ぶのが１番楽しいですか。

幼稚園のほかに、近所にお友達はいますか。…何をして遊びますか。

お友達はたくさんいますか。

お友達とケンカをしちゃったとき、どうしますか。

運動会では何をしますか。…運動会でリレーをするとき、バトンを渡すのは難しかったですか。

お父さん・お母さんとは何をして遊びますか。

お父さん・お母さんはどんな絵本を読んでくれますか。

お母さんのお手伝いをしますか。

お母様のお料理で好きなものは何ですか。…どうして好きですか。

好きな食べ物は何ですか。嫌いなものは何ですか。

好きな動物は何ですか。

好きなテレビは何ですか。

いちばん大切にしているものは何ですか。

今日は何という電車に乗ってきましたか。…何線と何線に乗りましたか。…どこの駅で乗り換えましたか。…色は何色の電車でしたか。

今日はお姉さまはひとりでお留守番をしているのですか。

弟さんの世話は今日、誰がしていますか。…その人は試験のためにきているのですか。

【参考】 ～面接当日の様子～

◆面接のとき

1. 集合時刻になるまで、幼稚園門前で待機。時刻になると申し合わせたように自発的に園舎へ。下駄箱に靴を入れ上履きに履きかえる。

2. 受付台で受験票を提示してゼッケンを受けとる。1階と2階にわけられる。番号で割り振られている（ただし、4で割って余る数というようなグループ分け）。

3. 1階は園内会堂が控え室。適宜、長椅子などに腰をかけて待つ（本や折り紙などまったくないので用意しておくほうが無難）。

4. 自分の前の人が面接室に入ると先生の受験番号を呼ばれ、廊下の椅子で待つように指示される。

5. 手荷物は、椅子の横に置く台が用意されている。前の人が出ると入れ替わりに入る。

6. 質問は子ども中心で優しく語りかける形式。所要時間5分程度。挨拶をして退出。

7. ゼッケンを返して帰宅。

説明会レポート

① **理事長先生のお話（建学精神について）**

・1888年、マリア会に属する5名の宣教師により始められた。

・名前はマリア様の象徴である明けの明星からとり、「暁星」と命名された。

　→小学校にも3つのサッカーチームがあるが、いずれも星にちなむもの。

・幼稚園は創立80周年を迎えた昭和44年4月に開設。

・人格形成上、大切な時期にあたる幼児期の教育はとても大事。教育とは人づくりが目的であるが、その際、キリスト教がその支柱となる。つまり(1)キリスト教の人物観、(2)神とのかかわりがその陶冶に役立つ。

(1) キリスト教の人物観

　一人ひとりは神の子であり、かけがえのないものである。よって自分を大切にしなければならない。そして同時に、自分が大切な存在故に、神の子である他人（友人、相手）も大切にしなければならない。つまり人とのかかわり方を教えてくれる。

(2) 神とのかかわり

　たとえ他の人に理解されなくても、正しいことは正しいのであって、それは神はわかってくれる。神とはそういう超越的存在である。そして、そういう神に対し、畏敬の念を抱くことが宗教的情操を養うことになる。

② **園長先生のお話**

・皆様が講堂に入ってこられる姿を拝見すると（注：園長先生は入口で立って、一人ひとりに挨拶されていた）、お子様を大事につつんでいらっしゃるのだなと実感でき、うれしく思った。

・1～6歳という幼児期は後々まで影響を与えると言っても過言でない程、大事な時期。人間として生活していく力、知恵を体得するときであり、生活の主体者という実感を味合わせる必要がある。
　幼稚園の教育方針は以下の3つ。

(1) 一人ひとりの教育を大切にしていく

　一人ひとりの家庭環境、社会環境などが異なるので、種々の個人差が存在する。それをあるがまま受け入れて接する必要がある。これにより、教師と子どもの間の信頼関係を築くことができる。そこで1学年2クラス（1クラス＝21名前後）にしている。

(2) 幼稚園は遊びの場

　園児にとっては遊び＝仕事、学習。人・物に接して考える力、社会性を養っていく必要がある。その豊かな経験を積むことができるよう、園では環境を整えている。そう考えると、毎日毎日楽しく驚きの連続であるが、同時に大事な子どもをあずかっていることで、身の引きしまる思いである。

(3) キリスト教精神

　キリスト教的愛をもって、かけがえのない子どもにふれあい、育てることが大事。誠の愛で育てたい。そしてそれを子どもに気づかせ、人、社会、世界を愛せる心の広い人になってほしい。真の愛を伝えるのは言葉でなく、愛の行為

による（甘やかすのではなく、叱ることもある）。それはマリア様がイエス・キリストを育てた愛の精神である。

・神はその子に使命を与えている。社会のどこかで何かを担うことになる。

・今日お会いできたこと、皆様がいかにお子様を大事に懐に抱いているかを知ることができたことに感謝したい。

③　**教諭の説明**

・入園願書の「これまでの教育」には、在園中の幼稚園名だけでなく、習い事や塾などを正直に記入してください。

・入園テストは、行動観察、知能検査、親子遊び等で、言葉のやりとりが中心です（母親も動きやすい服装で上履きを用意）。

保護者の受験 memo　　※過去数年の受験者アンケートより

（説明会）

● 園舎見学会では名前と住所の記入がありました。

● 説明会ではほとんどの方が紺のスーツでした。

● 説明会では、年齢、氏名、住所の記入がありました。

（控え室）

● 面接日はロビーで待機し、3分前に面接室前まで移動しました。

● 控え室では、ハンカチ遊びをしたり、折り紙や絵本を読んだりして待ちました。

● アンケートは短い時間で書き終えないといけないので、志望理由、子どもの長所短所などをメモして当日持っていったほうがいいです。

● 保育室が控え室だったので、部屋の中で飼っている生き物や絵本などに子どもたちが集まって、楽しんでいる様子でした。皆さん静かでした。

（面接）

● マスクを着用しての面接でした。

● 消毒が3か所置かれており、すべておこないました。面接室前の消毒は、ランプがついてからだと時間がかかるので、その前に済ませておいたほうがよいです。

● 入室後、「お荷物は後ろの椅子にどうぞ」と言われました。

● 面接の問いかけは質問リストのようなものをもとにしていらっしゃいました。1階から3階でおこなわれましたが、番号はそれぞれの部屋でバラバラでした。

● 面接の質問は「具体的に」と言われることが多かったです。

● 椅子が大人用の高さでしたので、子どもは座りにくそうでした。

● 親が応答しているとき、子どもは3種類の豆を分ける作業の指示がありました。終わったあと「きちんと分けられましたね。終わっても静かに待っていられましたね」とお声がけをいただきました。

● 当日はかなり多くの人数ですが、誘導役の先生が正確に指示されるので、とてもスムーズでした。前の方が出てから1分ほどすると「ピンポーン」と鳴り入室します。

● 終始穏やかな雰囲気で質問してくださいました。ストップウオッチのようなものをお持ちで、5分経過してタイミングよく応答が終わったときに"ピーピー"という音が聞こえました。

● 椅子は子どもが座るものも大人用のパイプ椅子で、面接官の先生は「面接」といった改まった感じではなく、世間話的な話のされ方でした。お声はかなり小さく、もしかしたら、子どものお行儀、集中力を

見るための意図があったかもしれません。

- 先生の口調はたいへん優しく、普通にお話をしているような感じでした。子どもにもいろいろと話しかけてくださいました。

- 志望理由などよりもふだんの生活の事柄を、お優しい口調で聞いてくださるので、自分の子どもと多くの会話を持つことがいかに大切であるか、今回の受験で強く感じました。

- 説明会や見学会、願書提出の日、テスト当日に何度もお会いした先生でしたので、親のほうはリラックスして面接をすることができたのですが、子どものほうはかなり難しい質問がでてしまい、ほとんどお答えできませんでした。ふだんから電車の名前など、わかってもわからなくても教えておけばよかったと思いました。

（考査・その他）

- 行動観察の間のアンケート記入は 25 分。調査書だけでいっぱいです。アンケートは下書きを準備しないと間に合いません。皆様、すごい勢いで書き、その筆の音にもびっくりしてしまいました。

- 受験番号は生年月日順に幼稚園が並べかえて、受験票と考査日時表が郵送されてきました。その予定時間まで門より中へは入れませんでした。あまり早く着きすぎないほうがいいです。

- 母子遊びでは、「絵を使って、お母様とお話をして遊んでください」と言われました。絵を題材にしてどのように話をしたらいいのか少し戸惑いました。5 分ほどしてから、人形で遊ぶように指示がありました。

- 集団テストは子どものみで、積み木や電車などで自由に遊んだようです。途中でお話があり、各自に質問があったようです。

- 全体的な印象から、暁星は受験者の熱意を斟酌するというよりも、学校のカラーにあった子ども、よいと思われた子どもが合格するのではという印象が他園より強いです。言い換えると幼稚園入試ならではの「アピールするチャンス」が少ないという感想を持ちました。

- 行動観察で終了時刻になると、各グループ（遊びの種類）ごとに先生が「お片づけをしてください」と声をかけるのですが、ささやき声のように小さいお声でおっしゃるので、集中して楽しく親子遊びをしていたら、聞き逃してしまいました。

- 考査中、子どもができないことがあっても、先生方は「もう一度いっしょにやってみようね」とおっしゃってくださったそうです。

- 親子遊びでは皆さんとてもなごやかに楽しそうに遊ばれており、けんかなどをするお子さんはおらず、お片づけもみんなで協力して、たいへんスムーズにおこなうことができました。

- 説明会、見学会、願書提出、受験票受け取り、テストと何回も通いましたが、いつも先生や職員の方々の対応が丁寧で優しく、お見かけした小学生のお兄ちゃまや中高生のお兄さまたちもたいへん凛々しくて、名門の学校の良さを感じました。設備や環境すべてにおいて、たいへん魅力的な幼稚園でした。

- 考査ではプリント問題などありませんので、1 日 1 日をお子さんと大切に過ごしながら、日常生活のいろいろなことをたくさんお話ししてあげるとよいと思います。

- 子どもはそのときの気分、周りの雰囲気に左右されやすく、緊張してしまったり、泣いてしまったり、はしゃいでしまったりと予想外のことが起こりうるので、どのような状況でも親は冷静に落ち着いて行動することが大切だと思いました。

白百合学園幼稚園

■園　長	広嶋　育子	■所在地	〒102-8185
■園児数	160 名		東京都千代田区九段北 2-4-1
■制　服	あり		☎ 03 (3234) 6663
■通園バス	なし		https://www.shirayuri.ed.jp/
■昼　食	弁当（月・火・木・金）	■併設校	白百合学園小学校（女子）
■保育時間	午前 9 時～午後 1 時半		白百合学園中学校（女子）
	（水曜日は午前 11 時まで）		白百合学園高等学校（女子）
	※土曜日は休園		白百合女子大学（女子）

★指導方針

　キリスト教精神にもとづいた宗教的道徳教育を施し、幼稚園から大学までの一貫した方針による真の人間教育を目的としている。幼児にふさわしい生活環境を与え、そのなかでモンテッソーリ教育法による保育をおこない、宗教的・知的情操を養い、その人間形成のための基本的習慣を確立させるとともに、一人ひとりのもっている可能性を円満に伸ばすことに重点をおいています。

★特　色

　望ましい環境のなかで、各自が発達段階にあった教具を使うことによって自分自身を育てるなど、モンテッソーリ教育にもとづいています。

　－モンテッソーリ教育のなかで　～すべてのこどもは可能性をもっている～（入園案内より）－

　こどもの発達段階には、ある時期にしか現れない敏感期があります。自分が本当にやりたいことに出会った時に、作業のくりかえしによる集中現象、与えられるよりも選ぶ自由、おもちゃよりも本物を好む姿などから秩序感が養われます。こどもたちにとって望ましい環境のなかで、各自がその敏感期にあった教具を使うことによって自分自身を育てていきます。

★進学状況

■ 併設小学校への進学状況

〈女子〉卒園生は白百合学園小学校へ原則として全員進学できるが、面接試験の結果による。

2024 年度入試データ

※ 2023 年実施済み。
※幼稚園公表分と桐杏学園調査を併せたものです。
※ 2025 年度の要項は、幼稚園配布のもので必ずご確認ください。

■募集要項　※ 2023 年実施済み

◇募集人員	＜3 年保育＞　女子約 45 名
	＜2 年保育＞　女子約 15 名
◇出願	9 月 7 日～ 26 日（Web・郵送）
◇考査料	25,000 円
◇面接日	＜第一次＞ 10 月 10 日～ 23 日
	（いずれか 1 日）
◇考査日	＜第二次＞ 10 月 26 日～ 28 日
	（いずれか 1 日）
◇結果発表	＜第一次＞ 10 月 24 日（郵送）
	＜第二次＞ 11 月 1 日（手渡し）
◇入園手続	11 月 2 日

■入試状況

非公表

■考査の順番

生年月日逆順（生まれ月の遅い順）

■インフォメーション

◇説明会・体験保育　2024 年 7 月 16 日～ 18 日

| 2年保育 | 入試出題例 | ※桐杏学園調査を含む過去数年の内容 |

■ 個別テスト（1次：親子面接のあと。1グループ6名）

「本を読んでください」と言われ、自分で好きな本を選んで読む。その後、2人ずつ呼ばれる。

● お箸でナス・にんじんの切ったものをお皿に移す。
● 洗濯ばさみで干す。
● 枕カバーに枕を入れる。
● ほうきとちりとりでゴミを掃く。
● タマネギの皮をむく。
● 焼き芋をお箸でお皿に移す。
● お弁当包み。
● 食器を並べる。
● △□のプレートを使い、先生と同じものをつくる（ペンギン・キリン・汽車）。
● 絵カード3枚を見て季節を言う。
● 4つの絵（手本）があり、それと同じ絵をパズルでつくる。

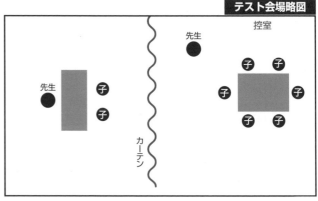

テスト会場略図

● お話「マリちゃんがお買い物に行きました。電車に乗って行くと赤と青の屋根のお家が見えました。帰り道、道には黄色いお花が咲いているのを見ました」電車から見えたお家の屋根の色は何色ですか。
● ほかの子どもがやっている間は本を読んでいる。
● 昔ながらのおはじき遊び。5人で靴を履いたまま正座をしてマットの上でおこなう。
● 指示した物を箱の中から選び出す。（例：『ストローと磁石とフォークを持ってきてください。』）
● 箱の中から手探りで△や□などの物を出す。
● ビー玉がたくさんあり、言われた数を取る。
● ビーズ　○○なビーズはカップに、○○なビーズはスプーンで袋に入れるなど。
● 積み木
● 片足立ち
● タイツをたたむ。
● 電話（先生と話をする）
● 歌（カチコチカッチンのお時計さんの歌を先生が歌った後に少しずつ続けて歌う）
● 体操
　バランス（手足を広げバランスをとる。手を広げたまま足の間から後ろを見る）

■ 小集団テスト（2次）

◆母子活動
● 教室に7組分の机、椅子があり、指定の席に着く。机には画用紙、ノリ、折り紙、クーピー、鉛筆、お手拭きが置いてある。テーマに沿って制作する。
　（テーマの例：「公園」）
　終了後、片付けをして、子どものみ先生の誘導で別室へ移動。

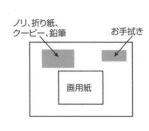

◆母子遊び
● おもちゃのチャチャチャの音楽に合わせて先生の指示に従いホールへ入室。
● 椅子取りゲーム（20組）：3回母親が見本を見せる。子どもを外側にして手をつなぎともに回る。その後1回子どもだけでやり、本番2回のゲームをする。本番になる直前に母親が退出する。
● 20組の母子が10組ずつサークル状になり、床に置かれた粘土板の前に外向きに座る。母親が中央のテーブルに材料

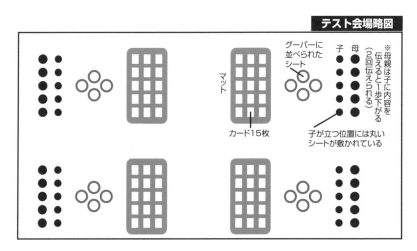

テスト会場略図

グーパーに並べられたシート

子 母

※母親は子に内容を伝えると1歩下がる（2回伝えられる）

マット

カード15枚

子が立つ位置には丸いシートが敷かれている

と鉛筆を銀トレーに載せて持ってくる。

● 母から教えてもらいながら、色画用紙の組み紙を完成させる。
　Ｂ５サイズ程度の縦に切り込みが入った水色の画用紙と、短冊状の４色の色画用紙が用意されており、指示を聞く。「お母様に編み方を教えていただいてください。お母様は終わられたら、鉛筆で下に受験番号とお名前を書いてください。時間は１０分間です」ベルが鳴って終了し、「お母様はできあがったものを向こうのテーブルに載せてください。お片付けもお母様がなさってください」との指示がある。

● 買い物ゲーム（４つのグループに分かれ５組でおこなわれる）：母親に取ってくる物が書かれた紙が配られる。母親はそれを子どもに伝える。子どもはいろいろな絵が描かれているカードが並べてあるマットまで「グーパー」で進み、母親から伝えられた物が描いてあるカードを探して取って、母親のところに戻る。

● 課題を母親が子どもに教える。１５分以内で４つの課題の中から３つ以上を母が子どもに教えながらおこなう。すずの音で終了。
　○ティッシュで鼻をかむ。　　○座布団を２つに折ってリボンで結ぶ。　　○雑巾で机の上を拭く。　　○傘を開いて閉じる。

● ボール遊び（母子）　※グループによっては縄とびを使用。
　いろいろな色のボールを取りに行く。子どもがボールを持ち親はボールを持っているつもりで先生のまねをする。
　1. 両手でボールを持って上下左右に動かす。（5回）
　2. 親と子が背中合わせになり、ボールを横からぐるりとパスをして体のまわりを回す。（5周）
　3. 親子が向かい合ってボール転がしをする。
　4. 親子が向かい合って真ん中で、1回ドリブルしてボールをキャッチし合う。
　5. 他に遊びを考えて親子でボール遊びをする。
　6. 母親が「まりつき」を教える。

● 見本の図形を模写する。画用紙を5枚渡され、1番よく描けたものを提出する。
● 親子で中央に用意された材料（モール、毛糸、箱（必須）、クレヨン、テープ）で好きなものをつくる。鈴の音で終了し、親は退室する。
● 親子で折り紙、クレヨンを使って、画用紙に野菜を描く。

◆指示行動
● 手遊び。（グー・チョキ・パー、ひげじいさんなど）
● スクリーンに映った映像を見ながら体操。園歌に振りをつけて踊る。
● ホールをかけ足で回り「走って」「並んで」の合図で走ったり並んだりする。（5回）
● ホールから上履きを脱ぎじゅうたんの部屋に移り、チョコとおせんべいをいただき、ごみをごみ箱に捨てる。
　（お菓子をいただく前に先生が全員にウエットティッシュで手を拭いてくださる）
● 食べ終わった子どもから「ごちそうさま」をして靴を履いて並んで帰ってくる。

● よーいドンで走り、赤い丸に入る。
● ボールを突いて2回取る。
● 鉄棒でブタの丸焼きをして10秒数える。(先生の手伝いあり)
● 大きな弾むボールにまたがって乗り、弾んで端から端まで進む。ゴールするとマットの上に座って待つ。
● 赤ちゃん歩きで端から端まで進む。ゴールするとマットの上に座って待つ。
● 絵本の読み聞かせ。
● 5種類の折り紙から2色選んでチューリップを折る。残りはカゴの中に片付ける。
● ビーズを紐に通す。
● きれいなガラスをスプーンですくって移す。

◆口頭試問
● 先生のお話を聞いて答える。「お母さんと女の子がお買い物に行って、たくさんリンゴとアイスを買ったので、カゴの車が重くなってしまいました。どうしますか」

◆巧緻性
● 「折り紙でチューリップの花・茎・葉っぱをつくってください」
● 「折り紙で船をつくって、画用紙にのりで貼ってください」
● ミッキーの塗り絵をする。

◆模倣体操
● みんなで輪になって先生のまねをする(ケンケン、スキップ、片足立ち、歩くなど)。

◆自由遊び
● 平均台、ボール、鉄棒、弾む大きなボールなどで遊ぶ。

面接テスト (約10分)

父親へ

志望理由をお聞かせください。
本園の印象についてお聞かせください。
本園に望むことは何ですか。
ご趣味は何ですか。
お仕事についてお聞かせください。
何時ごろ帰宅しますか。
お子様との時間をどのようにとっていますか。
子育てにはどのようにかかわっていますか。
お子様と接する機会はありますか。
お子様とはどんな遊びをしますか。
食事はお子様達と週に何回くらいとられますか。
お子様とどこへ出かけますか。
お子様のことで感動したことをお聞かせください。
お子様と接していて感じることを、長所・短所を交えてお話しください。
この1年間で、お子様が成長したと思われることは何ですか。
宗教についてどうお考えですか。
聖書を読んだことがありますか。…どの部分が心に残っていますか。
カトリック(宗教教育)についてどのように思われますか。
カトリック信者ですか。…家族全員ですか。…いつ洗礼を受けましたか。
お母様の育児についてどう評価されていますか。

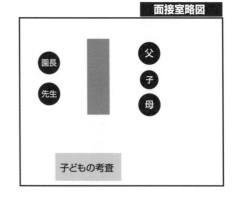

面接室略図

園長　先生　　父　子　母

子どもの考査

将来お子様にはどのような人になってほしいですか。

しつけについてどうお考えですか。

（母親がしつけの質問に答えたあと）お父様としてしつけで気をつけていることは何ですか。

どのようなときにお子様をしかりますか。

ご夫婦で子育てについて話し合われる時間がありますか。

上のお子様の学校はどちらですか。

「〇〇〇」に通っているのに、どうして白百合を受験されるのですか。

いろいろお話しされたいことがあると思いますので、１分でお話なさってください。

願書に記入された以外のことでお話ください。

母親へ

教育方針をお聞かせください。

お子様の性格について教えてください。

幼稚園はどこにありますか。…園長先生のお名前は？

今の幼稚園で母親として学んだことは何ですか。

「〇〇〇」に通っているのに、どうして白百合を受験されるのですか。

お仕事についてお聞かせください。…お仕事の間、お子様はどうしていますか。

子育てでどのようなことに気をつけていますか。

子育てについて目標とされていることはありますか。心に残っている出来事について、エピソードを交えてお聞かせください。

子どもの目線になって子どもを育てるのがよいといわれていますが、どういうことだと思いますか。

しつけで気をつけていることは何ですか。

今の幼稚園に入って、お子様が成長されたと思うのはどんなところですか。

お姉様は違う学校に通われていますが、どちらに通っていらっしゃいますか。

お姉様は毎日楽しく学校に行っていらっしゃいますか。

入園されるにあたって、心配なことはありますか。

お子様を褒めるときは、どのようなときですか。

公園などでケンカをした場合はどうされますか。

聖書は読んだことがありますか。…心に残ったのは何章の何節ですか。

宗教に関してどう思われますか。…宗教教育についてどう思われますか。

モンテッソーリ教育についてどう思われますか。

マザーテレサについてお聞きします。マザーテレサをご存じですか。…マザーテレサの生涯についてお話ください。

祈ることはありますか。

家族でもお祈りしますか。

ボランティアについてお聞かせください。幼いお子様がいらっしゃるとできないのではないですか。

ご自分の教養を高めるために何かなさっていますか。

お父様を尊敬している点をお聞かせください。…（仕事面について答えると）ご家庭においてはいかがですか。

いろいろお話しされたいことがあると思いますので、１分でお話なさってください。

子どもへ

お名前を教えてください。

お父様とお母様のお名前を教えてください。

何人家族ですか。

今日はどうやってきましたか。

何歳ですか。

朝早く起きましたか。…何を食べましたか。

お母様のお料理のお手伝いをしますか。

お弁当に何が入っていたらうれしいですか。

嫌いな食べ物は何ですか。…それを食べたらどんな味でしたか。

通っている幼稚園の名前を教えてください。…何組ですか。…先生のお名前を教えてください。

幼稚園のお友達の名前を教えてください。…そのお友達とどんなことをして遊びますか。

幼稚園はどこにありますか。

幼稚園には何で通っていますか。…（バスと答えて）何というバス停で降りますか。

お友達はたくさんいますか。

お友達とけんかしませんか。

幼稚園では何をして遊びますか。

お父様は怒りますか。恐いですか。

お父様とお外ではどんなことをして遊びますか。

お姉さんの名前と学年を教えてください。

お姉さんはどこに行っていますか。

お姉さんと何をして遊びますか。

お姉さんとケンカをしますか。……そのときあなたは、どうしますか。

どんなお手伝いをしますか。…（料理と答えて）どんなお料理をしますか。

公園で遊びますか。……誰と行きますか。……何で遊ぶのが好きですか。

お砂場ではどのようにして遊びますか。……そのドロドロの手はどうしますか。

おけいこごとをしていますか。

親子面接の途中で別の先生に呼ばれて、同室内の別の机で質問される。
「この中で大根はどれ？」と聞かれ、食べ物のおもちゃの中から選ぶ。

3年保育　　入試出題例　　※桐杏学園調査を含む過去数年の内容

【 個別テスト 】

- ガラスのようなものでできた犬をリボンで飾る
- 画用紙で女の子をつくる。パーツを組み合わせてノリで画用紙に貼る。
- 家の形が描いてあるプリントに、三角、四角の形（各4枚）すべてをノリで貼る。
- 引き出しからお風呂で使うものを選ぶ。
- お人形さんにお洋服を着せる。
- 先生のお話を聞いて覚え、同じように自分でお話しをする。
- ぞうきん絞り。
- コップの水を移す。
- 下着のしわをのばす。
- おしぼりで手を拭き、たたんで先生に返す。
- オレンジ色の色紙に書かれている四角形の欠けているパーツをその部分にのり付けする。
- 色指定されたボールを指定の数だけスプーンを使って器に入れる。
  （例：桃色・白・青のボールを2個ずつ入れる）
- スプーンで細かいものをすくい、お皿に移す。先生が「やめ」と言うまで繰り返す。
- お皿にリボンが入っていてそれを別のお皿に移す。
- 花のビーズを取ってくださいと言われ、花の形のものを全部取る。
- 先生のまねをして体操をする。
- 椅子に座って本を読み、名前を呼ばれたらカーテンの中へ入って、いくつかの質問をされる。
- 先生の質問に答える。「どこのお教室に通っていますか」など。
- 手を洗い自分のハンカチで拭く。

白百合学園幼稚園

【小集団テスト】

◆母子行動

● 机に折り紙（3色）、ノリ、ウェットティッシュ、ゴミ箱が用意されており、母親が画用紙に絵を描いて、子どもが折り紙を貼って絵をつくる（5分）。

● 机を片付けて親子で手押し車。親が子どもの足を持ち、子どもは床に手をついて歩く。

● 子どもに画用紙が1枚ずつ配られ、母親が先にテーマの「ケーキ」の絵を描く。母子で折り紙を折ったり切ったりして貼る。終わりの合図でやめて、鉛筆で番号を書く。

● お買い物ゲーム　母親が言ったものを2つ取りに行く。

● 玉入れ。

● 母親が子どもにやり方を教えたあとで、「洗濯物をたたむ」「ふわふわの球をお箸でつまむ」などをする。

● 母子で10組ずつ2つの輪をつくり、講堂の床に座る。
輪の中央の卓上にある銀のトレイに、糊（手につけて使うタイプ）・ガラスの器に入った色紙（円・三角・四角）・鉛筆・糊を塗る際に床に敷く紙・ウェットティッシュを載せて各自用意するように母親に指示がある。10分間で画用紙に糊で色紙を貼り、母子で制作する。作品には鉛筆で受験番号と本人氏名を明記し提出する。使用したものはトレイに載せ、母親が元の卓上に戻す。

● テープで円がつくられており、2つのグループに分かれその線に沿って座る。
真ん中のテーブルに道具（糊、折り紙、画用紙、ウェットティッシュ、トレイ）が置いてあり、1人ずつトレイに載せて持ってくる。ベルの音で作業を始め、10分で折り紙をちぎって画用紙に貼って制作をする。2・3組の母子に対して1人の先生がチェックしている。母親が道具の片付けと作品を提出している間に子どもを集め、手遊び（ひげじいさん・グーチョキパーなど）が始まり、母親は退室。

テスト会場略図

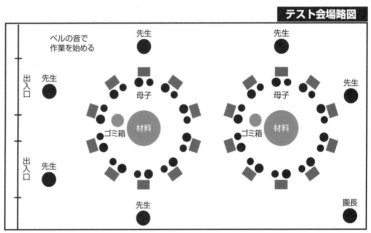

● ガラスの器の中にいろいろな形のおはじきやビーズが数個ずつ入っていて、決められたお盆（35×25㎝）の中で自由に遊ぶ。紙と鉛筆がついており、受験番号と名前を書くように言われる。終わるとお盆の上をそのままにし、名前の紙を添えて、母親が用意された机に運ぶ。

● フルーツバスケット。
母子1組ずつ手をつないで、全員で輪になってフルーツバスケットをする。

◆指示行動

● 1列になって「よーいドン」の合図で、いろいろな色の丸の中に入る。

● ネコにプリン、クマにハンバーグを持っていく。

● ヘリコプターの塗り絵。

● 「クマさんにエビフライを持って行ってください」と指示される。

● ビーズに紐を通す。

● 絵本の読み聞かせ。

● 紙芝居。全員でお話を聞き、内容について質問をされる。

- 上履きを履く。ちゃんと履いたかチェックする。
- タンバリンにあわせて走ったり、歩いたり、止まったりする。
- 動物のまねをする。
- 先生といっしょに「トントントンひげじいさん」を歌いながら手遊びをする。
- 1人ずつ呼ばれ積み木（大たくさん・小1つ水色）を高く積んでください。
- 先生と電話ごっこ　先生「○○ちゃんですね」子ども「はいそうです」先生「元気ですか」子ども「元気です」先生「今何をしてきましたか」子ども「積み木をしてきました」
- お買い物ごっこ（果物を2個買ってきてください。1個○○円です。とお金を5枚くらい渡され、かごを持って買い物に出かける／にんじん1つと○○ちゃんの好きな果物を買ってきてください）
- NHK「おかあさんといっしょ」の体操「あいう〜」をする。
- ピクニックごっこ「雷が来たので伏せて！」「雨ですよ！」など指示に従い行動する。花を摘んだり動物が出てくる場合もある。
- 縄跳び（順番に縄跳びの上を1回跳ぶ）　鉄棒（鉄棒にぶら下がり時間を計る）　ケンケンパー　動物のものまね（ゾウ・ウサギ・クマ・カエルなど）
- 「明日天気になーれ」と歌いながら上履きを蹴り投げる。
- ゴリラの歌をみんなで振り付きで歌う。
- 机の前の椅子に座り、机の上の4種類の道具の使い方を2つ以上、15分以内で子どもに教える。
- 透明なポットに入っている青い水をコップに注ぐ。
- 傘を開いて閉じる。
- かごの中に体操服、下着などが4枚位入っていてこれをたたむ。
- 細長く切った折り紙とセロテープが置いてあり、折り紙をセロテープでつなぐ。
- 粘土で乗り物などをつくる。

◆自由遊び
- すべり台・トンネルくぐり・フープなど。
- 最後に1人ずつ名前を呼ばれ、集まったところで簡単な体操（ジャンプ体操）をして終了。

面接テスト（約15分）

父親へ

志望理由をお聞かせください。
ご家庭の教育方針を教えてください。
なぜ一貫教育をお子様に受けさせようと思ったのですか。
当園を選んだ1番の決め手は何ですか。
お仕事は何をされていますか。…何時ごろ帰宅されます。
お仕事がお忙しいとは思いますが、お子様とはどのようにかかわっていますか。
通勤時間はどのくらいですか。
何かスポーツはやっていらっしゃいますか。
お忙しいでしょうが、どのように育児に関わっていらっしゃいますか。
お子様とどのくらい過ごす時間がありますか。
お子様とはどんなことをして遊びますか。
子育てで大事なことは何ですか。
家事はどのようなことをしていますか。
どのようなことに気をつけてしつけをされていますか。
お子様を叱るのは、どんなときですか。

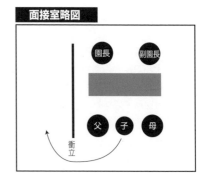

面接室略図

園長　副園長

父　子　母

衝立

上のお子様のことはどのように思っていますか。
お子様と接するとき、気をつけていることは何ですか。
お子様と食事する機会はありますか。
お子様には将来どのような人になってほしいですか。
宗教教育についてどうお考えですか。
聖書は読んだことがありますか。
いろいろお話しされたいことがあると思いますので、1分でお話なさってください。

母親へ

志望理由をお聞かせください。
当園に決めた1番の理由はなんですか。
当園に望むことは何ですか。
○○園のような素晴らしいところに通っていながら、なぜ当園を受験されるのですか。
通学方法についてお聞かせください。
通園時間に問題はありませんか。
聖書は読んだことはありますか。…何が心に残っていますか。
聖書やキリスト教についてどのように感じていますか。
宗教教育についてどうお考えですか。
お母様は白百合の卒業生ですが、1番の財産は何ですか。
お仕事はしていますか。
お仕事を続けていく上で、苦労したことは何ですか。
何年前にお仕事をお辞めになりましたか。
お仕事を続けられず、残念に思いませんか。
末のお子様ですが、1番気をつけていることは何ですか。
家族が多い中、どのようなことに気をつけて子育てをしていますか。
子どもの教育で1番大切にしていることは何ですか。
子育てで1番苦労したことは何ですか。
心の教育で気をつけ、心掛けていることは何ですか。
しつけについて内面的に大切にしていることは何ですか。
上のお子様と比べてどういうお子様ですか。
お子様にはどのような女性になってもらいたいですか。
ご両親と同居ですか。
習い事（英語）はどのようなものですか。
小学校の運動会の感想についてお聞かせください。
いろいろお話しされたいことがあると思いますので、1分でお話なさってください。

子どもへ

お名前を教えてください。
お歳はいくつですか。
幼稚園の名前を教えてください。
今日はどうやって来ましたか。
どんな電車に乗ってきましたか。…混んでいませんでしたか。座れましたか。
朝は何を食べてきましたか。
好きなものは何ですか。
好きな食べ物は何ですか。…（カレーライスと答えて）中には何が入っていますか。
お寿司は知っていますか。お寿司は何が好きですか。
野菜は好きですか。…何が好きですか。
お母様のつくったもので何が好きですか。…（おにぎりと答えて）中には何が入っていますか。

お友達の名前を教えてください。

いつも誰と遊びますか。

お姉さんとは何をして遊びますか。…お姉さんは今日どうしていますか。

お姉さんはどんな人ですか。…お姉さんに叱られることはありますか。

お姉さんとケンカをしますか。…どちらが強いですか。

お父様、お母様に叱られますか。

おじいちゃんとおばあちゃんと暮らしているの？

おばあちゃんとは何をして遊びますか。

どんな自転車に乗っているのかな。…何色ですか。

あなたの着ているお洋服は何色ですか。

お母様のお手伝いはどういうことをしますか。

お父様は遊んでくれますか。…どんな遊びをしますか。

どんな本を読みますか。

雨の日は何をして遊びますか

髪の毛は誰が結びましたか。

夜は誰と寝ますか。

動物園で好きな動物は何ですか。

○○スーパーには何が売っていますか。

好きなお花は何ですか。

この幼稚園に来たいですか。

幼児調査票 （願書といっしょに提出する）

● 本書『入園願書の書き方とポイント』参照
　入園前の教育状況（幼稚園、保育園名・４月から９月までの出席日数、欠席日数）／家庭におけるしつけ・教育／志望理由／家族構成／発育と健康の状況（食事［食欲・好き嫌い・間食・食事に要する時間］・排泄［時間や１人でできるかなど］・睡眠［寝る時間、起きる時間・母と同室で寝るかなど・おねしょ］・ことば［発音・赤ちゃん言葉・よく話すかなど］・利き手）／通園の順路。

● 健康診断書

考査当日の進行例

1日目

10：10	受付	1階控え室で静かに待つ（遊び道具はほとんどなし）。
10：20	2階控え室へ移動し面接	5～6組の家族が順に呼ばれるまで待機。
10：55	個別テスト	子どものみほかの部屋へ移動。親は隣の部屋へ移動。
11：30	テストから戻ってくる	1階控え室へ戻り帰り支度をする。
11：40	終了	お菓子を頂いて玄関へ行く。

2日目

13：10	受付	控え室でゼッケンと受験番号をつけて用意。
13：30	地下1階体操室へ移動	集団・母子テスト。
13：45	母親は控え室へ戻る	集団テスト。
14：35	テストから戻ってくる	ゼッケンや札をはずし帰宅準備。
14：45	終了	札を返却し玄関を出る。

【 説明会レポート 】

●園長先生のお話
1. 学園の沿革
2. 教育目標
3. モンテッソーリ教育について
4. 園生活について

・ 全5クラス（1クラス34名）
・ 各クラス3歳〜5歳の縦割り保育、混合保育で複数担任制。子どもたちは姉妹関係のよう。社会性を育て、思いやりの心を育てる。
・ 週5日制。月〜金曜日まで。土曜日は休み。（行事のあるときは出る）
・ 給食なし。お弁当持参。
・ 保護者に責任を持って送迎してもらいたい。
・ 一貫教育だが、幼稚園に入ったからといって、白百合学園小学校へ全員行けるとは限らない。
・ 一日の流れ

8：40	登園　身じたく
9：00	モンテッソーリの教具で遊ぶ。
10：30	お集まり
	朝の集会、お祈り、手遊び。
	自由遊び――並行して当番活動、お弁当準備など
12：00	お弁当
13：00	降園

・ 金曜日は年齢別の横割りで、一斉保育。（劇、音楽リズム、お絵かきなど）
・ 月2回、体操専門の先生が来て指導。最近の子どもは遊べない環境にあるので、思いきり体を動かして汗を流すと気持ちいいという体験をさせている。
・ おもな行事
　　母のつどい、誕生会（毎月）、母の日、父の日、運動会、七五三、遠足（春・秋）、クリスマス会、カレーパーティー、この他に、毎月保護者会、神父による宗教講話（月1回）、学園全体の宗教講話、保育参観（年2回）などがある。

●入園募集について
・ 願書受付は郵送のみ。
・ 面接、考査は五十音順に行う。指定時間を守ってほしい。あまり早くから来なくてよいが、時間には遅れないように。
・ どんなことを希望しているか。
　　面接、考査のために訓練する必要はない。子どもの日頃の姿を見ている。訓練されている子どもはすぐにわかる。年齢相応に基本的生活習慣がある程度身についている子ども、明るく素直ではきはきしている子ども、子どもらしくきちんとしつけられている子どもが望ましい。塾やおけいこごとに行っているから安心ということではない。

●スライドでの園紹介

●園内見学

保護者の受験 memo　　※過去数年の受験者アンケートより

（説明会）

- 体験保育が7月と9月にあり、9月のときには願書の販売がありました。
- 時間より30分くらい前に会場に着いたときには、かなりの人であふれていました。定刻通りに始まり、モンテッソーリについてなどを中心にお話がありました。在園生の様子をビデオで見ることができましたが、大人顔負けの立派な発表などの場面もあり感動しました。
- とてもたくさんの方が真剣な表情で参加されていました。先生の誘導はテキパキと無駄がなく、きちんとした園の雰囲気が伝わりました。ホール1・2階がいっぱいになるほどの人で、入場だけで30分ほどかかりました。
- ご両親での参加の方が多く見られ、時間ぴったりに始まりました。
- 説明会後園内見学がありました。幼児が生活しているとは思えないほど、きれいにされていておどろきました。
- 1時間40分ほどの園長先生のお話のほとんどがモンテッソーリ教育に関したものでした。講堂いっぱいの父兄（500人以上いると思われる）を前に堂々とお話をされていたこと、またその教育内容にとても感動しました。説明会のあとの幼稚園見学は席に着いた順に自由にできますので、早く行ったほうが待ち時間が少なく見学できます。2回目の説明会でもモンテッソーリ教育を中心とした話で、1回目の話の大切な部分をさらに深くお話ししてくださったので、よく理解できよかったです。日常の園児たちの様子のビデオ上映は楽しく拝見しました。
- 両回とも記帳はないので、必ずしも早く行って並ぶ必要はありません。ただ1回目のみ許される園内見学は早く並んだ順に案内されますので、早く並べばそれだけ早く終わることができます。園内は清潔・整然・豪華という印象で、先生方は皆、丁寧で感じの良い方ばかりでした。
- 2回説明会があり、2回とも氏名などを記入することはありませんでした。園長先生のお話もモンテッソーリ教育を中心とした内容で、モンテッソーリ教育の知識は持っておいたほうが理解しやすいと思います。9月の説明会ではスライドで、園生活の様子を見ることができました。1回目、2回目と内容が違うので両方出席されることをお勧めします。
- 園長先生による約1時間におよぶ幼稚園の教育方針等の説明は、モンテッソーリ教育の説明に重点が置かれ、哲学の分野にお話が及び、少々難解でした。
- 園舎の見学では、数多くの教具が整然と並べられている様子に圧倒されました。
- 講堂いっぱいに人が来ていました。幼稚園の紹介やモンテッソーリのお話が印象に残りました。今年受験される方は名前を書いて帰りに提出してくださいとのことでした。説明会の後は希望者のみ幼稚園の見学をすることができました。
- 時間通りに始まり、時間通りに終わる幼稚園です。入試についての説明はいっさいなく、モンテッソーリ教育、宗教教育にもとづく保育内容についての説明が主でした。

（控え室）

- 1次試験のとき、保育室に距離をあけて椅子が並べてあり、空いている席で待ちます。番号が呼ばれると荷物を持って、2階の廊下に置かれた椅子に移動し面接を待ちます。ここに荷物置き場もありました。
- 面接の最初の控え室では童謡が流れ、机にお花が飾ってありました。待ち時間は持参した絵本を読んでいました。移動途中の階段には、ぬいぐるみが置いてありました。呼ばれるまで廊下の椅子で待ちました。
- 待ち時間が長いので、子どもが飽きてしまいお母さまのひざまくらで寝てしまう子もいました。折り紙や絵本を持参するなど、子どもを飽きさせない工夫が必要です。
- とても静かで、みなさん小さな声で話をされていました。
- トイレを済ませると時間通りに先生がお迎えに来られました。1次の面接時も控え室で順番を待つことなく、面接室の廊下で待つので子どもはこの時間が長く感じるようです。静かに待つことができるかを見ていると思います。

- 子どもの考査中も、控え室では物音ひとつ立てずに待っています。
- 控え室の時点でどうやって過ごせば気に入られるのか意識してしまい、ぎこちなくなってしまいました。事前に合格された方はどうしていたかなど、細かいことを確認しておけば、もっと自信を持てたように思います。
- 1次のみ控え室の入り口にいる先生から「棚のものをご自由に使ってお持ちください」との指示がありました。木でできた大きいパズル、折り紙、絵本がコーナーごとに置かれていました。テーブルには花びんがあり、とても気を遣いました。
- 聞いていた通り、控え室では親子の様子が厳しくチェックされていました。本やおもちゃを取りに行くとき、片付けるときは特にチェックされていたように思います。
- 1次では予想以上に控え室のチェックの厳しさを感じました。娘は本を借りて読み、親は横で聞いてやるような形で過ごしました。また、各親子の前に小テーブルがあり、その上には小さな花びんがあって、倒してしまったらと冷や冷やしました。
- 2次では「棚の物には手を触れないように」との注意があり、皆さん持参した本などで時間を過ごしていました。また、チェックはありませんでした。
- 1次では先生が3人ほどいらして何か書かれていましたので、後ろも振り向けないほどの緊張した雰囲気でした。2次は先生はいらっしゃいませんでした。
- 1日目は親子ともに静かに待ちました。本や教具などが置いてあり、それで遊びたい子どもは自由に借りて静かに遊んでいました。娘は3冊本を借りましたが、1冊借りるごとに先生に「お借りします」「ありがとうございました」と言っていました。数人のお子さんは持参してきた本を読んでいました。子どもを待つ間に読む本を持ってきている親もいました。2日目は親は45分くらい控え室にいましたが、皆さん物音も立てずに前を向いてじっと待っていました。
- 1次では1家族に1テーブル、両親が子どもを挟んで座るようになっていました。教具で遊ぶことが許されており、皆さん使っていました。娘も教具を取りに行ってテーブルに戻り遊んでは返すということを繰り返していました。持参した絵本や折り紙は使わずじまいでした。
- 1次2次とも貴重品以外は控え室に置いていくことができます。
- 2次では母子で座る椅子のみでテーブルはありませんでした。教具・教材にはいっさい手を触れないようにという指示でしたが、トイレの順番待ちが長く、控え室に戻って持参した絵本を開いたものの、すぐに考査が始まりました。
- 1次考査では中に数名、出入り口にも先生が常にいます。
- 席から立ってうろうろしている子はいませんでした。トイレはいつでも行けました。
- 個別テストの控え室では、先生がノートを広げてチェックしていらして、親子共々緊張いたしました。クレヨン、折り紙、絵本などを自由に使えるように用意してくださっていましたが、あまり気軽に使える雰囲気ではありませんでした。

（面接）
- 面接集合時間の15分前に靖国神社に到着。幼稚園の門があき、先生に誘導されました。順番が最初だったため待ち時間もなく、控え室では手洗いをしただけでした。
- 受験番号の入ったバッチを園庭で渡され、親子とも左胸につけました。
- 面接では、入り口でのあいさつは不要との指示がありました。椅子の前であいさつをしました。
- 面接の質問は園長先生がされていました。
- 面接前の待機場所で、子どもはマスクを外すように指示がありました。
- 面接で母親の仕事に対する質問がありましたが、母親の仕事に対して否定的ということではなく、内容に興味をもって聞いてくださいました。
- 面接はとてもなごやかな雰囲気でした。子どもが緊張してうまく言葉が出てこないときも、別の言葉で質問をしていただいたり、子どもが話しやすいように配慮してくださいました。先生方はゆっくり、丁寧にお話をなさっていました。
- 面接はとても穏やかで、普通の会話をしているかのようで、緊張することなく受けられました。
- 入口から椅子までの距離が、少し遠かったです。園長先生はとても穏やかな話し方でした。父親と子ど

もは質問の内容にうまく受け答えができたのですが、私への質問が予想していなかったことを聞かれたためにとまどい、質問の内容と違う答えをしてしまいました。

- 当日は集合時間の直前まで門が閉まっていて、6〜7分前に門が開きました。受付で名札を渡され控え室で待ちます。時間になると先生が呼びに来て、入り口に荷物を置き、広い廊下で7家族が待ち、順番に呼ばれて面接会場へ行きます。

- 「ごっくん」と唾を飲み込む音が聞こえるくらい静かでした。計50分間廊下で待ちました。5組中3組目に呼ばれたので何とか50分間待つことができましたが、子どもの行儀がとても気になりました。

- 大2脚、小1脚の椅子が用意されていて、小さなテーブルの上にはぬいぐるみが置いてありましたが、触れる雰囲気ではありませんでした。また、小さなテーブルなので何かをするためのものではないと感じました。自分で持ってきたもので遊ぶ雰囲気でもありませんでした。

- 後ろ、前、斜めと4人の先生が見ているので微動だにできませんでした。待っているうちに子どもが3回くらいあくびをし、涙が出てきてしまい、涙を拭こうとハンカチを出すと今度はハンカチで遊び始めてしまい、とても冷や冷やしました。

- 母親もきちんと答えることができなかったにもかかわらず合格を頂いたので、わからないときはきちんと認め、曖昧な答え方をしなかったのが良かったのかもしれません。

- 最初に「面接時間をたくさんとりたいので、手短に答えてください」と言われました。

- 20分前に受付を済ませて、1階の控え室で同時刻のグループが5組揃うのを待ち、2階へ上がりました。番号札は父母子それぞれつけます。5グループの面接が終わるまで2階の控え室で待ち、子どもだけ部屋に呼ばれて親は控え室の隣で待ちました。終わると外階段から子どもが帰ってきました。

- 3年保育で昨年受験したときは、父親の仕事の話、母親の大学での勉強を中心に楽しく会話が進み、家族の雰囲気を見ているようでしたが、今年はよけいな会話をいっさいせずに志望理由や子どもの教育について、また、子ども自身のことを両親でよく話し合っているかどうかを見ている様子でした。質問内容も「母親の子育てについて（父親への質問）」「家庭における父親はどうか（母親への質問）」と言う具合に対になっていて、両親の連携を確認しているかのようでした。

- 子どもは面接資料の中から聞かれますので、前日にでも綿密な打ち合わせが必要だと思います。

- 聖書に関しての質問が両親にあり、きちんと答えることができずにもうだめかと思いました。親に対しての質問が思ったよりも多く、じっくりと見られていたように感じました。

- シスターとの距離が近くて驚きました。

- 面接はとにかく園長先生と楽しく話すことができるといいように思います。園長先生も共通点を一生懸命見つけようと努力してお話しになるので、それにいかに上手に話をつなげられるかが肝心だと思います。

- 母親に子どもとの関わりについて問う内容はいっさいなく、拍子抜けしましたが、代わりに子どもへの質問で母親の日頃の子どもへの態度を見抜かれたように思います。日頃から子どもとよく遊んだり、お手伝いをさせたり、新しいことに挑戦したりしておくことが大切だと思います。桐杏学園で「お子さんといい時間を過ごしてください」と指導いただいていたことの意味が今とてもよくわかります。

- 各テーブルの下にかごがあり、「貴重品以外はそれに入れて階上の面接会場へ移動してください」と指示がありました。トイレは階下にありましたが自由に行けました。

- 娘への質問が意外に多く、言葉が出ないときもありましたが、そのようなときも園長先生は静かに答えを待ってくださいました。

- 堅苦しくなく、子どもへの質問が多かったです。子どもがきちんと答えるかではなく、その間の様子や態度を見ているように思いました。10分弱の時間ですが子どもが席を立たずに座っていられることが必要です。

- 身上書を見ながら確認するような質問で、感想を言っているだけなのか、こちらに何か尋ねてそれ以上の説明を求められているのか判断に困り、アピールできずに悔いが残りました。

- 面接の部屋は1部屋のみでした。主人が欠席だったため、手紙を持っていきましたが、快く受け取ってくださいました。堅苦しい雰囲気はなく、園長先生が終始笑顔で接してくださり、アットホームな印象を受けました。

- 世間話をするようななごやかな雰囲気でした。隣にいらっしゃった女性の先生は相づちを打ちながら

- メモを取っていらっしゃいました。
- 面接官との距離が座席の配置上とても短く、お声はよく聞こえるものの少々緊張いたしました。
- 子どもをよく見ていらっしゃいました。子どもが楽しそうに話すので、なごやかな雰囲気でした。
- 園長先生はとてもさばさばした方という印象でした。
- 親に質問しているときでも、園長先生の視線は子どもを向いていました。
- キリスト教について聞かれたので少々戸惑いました。聖書、キリスト教について、善悪について、死についてなど、宗教的な内容が多く見られましたので、事前に調べておき、聞かれたときにあわてずに済むようにしたほうがよいと思います。
- 日頃の子どもへの接し方、夫婦での会話等に気をつけるべきだと思いました。
- 面接終了後、2階の待合室で他の方の面接が終わるまで待ちました。約1時間待つことになったので、こどもは少し飽きてしまいました。
- 面接日は待ち時間がかなりあったので、皆さん、折り紙・メモ帳などを持ってきていました。
- 面接は短時間ではありますが、子どもをチェックする目線は厳しく、短い時間のやりとりの中で家庭の雰囲気やしつけを、瞬時に見極めていらっしゃる感じがしました。

（考査・その他）

- 子どもが少しでも園に慣れるように、1日保育体験には参加しておくことだと思います。
- 1次試験では待ち時間が長く、時間つぶしになるようなものをいくつか持参すればよかったです。2次試験は、指定の通り10分前に入ったところ、待ち時間もなく、控え室に荷物を置いたらすぐに考査会場に行くよう案内されました。
- 玄関を入り、白線のところで上履きに履き替える指示があり、そこでも先生方がチェックされている様子でした。
- 泣いているお子様は、落ち着いてからご両親が考査室まで同行したようです。
- 結果は、1次が郵送（速達書留）、2次が手渡しでした。
- 1人の先生が、2人の子どもと手をつないで考査室に向かいました。
- 願書は1人1通しか購入できません。記入の際失敗してしまい、一部修正液を使ったにもかかわらず合格したので、読みやすい字でわかりやすく書けば問題ないように感じます。
- 母子は黒紺の服を避けるよう指示がありました。父親は自由で、上履きは母子ともに普通のバレーシューズの方がほとんどでした。
- 2次考査での母子活動は、制限時間5分とのことでしたが、もう2～3分長かったように思います。
- 1次2次を通して「できた」「できない」ではなく、できなかったときにどうしたらいいかを考えられること、最後まで頑張る姿を見ていただいた気がします。母親は子どもができなかったときの対応を見られているように感じました。また、良いところも悪いところも隠しようがないテストなので、すべてを見ていただいて合格を頂いたように思います。
- 園長先生をはじめ、すべての教員の方がチェック板を持ってメモをされていました。
- 2次ではゼッケンと番号札をつけてほぼ用意が終わるとすぐ、番号順に並んで地下1階の体操室へ行きました。終了後もゼッケンや札を取ると、帰り支度ができた順にゼッケンはもとのところに、札は受付に返却して帰りました。
- 願書は一度に1部しか購入できませんでした。不安に思い、翌日もう一度行って購入しました。
- 書き間違いを修正液で訂正し、提出物の入れ忘れをしたものの、1次を通過したのであまり合否に関係しないのではと思いました。
- 家族の備考欄には最終学歴、勤務先を記入しました。
- 入園手続きの際に父母の履歴書用紙をいただき提出しました。
- 2次で床に座ることを考え、母親は少し長めのフレアスカートを選びましたが、裾を気にせず作業できたので正解でした。子どもも行儀が気になるので、長めのワンピースにしました。
- 母子活動ではまず母親自身が、指示を聞き漏らさないこと、決して周りをきょろきょろ見ないことに気をつけました。
- 募集要項の中の履き物の注意事項に伴い、両親も子どもと同じような上履きを履いている方がほとんど

でした。父親用のサイズがなかなか見つからなかったので、早めに準備されたほうがいいと思います。

- 2次の母子考査の制作は本当に短時間で仕上げなければならないので、子どもの意見を尊重しながら完成させるのがたいへんでした。3組に1人の先生が見ていて、親子の会話、子どもの言葉遣い、子どもの自主性をじっくりチェックしているようでした。

- 2次考査では、受付を済ませゼッケンと名札をいただいて待合室である教室で待っていました。この間先生のチェックはなく教室にはいらっしゃいませんでした。

- 親子考査の後、50分くらい控え室で待つので、本などを持っていかれることをお勧めします。控え室に先生はいらっしゃらず、本を読んでいても問題ないように思いました。

- 1次試験では上履きを自分で履くことが必要なようです。2次試験で自分で履けない子はいませんでしたが、1次のときは履かせてもらっている子どもばかりでした。

- 名前が言えなくても2次に進みましたが、2次ではやるべきことができなければ無理なようです。

- 提出書類記入の際は、在園生のお母様が「とにかく白百合は丁寧にしないといけない」とおっしゃっていたので、枠からはみ出ないように、楷書で、行が曲がらないように罫線付きの下敷きを使い、線を引くときは定規を使い、きちんとした敬語を使うように心がけました。

- 提出書類には入園前の教育状況として、習い事などを記入する箇所がありました。習い事をしている場合には通い始めた年齢、週に何回か、通わせている理由なども記入しました。

- 母子遊びはおはじきなどを渡され、好きに遊びなさいというものでしたが、テーマなしで「好きに」「自由に」遊ぶことの難しさを教えられました。特に人形や積み木など「このように使って遊ぶ」という約束ごとがないもので遊ぶのは、ふだんからどのように子どもと遊んでいるのか強く問われた気がしました。今年の個別テスト・母子遊びはモンテッソーリ教育をとても意識したものだったと思います。

- 母子ともに明らかに若干のミスがあったのに、合格をいただけたということは、ミスを減点材料として落とすのではなく、総合的に判断してくださる公平な幼稚園だと感じました。

- 難関校ということでさまざまな噂がありますが、実際に合格をいただくと、それはイメージがひとり歩きしているだけなのではと感じました。園側は何も特別な家庭やしつけ、礼儀がきちんとしているだけの子どもを望まれているのではなく、温かく愛情に満ちた家庭、無邪気に楽しめる子どもらしい子ども、ごく当たり前のことを重視しているように思います。

- 1次2次考査を通して感じたことは考査の出来具合も必要ですが、考査前後の子どもの態度もかなり重要視されているように思います。

- 1次考査に嫌がって行かなかった子どもは、控え室で10分くらい過ごして再度声をかけていただいていました。もう一度嫌がると、「お母様、お父様もごいっしょにどうぞ」と3人で控え室から出ていきました。

- 2次考査の際、母子分離ができず、最後まで考査に行けないお子さんも3、4名いました。その日の子どもの体調も大きく関係すると思いますが、いろいろな場での経験をさせておくことが大切だと思いました。

- 両親の履き物は何がいいか悩みましたが、子どもと同じ白いバレーシューズの方が半分くらいいました。園の先生方は黒やピンクのナースシューズ、パンプスタイプの上靴でした。

- 母子遊びでは皆さんとても静かに作業していました。数を数えたり、静かにそれらを順に並べたりして、笑い声や話し声があまり聞こえませんでした。

- 母子遊びでは娘はきれいに並べることができなかったので、「お店屋さんごっこ」を想定して、おはじきやビーズをおせんべいやお団子に見立てて遊びました。品物ごとにそれらを分け、数えられるものは数え、色や品物の名前を話すことから始まりました。母親がお客になり「お団子3つください」などと話しかけたりしました。娘も楽しく話しかけてくれました。娘の場合楽しく進めないと間が持たないので、楽しく進めるよう心がけました。

- 母子テストから母親が控え室に戻る前に玄関ホールで封筒に受験番号と宛名を書かされました。

- 母子行動では、母親の教える様子や言葉かけ、その間の子どもの様子などを見られていたのではないかと思います。

- 娘の態度はあまりよくなく、落ち着きがなかったり、並んでいてもくるくる回ったり、壁により掛かったりしていました。他のお子さんは静かに母親の側に立っていました。私も失敗してしまい、控え室で「教具に触らないでください」と貼り紙があったのに気づかず、絵本を取って読ませてしまいま

した。

- 試験終了後、娘が1番元気に戻ってきたので、本人は楽しくやってきたのだと思います。汗びっしょりで本当に楽しかったようです。
- 面接のとき、幼児調査票（余白）にいろいろと書き込みがしてあったので、内容をよく練って書いたほうがいいように思いました。
- あまり早く着き過ぎても、なかに入れていただけません。
- 来園時間もきちんとチェックを入れているようなので、20分前と書いてありますが、25分前に着いたほうがよさそうです。
- 控え室や面接待ちの廊下でも、きちんと座って待っていられないといけないと思いました。
- 第1次・第2次考査ともスリッパではなく、ゴム底の上履きを持参しました。
- 調査表がとても簡単になりました。家族の欄はお書きになりたい方はご自由にお書きください。となっていて悩みましたが、父母の最終学歴、父の職業、子どもの特徴を書きました。
- 子どもが何か失敗してしまっても、親が穏やかに対応することが大切な気がしました。
- 一人ひとりの子どもを、すべての先生がしっかり見てくださっているという感想を持ちました。
- 先生方は子どもの様子をよく観察しているようでした。試験の時間は長いので、良くも悪くもふだんの姿が出てしまうと思います。お行儀やしつけ、ご挨拶などは、日頃からしっかりとやっていなければならないと思います。
- 先生方の対応は丁寧で優しいのですが、受付でのやり取り、待機しているときの様子など、子どもの動向をチェックされているように感じました。
- 家庭の様子ももちろんですが、子どもの取り組みやその様子をよく見て、判断してくださる園だと思いました。

雙葉小学校附属幼稚園

- ■園　長　那波　玲子
- ■園児数　123名
- ■制　服　あり
- ■通園バス　なし
- ■昼　食　弁当（月〜金）
- ■保育時間　午前9時〜午後1時半
  ※土曜日は休園

- ■所在地　〒102-0085
  東京都千代田区六番町11-1
  ☎ 03（3261）2982
  https://www.futabagakuen-jh.
  ed.jp/kindergarten/
- ■併設校　雙葉小学校（女子）
  雙葉中学校（女子）
  雙葉高等学校（女子）

★指導方針

　設立者の信奉するローマ・カトリック教の精神にもとづき、教育法規に従って女子教育をおこないます。校訓は、「徳においては純真に、義務においては堅実に」。

★特　色

- ● 学園内の進学の特典
- ● 幼稚園より高等学校まで、原則として学園内の上級進学の資格を与え、一貫教育をおこなっています。
- ● 宗教教育
- ● 教育課程内に宗教を置いてカトリック的精神のもとで、健全な人格の成長をはかり、日常生活のよき習慣を身につけることをねらいとしています。

★進学状況

■ 併設小学校への進学状況

〈女子〉卒園生は原則として雙葉小学校に進学できる。

2025年度入試データ

※幼稚園公表分。
※ 2025年度の要項は、幼稚園配布のもので必ずご確認ください。

■募集要項　※2024年実施予定
- ◇募集人員　＜2年保育＞男女50名
- ◇要項販売　9月6日〜18日（窓口）
- ◇出願登録　9月6日〜27日（Web）
- ◇願書受付　10月1日（窓口）
- ◇考査料　25,000円
- ◇考査・面接日　11月4日〜8日のうち1日
- ◇結果発表　11月9日（Web）
- ◇入園手続　所定日

■入試状況
非公表

■考査の順番
五十音順

■付　記

考査・面接は、考査番号によって日時が異なる。

通園の送り迎えは、原則として保護者がおこない、電車、バスなど公共の交通機関を利用する。徒歩も含めて60分以内。

■行事日程（予定）
- ◇幼稚園説明会　7月28日
- ◇園庭開放　9月12日〜19日

日程が変更になる場合があります。ホームページなどで必ずご確認ください。

２年保育 入試出題例 ※桐杏学園調査を含む過去数年の内容

親子テスト（親子同伴でおこなわれる。約15分）

◆親子遊び

　３組が呼ばれて「好きな机に行き、置いてあるくじを引き、出た動物のコーナーの遊びで遊んでください」「ウサギとライオンはビー玉を使いますが、机の上のビー玉を使ってください。使った後はお持ち帰りください」と言われる。

● ビー玉転がし。床に置いてある大きめの坂や、机の上の小さめの坂などを転がして遊ぶ。
● トトロの口の中に紙のボールを投げる。
● 足跡のコーナーで自由に遊ぶ。

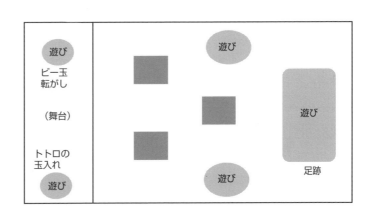

● 大きなビニール袋の中に詰め物が入っている、大きな風船のようなもので遊ぶ。
● 「海のような場所」と「公園のような場所」のグループに分かれて遊ぶ。床に生き物の絵が置いてあり、底面に磁石がついていて、クリップを使って動かして遊ぶ。

　途中で先生から母親に質問がある。
　「ふだんはどんなところで遊びますか」「このように自然の中で遊ぶことはありますか」「どこでどのように遊んでいますか」など。
　「お子様が１番夢中になっていることは何ですか」「今興味を持っていることは何ですか」
　子どもに対しては、「公園には行きますか」「お父さん、お母さんと遊べて楽しかったですか」などの質問がある。

● ５〜６家族分のテーブルと椅子（中央を向いている）があり、中央にあるおもちゃ（動物のおもちゃ・積み木など）で自由に遊ぶ。終了の２分前に合図があり、お片付けをする。
● 的当て、牧場のミニチュア、玉転がしなどで自由に遊ぶ。
● 魚釣り　マグネットのついた釣り竿で、プールの中の魚や貝を釣る（３人同時）。
● ３ピースの木製のパズル、積み木、『ウォーリーを探せ』の本が机の上に置いてあり、「親子３人で　お好きなものを選んで遊んでください」と言われる。最後に子どもに質問がある。
● 面接の前に親子で色の付いたプレートで自由に遊ぶ。白いボードの上にいろいろな形をつくる。園長先生や他の先生が見に来て「これは何ですか」など質問をする。
● 「小さいかごにうさぎさんを、大きいかごにおさるさんを入れて、ピンクの箱の中に入れてください」
　「ケーキを３つとみかんを４つかごに入れて、お父様の所へ持っていってください」
● パズルを組み合わせてつくった迷路。
● ボウリング、釣り、玉入れ、輪投げ、平均台、たいこ橋などで自由に遊ぶ。

【 **集団テスト**（1グループ20〜30名、40分）】

汽車ポッポで先生が遊戯室へ連れて行ってくれる。手遊び、自由遊び、お話（紙芝居）、歌などおこなう。グループによって順番は異なる。

◆自由遊び

● 「好きな場所で遊んで良いですよ」と言われ、滑り台、お家、ままごと、ボール、積み木、汽車、車、ブロックなどで自由に遊ぶ。

● トンネルくぐり、ままごと、すべり台、ボール、はしごなどで自由に遊ぶ。
「遊んだあとのお片づけは先生がするので、やらなくていいですよ」と言われる。
ままごとで遊ぶときは、靴を脱ぐように言われる。

※ 他に、バスケット、バドミントン、跳び箱、ぬいぐるみ、ボール（桃・黄）、テニスセット（スポンジボールとラケット）、自転車、ブロック、大きな家、システムキッチンセット、平均台、鉄棒、お絵かき、折り紙、積み木などの年もある。

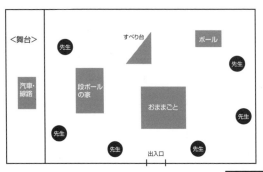 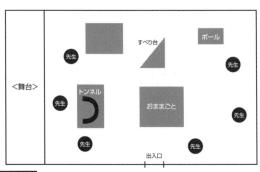

遊技室略図

◆手遊び

● 「むすんでひらいて」「グーチョキパーでなにつくろう」

◆お話を聞く

● 先生は立ってお話しされ、子どもは階段に座って聞く。
・動物が出てくるお話

● 動物や人間が大きな玉の中に入ってしまう。その玉が海に落ちて、海の石にぶつかって割れてみんな中から出てこられて、お家に帰れるお話。

● パペット（サル、ウサギ、ネコ、ヤギなど）を使って先生がお話をする。

◆歌

● 「犬のおまわりさん」を先生がウサギと男の子のパペットを持って歌う。

● 「大きな栗の木の下で」「糸まきの歌」「ちょうちょ」「チューリップ」「ことりの歌」から好きな歌を1人で歌う。

● 先生のピアノの伴奏に合わせて、手遊びをしながらいっしょに歌う。

◆行動観察

● 鬼ごっこ。

● 床に置いてあるお面から、好きなものを選んでつける。部屋の中を歩きまわり、先生の指示でお面の動物になる。

● 動物ごとに先生といっしょに、ピアノに合わせてお遊戯をする。

● ピアノに合わせて、ひよこ、ぞう、飛行機の模倣。

◆指示行動

●自由遊びの途中で先生から「みんな、平均台のところに集まってください」と言われ、ゾウ・クマ・キリン・鳥のうち
1つのまねをしながら平均台を渡り、最後にジャンプして降りる。
（前もって先生がお手本を見せる。どの動物になるかは先生が一人ひとり決める）
平均台が終わるとすべり台のところに行ってすべるよう指示がある。グーグーグーグーグー、ケンケンケンケンをし
て戻り、もう1度繰り返して座る。グーグーケンパーをしたあと跳び箱に乗り降りして椅子に座る。かに歩きで行き、
帰りはスキップする。柔らかい野球のボール大のスヌーピー柄のボールをウサギ形の的に当てる。

【面接テスト】

[第1面接]

　教室へはいるとすぐに「○○ちゃんは先生と遊びましょう」と言われ指示行動。終わると父母のところへ行く。

子どもへ

いろいろな形があり、そこに動物を動かす。「お馬さんを赤い四角に入れてください」
動物のカードがあり、指示通りに動かす。
「お馬さんを小さい三角へ、ニワトリさんを大きい丸にのせてください」
「パンダさんは小さい丸に2個、ヒツジさんは大きい四角に3個、クッキー（お
はじき）を置いてください」
大小の木があり、「大きい木に小鳥を3羽のせてください」
キリンさんは小さなベッドに、パンダさんとウサギさんは大きいベッドに置い
てください。
カードの風船・車を指示の場所に置かせる。「風船を○に、車を□に置いて
ください」
カップ、ゾウの人形、いちごを見せたあと布をかけて、何があったかを答え
る。
箱の中に入っている物（3～4種類）を覚え、何が入っていたか先生に言う。
ネコ、ゾウ、アヒルを見せられたあと隠して、何が隠れているか答える。
クマ、ウサギそれぞれに服が着せてある。ウサギの服をバラバラに脱がせてから「さっきと同じ服を着せてください」
と言われる。5種類程の服（ワンピース）とパーツ（シャツ、ズボン、帽子、リボン）が置いてあり、その中から選
んで先ほどと同じ服を置く。
ピンクのウサギ→大きい椅子に座らせてください。
ピンクのクマ→大きい椅子に座らせてください。
青いクマ→小さい椅子に座らせてください。

動物、果物、野菜、大きいお皿・小さいお皿と桃色・赤・緑・黄・青の家などが用意してある。
「ゾウさんにミカンを4つ、ウサギさんにリンゴを1つあげてください」
「ウサギさんにりんごを2つ、くまさんにりんごを4つあげてください」
「パンダさんにミカンを4つ、キリンさんにバナナを1本あげてください」
「ウサギさんとニンジン4本を大きいお皿にのせたものを、赤いおうちに入れてください」
「ブタさんとリンゴ3個を小さいお皿にのせたものを、緑のおうちに入れてください」
「いちごを4つお皿に乗せてください」
「トンネルを通って、シマウマさんにドングリ3個、ゾウさんにドングリ4個あげてください」
「キツネさんにブドウを4つ、クマさんにリンゴを3つあげてください」
「ゾウさんを大きい赤い屋根のお家に、ウサギさんを小さい青い屋根のお家に連れて行ってください」

お花の絵をいくつか見せられて「お花は好きですか」「この中で好きなお花はどれですか」
お着替えは、自分でできますか。……ボタンもとめられますか。
クマを見たことがありますか。

第1面接室略図

先生　先生

赤ランプ

母　父

子

考査

先生

動物園には行ったことがありますか。
（絵本を見せながら）何をしているのかしら。……そうね、遊んでいるわね。○○ちゃんもお友達と遊ぶでしょ。
……何をして遊ぶの。……何ていうお友達と遊ぶの。
お給食は好きですか。……お野菜は好きですか。
今通っている幼稚園は好きですか。

父親へ

志望理由をお聞かせください。
ご家族を紹介してください。
どのようなご家庭ですか。
家族の一体感を感じるのはどんなときですか。
家族の絆が深まっていると感じるのはどんなときですか。
父親から見てお母様の子育てについてどう思われますか。
子育てをしていて、幸せを感じるのはどんなときですか。
お父様のご両親がしてくれたことで、お子様にしてあげたいことは何ですか。
ご自身のご両親から教えられたことで、お子様にも伝えていきたいことはありますか。
どのようなお子様ですか。
お子様のよいところはどこですか。
「この子らしいな」と思うのはどんなときですか
お子様の名前の由来を教えてください。
お子様にご本を読んでさしあげることはありますか。……どんな内容のご本ですか。
休日には、お子様とどのように過ごしていますか。
兄弟（姉妹）がいることについて、どう思いますか。
しつけでどのようなことに気をつけていらっしゃいますか。
週末はどのように過ごされますか。
最近お子様が楽しかったとお父様に話されたことは何ですか。
お子様が集団に入って、成長したなと思うのはどんなところですか。
情報社会の中で、何を大切にしていくことが大切だと思いますか。
最近お子様のことで感動したことはありますか。
家庭で温かさを感じるときはどんな時ですか。
ご夫婦の役割分担はどのようにしていますか。
これまでに思い出に残る出来事は何ですか。
子育てをするうえで、支えになっていることは何ですか。

母親へ

お子様が1番幸せそうだと感じるのはどんなときですか。
お子様の名前の由来を教えてください。
今、お子様にやらせたいことはどんなことですか。
兄弟（姉妹）がいることについて、どう思いますか。
姉妹喧嘩をしたらどういう態度を取りますか。
幼稚園のお友達との関わりで、成長を感じることは何ですか。
子育てをされていて、今、何に気をつけていますか。

面接室・控え室配置

第2面接	
第1面接	
面接控え室	（園庭）
親子遊び控え室	
受付	

雙葉小学校附属幼稚園

日常生活の中で、特に気をつけていることは何ですか。

どのようなご家族ですか。…どんなお父様ですか。

幼稚園にはすぐに慣れましたか。

幼稚園ではどのようなお子様ですか。

幼稚園への通園はいかがですか。

幼稚園ではお弁当ですか。

母親から見てお父様の子育てについてどう思われますか。

お子様が今1番興味を持っていることは何ですか。

お子様が興味を持っている遊びは何ですか。

ご家庭でしつけは何を大切にされていますか。

お子様の長所は何ですか。具体的にはどのようなことですか。

個性的な子どもに育てるにはどうしたらよいと思いますか。

お子様の生活習慣を身につけさせる上で、困ったことはありますか。

どのようなことをするとお子様は喜びますか。

最近お子様が楽しかったとお母様に話されたことは何ですか。

この1年どのように過ごされましたか。

今この時期に体験させたいことは何ですか。

お子様が成長したなと思うことは何ですか。

お子様との最近のエピソードについてお聞かせください。

お子様をどのようなときほめますか。…最近どんなことをほめましたか。

お子様のやる気を持続させるために、どのようなことをしますか。

家庭の雰囲気づくりのためにしていることはありますか。

さまざまな情報があふれている現在ですが、何か子育てをするうえで気をつけていることはありますか。

[第2面接]

👦 父親へ

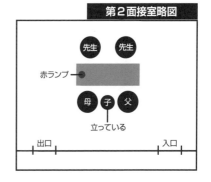

第2面接室略図

カトリック教育についてどうお考えですか。

ご家庭の教育方針を教えてください。

お子様の名前の由来を教えてください。

どのようなご家庭ですか

ご夫婦の役割分担はありますか。

子育てで心がけていることは何ですか。

子育てをされていて、嬉しかったことは何ですか。

※お子様には将来どんな人になってもらいたいですか。

お子様との日常で嬉しいこと、楽しいことは何でしょうか。

お子様の様子を見ていて感動したことは何ですか。

お子様とどんな遊びをなさいますか。

お子様のどんなときに子どもらしさを感じますか。

日頃、お子様とどのように接していらっしゃいますか。

しつけについていかがお考えですか。

日常生活で気をつけていることは何ですか。

テレビの影響についてどう思われますか。

テレビ番組は、どのように選別して見せていますか。

お母様への質問（子育てについての質問）についてお父様はいかがですか。

お父様からご覧になって、どのようなお母様ですか。

お子様が生まれ、父親となって変わったことは何ですか

家族の一体感を感じるのは、どんなときですか。

お子様が最近興味を持っていることは何ですか。

この年齢のときにしてあげたいことは何ですか。

👦 母親へ

ご夫婦の役割分担はありますか。

（父親へのどのようなご家庭ですかの質問の答えに対して）どう思われますか。

（父親※の質問の答えに対して）そうなるためにどのような子育てをされていますか。

お子様が今1番興味を持たれていることは何ですか。

お子様との間でどのようなことを大切にしていますか。

集団生活で1番お子様に身につけてほしいことは何ですか。

子育てをされていて、どのようなことを大切にしていますか。

どのような点に気をつけてしつけをしていますか。

しつけについてご両親で話し合われますか。

2人お子様の子育てで、ご自身の中で変わったことは何ですか。

お子様との日常で嬉しいこと、楽しいことは何でしょうか。

幼稚園でのお友達との関わり方は、どのようなようすですか。

幼稚園から帰ってきて、どのように過ごしていますか。

お子様はどんなテレビ番組が好きですか。…幼稚園などで聞いて他のものを見たいといいませんか。

いろいろなおもちゃが出回っていますが、どのようなおもちゃを与えていますか。

おもちゃを与えるにあたって、何か困ったことはありますか。

どんな本を読んであげていらっしゃいますか。

お母様からご覧になってどのようなお父様ですか。

お子様が生まれ、母親となって変わったことは何ですか

便利な世の中ですが、何か困ることはありますか。

自主性には何が必要だと思いますか。…そのために何をさせていますか。

お仕事と育児の両立は、たいへんではないですか。

👧 子どもへ

特に質問はない。親への質問に対する回答の流れで、話しかけられる程度。

考査当日の進行例

- 11：20　汽車ポッポで別室へ。
  「むすんでひらいて」→　紙芝居→　自由遊び→　ボール。
- 12：00　汽車ポッポで子どもたちが帰ってきて終了。

- 14：30　受付　…受験番号のバッジを受け取る。その後控え室で待機。
- 14：55　控え室の隣の部屋へ移動し、親子遊び。
- 15：10　別室に移動し、第一面接。
- 15：13　別室に移動し、第二面接。
- 15：16　終了。

保護者の受験 memo ※過去数年の受験者アンケートより

（説明会・園庭開放）

- 説明会では、学園の方針や家庭での育て方など実直にお伝えくださっていて、大変勉強になりました。ぜひ参加してください。すべてにメッセージが込められており、学ぶことが多かったです。
- 園庭開放で中の様子を見ることができますが、アンケートに記入したり、名前を記帳したりはできないので、何度も足を運んだからといって熱心さが買われるということはないようです。また、園庭開放にはたくさんの人が来るので、30分間という短い時間では子どもは遊具にさわるのさえやっとです。ただ、初めての場所が苦手の子どもには場所慣れのためにはよいと思います。
- 集団遊びは、園庭右側の講堂のような場所でおこなうので、園庭開放のときに親子で見ておくとよいと思います。園庭開放には4回行きました。子どもは楽しく遊べたようで、「また行きたい」とずっと言っていました。

（願書・アンケート）

- 記入するところが多いため、娘の長所・興味を持っていることなど、具体例を挙げて詳しく記入しました。
- 子どもをよく観察しているところを、エピソードを交えながらアピールしました。
- 雙葉は願書も合否を決める1つと言われていたので、夫婦でかなり時間をかけて考え、桐杏学園の先生にも何回か見ていただきました。子どもの性格が本当であるかを行動観察でチェックされているようです。
- 願書に貼る写真は、スナップ写真の方が意外に多かったように思います。
- 願書提出は並ぶことなくスムーズに提出できました。○○番目でしたが、いずれにしても五十音順に並べ替えて考査番号が決まるので、何時に行っても関係ないようです。
- 願書の段階でかなり絞り込むという話を聞きましたので、夏頃から文面を練って、準備をしておくことをおすすめします。家族写真も夏休み頃、写真屋さんのすいている時期に撮ると丁寧にやってもらえます。

（控え室）

- 控え室では各テーブルの上に絵本が5〜6冊ずつくらい置いてあり、それぞれ親子で読んでいました。我が家は折り紙が好きだったので、持参し親子3人で鶴を折ったりしていました。周りの様子も特に緊張している感じはなく、なごやかな雰囲気でした。
- 控え室には机と椅子があり、机の上に何冊か置いてある本を読みながら待ちました。1日目は母親のみのほうが多かったです。声を出してもよいのでわりとにぎやかでした。
- 15分前に受付でした。控え室では机の上に置いてある絵本をお母様たちが読んでいる声が響いていました。時間になると先生が迎えにいらっしゃり、汽車ポッポで遊戯室へ向かいました。
- 控え室にはたくさんの絵本があり、母子で読んでいてとてもにぎやかでした。1日目はほとんどが母のみでした。2日目は指定時刻に行くとほとんど待ち時間なしで、5分〜10分くらいで呼ばれます。面接時間も3分が2回なのであっという間です。
- 控え室の様子をチェックされているようでもなく、1日目の考査の時間をのぞくと、ほとんどアピールする時間がないように感じました。
- 面接室の手前の部屋が控え室で、貴重品以外の荷物は置いておけます。
- 待ち時間はそれほど長くありません。絵本も置いてありますので、多くの家族は本を読んで過ごしていました。

（面接）

- 今年の面接は各6分と少し長かったです。
- 先生方はいつも笑顔で、困るような質問もありませんでした。
- 面接はほぼ想定内の質問でした。
- 面接の回答に対して好意的なコメントをいただき、なごやかな雰囲気でした。
- 面接は2部屋を移動しておこなわれ、それぞれ3分と決められていて、質問が途中でも3分たつと、"は

い、終わりです”という感じでした。簡潔に話す練習が必要です。

● 面接時間の3分はあっという間で、子どもへの質問はいっさいありませんでした。すでに決まっているのだなという印象を受けました。両親にとっては面接時間しかアピールするチャンスがないので、なかなか難しいように感じました。

● 面接資料の内容について、夫婦でよく確認しあっておく必要があると思いました。「どうしてもこちらの園へ」と思っていたにもかかわらず、最後の一押しができずに面接が終わってしまいました。特に第2の部屋がポイントになるのではと思います。深く質問される時間はないので、すべて正直に書くより、自分が答えやすい面接資料を準備するのがよいと思いました。

● 第1面接のとき、両親が話をしている間に子どもは後ろでテストをしていました。

● 面接では子どもの立っている姿勢が大きなポイントだと思います。立ち位置の印などはなく、両親の手が届くところに子どもを立たせるため、子どもも親に甘え、手を伸ばしたり、親に寄りかかったりしていました。そうなったときの親の対処もよく見られているのではないかと思います。

● 第1面接の前に親子遊びがあり、そのときも面接に呼ばれる前に「楽しかったですか」と聞かれましたが、子どもは「うん」とうなずいただけでした。面接といった改まった聞き方ではないので、声が出なかったかと思いますが、これもチェックの1つのように思います。

● 先生方のやさしい雰囲気のおかげで、リラックスして答えることができました。特に困るような質問もなかったので、言葉に詰まることはありませんでした。

● 面接では子どものみ立たせていたり、集団テストでは紙芝居を見せるなど、そのときの見る態度、聞く態度はチェックの対象になっているのではと感じました。

● 面接はそっくりテストを受けていたお陰で感覚がわかっておりましたので、動ずることなくできましたが、先生方のほうは「こなしている」という流れ作業感は否めませんでした。

（考査・その他）

● 今年度は園庭開放がありませんでした。子どもが幼稚園に来る機会がなく、初めての場に緊張していました。

● 面接ではてきぱき答え、両親の方向性が同じで、そのなかで家庭の雰囲気が伝わるエピソードを交えられるとよいと思います。

● 子どもはルールを守りながら活発に自分から楽しめること、待ち時間にじっと待っていられることが求められていると感じました。

● 1日目の考査で、母子分離できずに泣いている子もいました。母子分離は絶対条件だと思います。

● 1日目の考査は、40分と長い時間なので、子どもそれぞれの個性が出るのだと思います。

● 集合時間になるとすぐに子どもは考査のため別室に移動するので、15分くらい前に登園して親子で落ち着く時間を取ってから臨まれたほうがいいと思います。1時間ほど待機するので、保護者の方は本などを持参するほうがいいでしょう。

● 考査2日目の控え室に、「親子遊び：15分、面接室第1：3分、面接室第2：3分。これは移動時間を含みます。赤ランプがついたら次の部屋に移動してください。」という説明が書かれていました。面接時間が短くなるので、ランプがついたらすぐ移動したほうがよいと思います。

● 願書提出時に面接資料が配られ、考査票を受け取る際に提出しました。以前は願書といっしょに提出していたようです。

● 親子遊びをシスターがチェックされている様子はなく、出入り口のところの先生（各1名）が何かチェックされていました。

● 考査当日は園庭の遊具は使用禁止になるので、園庭開放のときもあまり遊ばせず、考査に使われる遊戯室をのぞいて、「今度来たら、ここで遊べるからね。どんな遊具があるかしらね」と子どもに話しかけ、興味を持たせました。

● 親子遊びから面接までは流れ作業のようにどんどん時間がくると先へ進まされるので、片付けも手際よくやらなければなりません。特に途中でトイレに行くことになっても、ストップウォッチを持った先生がいらして、トイレのタイムロスは延ばしてもらえませんから、必ず始まる前にトイレは済ませておき

ましょう。

- 考査は桐杏学園の「そっくりテスト」とほとんど同じでした。「立つときはきちんと立つ」「紙芝居を見るときは、しっかりと聞く姿勢をとる」といったことが大事ではないかと思います。

- 第1面接、第2面接各3分ずつで、あっという間でした。桐杏学園の「そっくりテスト」でその短さを体験しておいたのがとてもよかったと思います。

- 服装は自由な感じを受けました。子どもは紺が多かったようですが、かわいらしい刺繍のあるものや水色、茶色の方もいました。

- 子どもの服装は、派手でなく、華美ではないが上等に見え、何より本人の顔映りが良くて着やすいことを考え、ブルーのワンピースにしました。きちんとしていて、似合えば何でも良かったのではと今では思います。

- 考査時間に遅刻は厳禁ですが、あまり早く着いても子どもが飽きますし、万一、知り合いがいたりすると親同士は気まずく、子ども同士ははしゃぎ過ぎたりしますので、四ツ谷駅には早めに着きましたが、控え室に入ったのは20分前でした（駅ビルでトイレもすませました）。

- 遊戯室はカーテンが閉められ、外からは見えない状態でした。

- 雙葉は行動観察をとても重視すると聞いていたので、日頃から生活をするうえでマナーやルールなどをきちんと教えるように心がけておりました。また指示行動は毎年出ているようなので、買い物ごっこをしながら「リンゴ3個とミカン4個をクマさんにあげてきてください」など、楽しみながら覚えさせていきました。そのせいか、勉強という感じをあまり親子で感じていなかったので、自然に考査を受けることができました。

- 2日目は面接が3分で2回、親子遊びが15分なのであっという間でした。

- 1日目にかなり重点を置いている気がします。子どもと離れるので子どもの本来の姿が出ると思います。

- 親子遊びから戻ると、楽しかったせいか緊張もゆるみ、騒がしい人もいました。騒がしかった人は不合格だったようです。

- 考査では、周りの人に流されない、しっかりとした行動力が必要だと思います。

- 親子遊びではにこやかに、面接も緊張せずに臨めたらよいと思います。雙葉に関係の深い方の本など読まれるとよいと思います。

東洋英和幼稚園

■園　長　堤　加壽美
■園児数　124名
■制　服　あり
■通園バス　なし
■昼　食　弁当（火・木・金）
■保育時間　午前8時半～午後1時半
　　　　　　（月・水曜日は11時半まで）
　　　　　　※土曜日は休園

■所在地　〒106-0032
　　　　　東京都港区六本木5-6-14
　　　　　☎ 03（3401）3014
　　　　　https://www.toyoeiwa.ac.jp/
■併設校　東洋英和女学院小学部
　　　　　東洋英和女学院中学部
　　　　　東洋英和女学院高等部
　　　　　東洋英和女学院大学・大学院

★指導方針
　一人ひとりの主体性を大切にし、人格の目覚めと自立を促し、豊かな人間性を育てるとともに、敬神奉仕の精神を培うことを目標としています。

★特　色
● 学院の教育方針に従い、キリスト教による人間形成を重んじています。土曜日は保育をおこなわず、日曜日には園児は教会学校に出席することをお勧めしています。
● 遊びを中心とした園生活のなかで、自発的かつ創造的な幼児になるように援助しています。
● 基本的生活習慣を身につけ、心身の健康を図るとともに状況に応じた行動がとれる習慣を育てます。
● 備えられた感性を磨き、それを十分表現できるように導きます。
● 広く物ごとに対する興味や関心を育て、探求する心を養います。
● 女子は小学部への進学を原則として認めています。

★進学状況
■ 併設小学校への進学状況
〈女子〉卒園生は原則として東洋英和女学院小学部に進学できます。

2025年度入試データ
※幼稚園公表分。
※ 2025年度の要項は、幼稚園配布のもので必ずご確認ください。

■募集要項　※2024年実施予定
◇募集人員　＜3年保育＞男児若干名　女児30名
　　　　　　＜2年保育＞男児若干名
　　　　　　※全体で約50名
◇要項販売　7月13日～8月30日
◇出願登録　8月1日～23日（Web）
◇書類提出　8月26日～9月1日（消印郵送）
◇考査料　25,000円
◇面接日　9月10日～10月17日のうち1日
◇考査日　10月28日～30日のうち1日
◇結果発表　10月31日（Web）
◇入園手続　11月7日

■入試状況
非公表

■行事日程（予定）
◇入園説明会　7月13日・15日

| 2年保育 | 入試出題例 | ※桐杏学園調査を含む過去数年の内容 |

小集団テスト （1グループ約20名）

◆自由遊び

控え室に集合し、時間になると園長先生が迎えにくる。子どもだけ2列に並びホールへ移動。最初にピアノに合わせてお遊戯をしその後自由遊び。

● ままごと
● 粘土
● 跳び箱など

◆自由遊び

● ままごと（赤ちゃんの人形・ゆりかごなどもある）
● 粘土（竹串などが置いてある）
● 先生が絵本を読む（「ぞうくんのさんぽ」）
● 大きな木の積み木でできたエリアがある。

遊戯室に、魚釣りゲーム・お絵かき道具・絵本・おままごとセット（テーブル・電話・お人形1体）、机（はさみ・セロハ

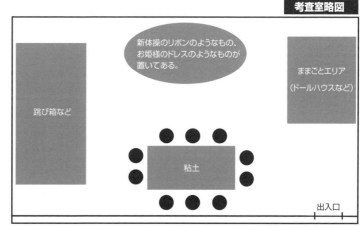

ンテープ・ひも・トイレットペーパーの芯・バターなどが入っていた空き箱などがおいてある）と椅子・プラレール・平均台があり自由に遊ぶ。

最後にお絵かきしたものや制作したものは「○○色の棚の上に置きましょう」と言われ置いてくる。

粘土、お絵かき道具、ままごと、積み木、人形、プラレール、ボール、三輪車、玉を上からころがす木のおもちゃ、体育用具、電車遊びなどで自由に遊ぶ。

（先生がノートを持って立って見ている。ときどき受験児に話しかける場合もある）

（遊んでいる間、先生からは特に子どもへの質問はなし）

東洋英和幼稚園

| **3年保育** | **入試出題例** | ※桐杏学園調査を含む過去数年の内容 |

小集団テスト

◆自由遊び

● 入室後母子で絵本（おおきなかぶ）の読み聞かせをする。
そのあとで粘土、木琴、ままごとなどで自由に遊ぶ。

● ままごと、パズル、シール、積み木などで自由に遊ぶ。
（約20分）

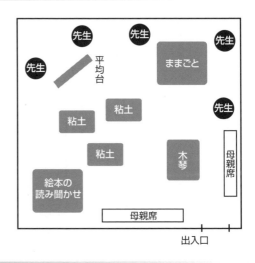

面接テスト （約15分）

先生に「○○ちゃんですね。どうぞ」と呼ばれて入室し、子どもは遊び場所に誘導されて、保護者面接となります。
子どもへの質問はなく、用意されているおもちゃで遊ぶ。

父親へ

志望理由についてお聞かせください。
見学会の感想をお聞かせください。
本園を知ったきっかけを教えてください。
お仕事の内容についてお聞かせください。
コロナ禍のなかで、在宅ワークのできるお仕事ですか。
休日はどのようにお過ごしですか。
帰宅時間は何時ですか。夕食はいっしょにとられますか。
お子様への接し方についてお聞かせください。
願書に書いてある教育方針について、何かエピソードがありますか。
お母様のお料理でどのようなものがお好きですか。
お忙しいのでお子様と接する機会が少ないのではないですか。
趣味についてお聞かせください。
どのような本をお子様に読んであげるのですか。
お母様の子育てをどう思われますか。
父親の役割（存在意義）とは何ですか。

母親へ

通園経路の確認をさせてください。
見学会の感想をお聞かせください。
お子様は○○教室に通われているようですが、お母様もされていたのですか。
お仕事について教えてください。
お仕事をされていて大変だと思いますが、毎日どのようにお子様と接していますか。
どのようなことに気をつけて育児をしていますか。

子育てはたいへんだと思いますが、どのように感じていらっしゃいますか。

子育てで困ったときに相談する人はいますか。

子育てが一段落したら何がしたいですか。

ご自分だけの時間があったら何をしたいですか。

現在通っている幼稚園はどのような幼稚園ですか。なぜ選ばれたのですか。

お父様はお子様には、どう接していらっしゃいますか。

お子様の好きな外遊びは何ですか。（提出資料を見ながら）

ご自身の両親にしてもらったことで、お子様にもしてあげたいことは何ですか。

自分だけの時間があったら、何をしたいですか。

趣味についてお聞かせください。

3人のご兄弟の関係はいかがですか。

お子様が寝てからどのようなことをしてお過ごしですか。

お子様の1日の様子をお聞かせください。

（調査書に好奇心旺盛と書いて）好奇心旺盛というのはどのような点か具体的に教えてください。

お子様と過ごしていて楽しいこと、大変なことをお話しください。

出身校についてお聞かせください。

この1年でもっとも嬉しかったことはどんなことですか。

（上に兄がいることに対して）女の子は育て方が違いますか。

面接・考査当日の様子

●面接のとき

（1）　受付で、願書受付票と面接日程票（出願時にもらう）を提示し、子どもが胸にピンでつける番号札（円形、自分の受付番号記載）を貰う。

（2）　左手ホール（**図A－＜1＞**）で待機。

親子のいすあり。

中央机に絵本などが置かれている。（なお開始25分前に到着したが、ホールには1組待っていた）

掲示板に考査の日程と諸注意が書かれています。考査は生年月日順。毎日4グループずつ、いずれも午前中で終了。（男女いっしょと思われます）

第1グループ…8時30分～　／　第2グループ…9時30分～

第3グループ…10時30分～／　第4グループ…11時30分～

なお、開始10分前迄に集合のことと指示されています。

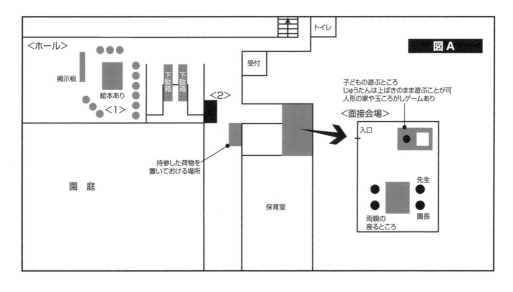

（3）　前の人が面接会場にまねかれると、**図A－＜2＞**のところに荷物を持って移動するよう指示されます。
持ってきた荷物は、斜め右前の台に置いて面接会場に入れ、貴重品は持って入るよう言われます。

（4）　面接会場へは先生に名前を呼ばれまねき入れられます。（特にドアをたたく必要なし）約10分間。
すぐに子どもは「遊んで待っていてね」といわれ、両親だけが対面席に着席させられます。
面接は、園長先生の人柄、包容力で、できるだけ「面接」という形式ばらずに、いつもの様子にさせ、良い
意味でも悪い意味でも、あるがままの家庭を出させようとされていると思います。

●考査のとき

（1）　到着すると**図B－＜1＞**の受付台にて願書受付票を提示し、円形の自分の受付番号が記載されている番号札
を胸と背中につける。

（2）　時間になるまで、生年月日で割り振られた保育室にて待機。受付開始30分前でも中に入って待つこと可。保
育室内には、折り紙、在園児が読んでいる本があり、自由に読むこと可。1グループ20名位。男女いっしょ。

（3）　時間になると先生が子どもを集め、考査会場に連れていく。

（4）　正味50分（入場から、片付けまで）　自由遊び
粘土、三輪車、おままごと、玉ころがしゲーム、など。遊んでいる間、特に子どもへの質問なし。トイレも
自由にいく。子どもの考査の間、母親は待つのみ。本などを持っていくとよい。

（5）　終了後、バラバラと保育室に帰ってくる。受付台に番号札をかえし、帰宅。玄関に園長先生がいらっしゃり
見送られる。

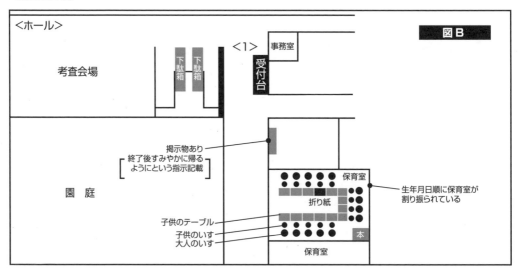

~プリントから~

入園を希望なさる皆様へ

○本園に入園なさった場合、下記の教育方針にそっていただきますのでよくご確認のうえ、願書を提出してください。

1. キリスト教による人間教育を重んじておりますので、土曜日は保育を行わず、日曜日は各ご家庭で選
ばれた教会に園児を出席させていただきます。

2. 通園の送り迎えは、保護者の方にしていただきます。乗用車の通園は禁止しておりますので、地下鉄、
バス、または徒歩などで通園してください。したがいまして、通園距離、お子様の健康状態、交通事情、
保護者の諸事情等を十分考慮なさってください。

3. 母の会・父の会・父母の会など協力していただく機会が多く、その折には小さいお子様をお連れになら
ないで参加していただいております。

4. 学費などの納入金はかなり高額になって恐縮ですが、4月と10月の2回に分けて期日までに納入す
ることになっております。

○面接の日時は、願書提出時にお知らせいたしますが、日時の変更は致しかねますのでご了承ください。

保護者の受験 memo　　※過去数年の受験者アンケートより

(説明会)

- 説明会は参加しませんでした。願書などの記入の仕方は説明会で話されている様子でした。
- 提出書類の記入の注意事項のお話がありました。（健康診断書は近親者以外の診断であること、既往症がない場合は「なし」と記入するなど）
- ほとんどの方が紺のスーツで参加されていました。一通り説明が終わると質疑応答になりました。どんな質問にもきちんと対応されていました。
- 説明会以外に園の様子がわかる機会はないので、お知りになりたいことを質問されるほうがよいと思います。
- 自由で伸び伸びとした園生活の様子や教育方針について、園長先生がお話しくださいました。早朝にもかかわらずとても暑い日でしたが、立ち見が出た盛況ぶりで、暑さを忘れさせてくれるような園児達の微笑ましいエピソードもご紹介くださり、とても温かい幼稚園だと思いました。
- 質疑応答の時間がきちんと設けられ、どんな質問に対しても丁寧に答えられていらっしゃるのを拝見して、開かれた園であるとの印象を受けました。
- 園長先生がお話の最後に「質問がある方は今この場でしてください」と言われ、数名の方が質問されていました。（面接日の変更ができるか、休学・復学制度について、アレルギー体質の子どもについてなど）
- 主任のお話に続いて園長先生のお話がありました。それから園紹介のビデオを見て、その後、園舎の見学をして終了でした。夫婦でいらっしゃった方も何組かいらっしゃいました。子どもは同伴不可です。
- 初めに、連絡事項の説明があり、その後園長先生から教育方針などのお話がありました。全体としては、園長先生のお人柄があらわれ、品の良さが感じられる説明会でした。
- 説明会では、園長先生の人柄、包容力からか、活発な質疑応答がありました。

(控え室)

- 控え室は2家族分しか用意されておりませんでした。早く着いてしまったご家族は、外で待っていました。
- 控え室では20人のお子さんがいっしょですので、あきない程度の時間内で早めに行ったほうがよいかもしれません。トイレの順番待ちもありますし、あとから入室すると圧倒されてしまう可能性もあると思います。
- 控え室は考査の時間によって違いました。折り紙のようなものが置いてありました。私どもは持参した本を読み聞かせました。あやとりをしている親子もいました。子どもが考査に行っている間は何もすることがないので、本などを持参するとよいと思います。
- 控え室で困らぬようにと考え、いろいろ持参すると、考査会場ではやりたいものが見つかりにくいかもしれません。幼児には控え室での過ごし方が大切なポイントになると思います。
- 控え室には30分前から入れます。その間にトイレなどをすませ、後は折り紙をして遊んで待っていました。
- 面接の際の控え室では、クレヨンも紙も用意されていましたが、考査のときは置いてありませんでした。
- 控え室には絵本、紙、クレヨン、麦茶があり、1つ前の番になると部屋の前のベンチへ案内されました。部屋へ入るときは主任の先生がドアを開けて「どうぞお入りください」とおっしゃいましたので、そのまま入室しました。
- 控え室には後日行われる考査のスケジュールについての張り紙があり、メモを取って帰るよう指示がありました。
- 子どもたちが考査の間、控え室にはクラッシックが流れていました。ほとんどの方が本を持参して読んでいました。何も用意されていない方は45分間手持ち無沙汰のようでした。
- 受付を済ませると、控え室に考査の日程と注意事項が書いてあるので読むように言われました。考査の時間の10分前には控え室にいること、付き添いは父・母のいずれか一方でよいという内容でした。

東洋英和幼稚園

（面接）

- 面接日は手洗いをして受付で検温のあと、階段下と踊り場にある待機用の椅子で待ちました。
- 面接、考査とも親子いっしょなので、子どもが不安がることもありませんでした。
- 面接はとてもおだやかで話しやすい雰囲気でした。
- 10分程度の面接でしたが、なごやかな雰囲気でリラックスしてお話しすることができました。
- 面接室の様子は、桐杏学園の本とほぼ同じでした。子どもに対しての質問はありませんでした。
- 1つの質問に対して掘り下げていき、母親の応答に続いて、「それではお父さまは」と必ず聞かれました。
- 面接は両親のみで、子どもは用意されたおもちゃで遊んでいるのですが、親の視野には入っても先生方の視野に入る位置ではないので、子どもがチェックされている様子はまったく感じませんでした。他園とは違いきちんと時間をとってくださって、とてもよくお話を聞いていただけました。
- 園長先生のお人柄もありとてもなごやかな面接でしたが、時間が20分近くに及び1つの内容について詳しく掘り下げてどんどん聞かれるので、願書やその他の書類に記入したことについては、深く聞かれても大丈夫なように事前に準備しておく必要があると感じました。
- 面接は応接間のような部屋でおこなわれ、なごやかな雰囲気でした。こちらの話もしっかりと聞いてくださいました。時間も他園とは違い、ゆったりととってあるため、ひとつのことから話題がふくらんでいきました。
- 出身校でも信者でもない場合、アピールするのはとても難しく感じました。
- コの字に子ども用の席があり、周りに大人用の椅子がありました。折り紙のかごが机の上にあったようです。
- 園長先生がとても上品で優しい雰囲気でしたので、あまり緊張することなく応答することができました。
- 父親が仕事の都合で欠席したことを非難されるようなことはありませんでしたが、出席が大前提であるような気がします。
- どのような家庭なのか、教育方針など、両親の意見が合っているのかを確認したいような感じを受けました。両親でほとんどが決定するような気がします。
- 本人には何も聞かず、待っている間の遊んでいる様子を見ているとも思えませんでした。
- 質問に答えるとさらに深く質問されました。志望動機や子どもの長所・短所はきちんと答えられて、さらに趣味、子どもとのふだんの接し方なども把握しておくことが大切だと思います。
- 両親が子どもの教育について同じ方向を向いているかどうかが大きいような気がします。父親母親のそれぞれが子どもと日々どのように過ごしているのかが大切なようです。
- 両親面接の間、子どもはチェックされているかどうかはわかりません。最後に園長先生から「今日はご足労いただきありがとうございました。今年もたくさんの方が希望してくださっているので、ご希望に添えないこともございますが、どうぞ御了解ください」と言われました。
- 園長先生の目の前に大きな時計が置いてあり、時間を見ながら進めているようでした。とてもなごやかな雰囲気でしたので、あまり緊張することなくできました。
- 退出の際、子どもに「今日はおひとりで遊んでいただきましたが、次回（考査）はたくさんのお友達と遊べるのでいらしてくださいね」と声をかけてくださいました。

（考査・その他）

- 願書受付日は6時開門と同時に園に入りましたが、すでに20人ほどいらっしゃいました。
- 願書提出の受付は9時からの予定でしたが、7時過ぎで100名弱になったため8時頃から受付が始まりました。
- 順番は受付順で、早ければ合格しやすいということもないように思いましたが、9時受付で8時に行くとすでに100番台で、8時半に受付が始まりました。講堂のようなところにパイプ椅子が並べてあり、座って待てるのでもう少し早く行けば、考査日が月末にならなかったのではないかと思いました。
- 考査当日は指定時間の10分前までに受付を済ませ、控え室で待ちました。控え室には特に玩具はなく、各自持参したもので遊んでいました。9時ちょうどに先生がいらっしゃり、子どもたちは並んで考査室へ移動し、45分くらいで戻ってきました。どの子もいきいきとした表情で戻り、娘も「楽しかった」と言っていました。園長先生、主任のほかに3名の先生方がチェックしていました。
- 控え室で待機してると園長先生が迎えにいらっしゃり、子どものみ2列並びでホールへ移動しました。

約50分ほどで終了し先生といっしょに控え室に戻ってきました。その後番号札を返却して帰宅しました。

● 自由遊びの時間も含み、全体的にとてもなごやかな雰囲気のなかでリラックスしておこなわれました。子どもが親から離れて遊ぶ自由遊びでは、子どもの素の姿が出ていると思います。

● 面接は受付順、考査は生年月日順におこなわれました。

● 時間通りに始まり、時間通りに終わりました。

● 全体的にあたたかい雰囲気で、受験生は元気がよく、お母様方もリラックスしたムードでした。

● 願書記入の際は家族の氏名の横にある備考欄に、面接で質問されることに優位になることをお書きになるとよいと思います。

● 受付をし、バッジを着け、着席して折り紙を1枚折るころに先生が迎えにいらしました。（約10分）お子さんにもよりますが、あまり早く到着し待ち時間が長いと緊張し、また絵などを描くことに夢中になっている子は気持ちを切り替えることが難しいような気がしました。

● 9時になると主任の先生が子どもたちを呼びに来られ、みんないっせいにホールへ走っていきました。50分間好きなことをして遊び、とても楽しかったと言って戻ってきました。

● 親から離れて自由遊びがのびのびとできて、お友達と関わり、何事にも集中して過ごせればよいようです。日々の生活で子どもがどのように過ごしているのかがよくわかるようなので、日頃からお片付けなどが自然にできればよいと思います。

● 自由遊びのおままごとでけんかしている女の子がいましたが、特に先生は何も言いませんでした。

● 特に指示行動などはないので、ありのままの子どもの様子を見られる考査だと思います。

● 説明会、面接、考査それぞれ時間通りに始まり、時間通りに終わりました。控え室にはお水も用意されていて、とても気配りのある幼稚園だと思いました。

日本女子大学附属豊明幼稚園

- ■園　長　吉岡　しのぶ
- ■園児数　225 名
- ■制　服　なし
- ■通園バス　なし
- ■昼　食　弁当（月・火・木・金）
- ■保育時間　午前 9 時〜午後 1 時半
  （水曜日は午前 11 時半まで）
  ※土曜日は休園

- ■所在地　〒 112-8681
  東京都文京区目白台 1-18-14
  ☎ 03（5981）3852
  https://www.jwu.ac.jp/knd/
- ■併設校　日本女子大学附属豊明小学校
  日本女子大学附属中学校
  日本女子大学附属高等学校
  日本女子大学・大学院

★指導方針
- 健康で、明るく、元気な子ども
- いきいきとした気持ちで物事に接し、工夫したり、創りだす喜びを感じられる子ども
- お互いの良さを認め合い、仲良く協力できる子ども
- 自主的な生活態度を身につけ、自分のことは自分でし、最後までやりぬく子ども

★特　色
　幼稚園から大学に至る一貫した教育方針を踏まえながら、人間形成の基礎をつちかう幼児期に、心身とも健やかに、将来大きく伸びていく子どもの育成をめざしています。豊かな環境をととのえ、一人ひとりの子どもの自らの育ちを大切にし、可能性を十分伸ばしていくことに力をそそいでいます。

★進学状況
■ 併設小学校への進学状況
〈女子〉保護者が日本女子大学附属豊明小学校への進学を希望した場合は原則として推薦する。

2025 年度入試データ
※幼稚園公表分。
※ 2025 年度の要項は、幼稚園配布のもので必ずご確認ください。

- ■募集要項　※ 2024 年実施予定
- ◇募集人員　＜3 年保育＞男子 24 名 女子 60 名
  ＜2 年保育＞男子若干名
- ◇出願　9 月 7 日〜 10 月 3 日（Web）
- ◇書類提出　10 月 1 日〜 4 日（郵送必着）
- ◇考査料　25,000 円
- ◇考査日　11 月 2 日
- ◇面接日　11 月 3 日〜 5 日のうち 1 日
- ◇結果発表　11 月 7 日（Web）
- ◇入園手続　11 月 8 日

- ■考査の順番
  生年月日逆順（生まれ月の遅い順）

- ■入試状況
  非公表

- ■付　記
  考査では遊びのなかでごく自然のうちに、知的発達・行動の姿をみる。年間の発達差は生まれ月別に考慮される。通園条件として、所要時間がおよそ 45 分となっている（公共の交通機関を利用することを原則）。

- ■行事日程（予定）
- ◇体験保育　6 月 8 日
- ◇説明会・施設見学会・個別相談会　7 月 20 日
- ◇入園説明会　8 月 19 日〜 9 月 13 日（オンライン）
- ◇運動会　10 月 5 日

- ■インフォメーション
  日程が変更になる場合があります。詳細はホームページにてお知らせいたします。

| **３年保育** | **入試出題例** | ※桐杏学園調査を含む過去数年の内容 |

▌**小集団・個別テスト**（１グループ５〜７名、10〜20分）

● 記憶。箱に何が入っているかを覚えたあと、箱に隠された品物を答える。
● 積み木の模倣。
● 電車ごっこ。
● お買い物ごっこ。指示された品物を選ぶ。
● 椅子に座って紙芝居を見る。
● 先生と一緒に「帽子の歌」を歌う。
● １人ずつ好きな歌を歌う。
● ブロック、おままごとなどで自由に
　遊ぶ。
● カードに描いてあるものの名前を答
　える。
● パズル（ぞう、うさぎ）。「何がたり
　ませんか」

◆指示行動
● お皿にケーキを分ける。
● 指定の色の花を指定の数だけ持ってくる。
● 「絵本の上に青い折り紙を５枚置いてきてください」、「絵本の上に青い折り紙を３枚置いてきてください」など。
● お話を聞いて、質問に答える。「お話には、何が出てきましたか」など。
● １人ずつ先生に呼ばれ、ケーキに歳の数だけろうそくを立てるように言われる。
　いろいろな色のろうそくがあるが、何色でもいいと言われる。
● 先生の質問に答える。カードに描いてある絵。

◆体操
● 先生の笛に合わせて、走ったり、止まったり、フープに入ったりする。

◆絵画
● クレヨンで果物の絵を描く。（果物を４つ書く。お絵かきをしながら先生とお話をしていた様子）
● クレヨンで好きな絵を描く。（何人かで１つのクレヨンを使う）

▌**面接テスト**（親子同伴で考査日以後におこなわれる。7分）

　１階（園長先生）と２階（副園長先生）で面接が進行。それぞれ次の順番まで控え室で待ちます。終了の１分くらい前にトライアングルがドアの外から鳴ります。
　　● 初めに靴を脱いで履いてくださいと指示が出され、そのあと着席しました。
　　● 次の順番になり面接室の前の椅子まで呼ばれたときに、子どもの片足の靴と靴下を脱いで待つように言われました。
　　　入るとすぐに「この靴下を履いてください」と言われ、やや大きめの子ども用の靴下を渡されました。
　　● 貼り紙に「丁寧な挨拶は不要です。速やかにお座りください。母は出入口側、父は奥にお座りください」とありました。

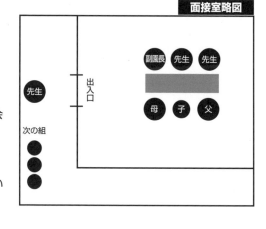

面接室略図

父親へ

志望理由をお聞かせください。

お仕事について教えてください。

お仕事の場所はどちらになりますか。

最近読んだ本について、その感想をお聞かせください。

お子様に本を読んであげることはありますか。

現在の内閣の政策についてどう思いますか。……それらが、会社や家庭内にどのように影響していると思いますか。

アレルギーとありますが、どのようなものになりますか。

お子様が生まれてから変わったことは何ですか。

お子様といっしょにいて1番楽しいときはどんなことをしているときですか。

お子様がいることで、仕事に何か役立つことはありましたか。

お子様が自分と似ていると思うところはどんなところですか。

お子様はどのような性格ですか。

お子様の送り迎えはどのようにされていますか。

お子様が今、関心を持っていることは何ですか。

お子様は何をして遊ぶと1番喜びますか。

お子様にお父様のお仕事を継がせたいと思いますか。

これぞ我が娘というところを2つ言ってください。

お母様の良いところを教えてください。

「日本人の心」が最近変わってきていると思いますが、どう思いますか。

面接資料の中で家族が大切と書かれていますが、具体的にはどのようなことですか。

人生では挫折もあると思いますが、ご自身はどのような挫折をどのような方法で乗り越えましたか。

母親へ

学園の感想を教えてください。

教育方針の中で、「体験すること」を大切にしているようですが、具体的にはどういうことですか。

お子様の名前の由来をお聞かせください。

どのようなお子様ですか。

お稽古事をたくさんされていますが、どのようなお考えですか。

（面接資料を見て）健康第一とありますが、どのようなことに気をつけていますか。

（面接資料の教育方針を見て）物を大切にするということをどのように教えていますか。

今、女性が強く、男性が弱いとよく言われますが、それについてどう思いますか。

……具体的にどのような面で女性が強く、男性が弱いと思いますか。

……また、どのような面で女性が強ければ、社会はうまくいくと思いますか。

いろいろな情報が流れてくると思いますが、それに流されないようにするにはどのようなことに気をつけていますか。具体的に教えてください。

仕事をしていて、お子様がいるときといないときでは、何か違いはありますか。

お子様が今、1番興味をもっていることは何ですか。

最近お子様が喜んだエピソードを教えてください。

幼稚園のお母さま方とのおつき合いはどのようにされていますか。

幼児教室には、どれくらいお通いですか。（週何回、何時間か）

最近読んだ本は何ですか。

2人のお子様に対する接し方の違いについてお聞かせください。

ご近所のお母様方との関係を築く上で注意されていることは何ですか。

お父様はどんな方ですか。

どんなときにお子様を褒めますか。どんな言葉で褒めますか。

お子様を育ててきてうれしかったこと、困ったことをお話しください。

お子様とお母様が似ているところはどのような所ですか。

子育てする上で成功や失敗もあると思いますが、成功したのはどのようなことで、失敗したのはどのようなことだと思いますか。

過去のお仕事を通して、子育てに役立ったことはありますか。

ご家族のこれからの夢は何ですか。

子どもへ

お名前とお歳を教えてください。

お昼は食べましたか。…何を食べましたか。…どこで食べましたか

どんな本が好きですか。

好きなテレビ（番組）は何ですか。

弟さんの名前を教えてください。

いつも何をして遊びますか。……誰と遊びますか。

好きな遊びは何ですか。…「おままごと」ではどんな役をするのですか。

お家にはどんなおもちゃがありますか。

お兄さんと何をして遊びますか。

お父様と何をして遊ぶのが好きですか。

お母様と何をして遊ぶのが好きですか。

お父様と何をして遊びますか。お母様と何をして遊びますか。（積み木と答えて）どんな積み木をつくるの。

朝ご飯は何を食べましたか。

自分で靴を履くの。

◆親子遊び（約10分）
- 面接終了後、ホールにて親子遊び。平均台・おままごとセット・すべり台・積み木・玉入れなどが置いてあり、好きなもので親子3人で遊ぶ。「道を渡ってすべり台をすべってから親子で遊んでください」と指示がある。3～4人の先生がチェックしている。時間がくると先生が「今日はありがとうございました。終了です」と声をかけられる。
- 面接終了後に親子遊び。ブロック・おままごとなどが置いてあり親子で遊ぶ。「プレート（幅10cm程度）の上を歩き、ケンパーのあとすべり台をしてから親子で自由に遊んでください」と指示がある。
- 面接終了後にホールに移動。子どものみ線の上を走り、踏み台に上ってジャンプ。その後親子で自由遊び（おままごと、大型積み木、玉入れ）。

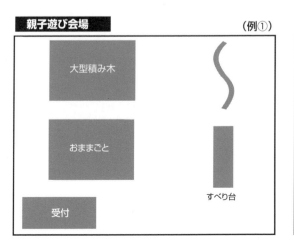
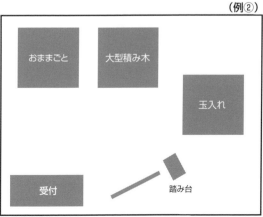

【 アンケート 】

～面接資料～

子どもの性質／行動の傾向／保育歴、おけいこ事／利用する交通機関／通園に要する時間
本園を志望する理由／家庭の教育方針／家族紹介／家族関係（氏名、学歴、在学校名、勤務先）

【 考査当日の進行例 】

（1日目）

- 9：30　受付。番号札を2つ渡され、子どもの胸と背中につける。ホールで待機。
- 9：45　控え室に入る。
- 10：00　点呼。5、6名ずつ呼ばれ、別室でテスト。　保護者は控え室で待つ。
- 10：45　1人ずつ戻ってくる。早い人は10分くらいで戻ってくる。受付に番号札を返して終了。

（2日目）

- 10：30　受付。番号札を1つ受け取り、胸のまん中につける。
- 10：50　面接控え室へ。
- 10：57　面接。7分程度。
- 11：10　遊戯室へ。親子遊び。
- 11：20　終了。

【 参考 】　～入園願書～

※今年度のものは、必ずご確認ください。

年 度

日本女子大学
附属豊明幼稚園長　　　　殿

受付
番号

入 園 願 書

御校に入園志願いたします。

保護者
氏　名　　　　　　　　　印

志願者	3年保育 男・女	ふりがな 氏　名	西暦　年（　　年）　月　　日生	
		現住所 〒		
保護者		ふりがな 氏　名		志願者との続柄
		現住所 〒		
		電話　自宅　－　　　－　　　携帯　　　－　　　－		

※携帯電話をお持ちの方は、緊急連絡用に自宅の番号と併せてご記入ください。

〈個人情報保護のため、願書は他の目的では使用いたしません〉

保護者の受験 memo ※過去数年の受験者アンケートより

（説明会）

- 説明会では、受付ですぐに願書を購入することができました。30 分早く着いたのですが、20 人ほどの方がすでに着席されていました。
- 短い時間（約 30 分）に必要最低限のことをテキパキとお話しされたという印象でした。とても混雑していたので子どもは時間差で園内見学のときに、誰かに連れてきてもらうようにすれば理想的なのではと思いました。
- 同日に小学校も見学しましたが説明会ではなく、各教室のビデオで決まった時間にご挨拶やその他のことが放映されていたので、事前に時間を調べて園内見学との時間調整をすればよかったと思いました。
- 来た順に色の違う紙で区別されその色の順に説明会後、園舎を見学できます。7 ～ 8 色あるようでした。後のほうの方はかなり待つ様子でした。
- 講堂は満席となり、残暑もきびしい日でしたので、倒れた人もいました。学長、家政学部長などの挨拶の後、園長先生のお話で「訓練されたお子さんはいりません」と、きっぱりとした口調で話されていました。小学校の説明会と同日でしたので、30 分ほどで園長先生は退場なさいました。統制がとれていて、きびきびとした雰囲気でした。
- 子どもも同席でき、その後園内を見学できるので、慣れるためにもよい機会だと思います。試験や面接時の諸注意などもありました。
- 子連れで出席したのですが、子どもは大人の膝に乗せてという指示でした。かなり狭いので、荷物は少なめのほうがいいと思いました。
- 説明会に続く園内見学は来会した順となりました。
- 講堂での説明会のあと、幼稚園見学をさせていただけますが、説明会に入場する際に渡される幼稚園内の見取り図の色によって、時間を分けての見学になります。早く見学会に行けば、説明会終了と同時に見学できますが、遅く入ると 1 時間近く待たされます（ちなみに私どもは開始 40 分前に入りましたが、40 分待ちでした）。園内見学はその日しかありませんので、よく考えて時間を決めていったほうがいいと思いました。
- 「考査は動きやすい服装で、子どもが緊張しないように、面接はご自由に」とのことでした。

（控え室）

- 控え室には 7 ～ 8 組が待機していました。待ち時間が 1 時間近くあり、とても長く感じました。持参した絵本、折り紙、シールなどしているお子さんが多かったです。
- 控え室で 10 分ぐらい待ちました。他に 4 組の方がいらっしゃり、自由に本や折り紙を使っておりましたが、私たちは持参したもので過ごしました。
- たくさんの人で子どもたちが座れない状態でした。先生はいらっしゃいませんでした。
- 混んでいて立っている方もいました。泣いている子がいたり、皆思い思いの遊びをしていてざわざわしていました。
- 控え室はとてもにぎやかでした。準備されたお茶を飲んでいる人はいませんでしたが、持参している水筒のお茶を飲んでいました。
- 控え室では、静かに座っているという感じではなく、お子さんたちは好きなおもちゃで遊んでいました（おもちゃ、絵本などが用意されている）。
- 「泣いている子の控え室」というのがあり 3 ～ 4 名そこにいました。
- 控え室では暖房がかなりきいていて暑いと思うくらいでした。20 ～ 30 人くらいいて、子どもが考査に行ってもそこで待ちます。その間にも時間差での受付の方が次々と来ました。

（面接）

- 受付で番号札と考査票を渡されました。番号札は子どもの胸と背中につけます。
- 受付後、胸と背中に番号札を付け、控え室で待機。6組1グループで面接室前まで移動。面接は約10分間、資料を見ながら質問がされ、それぞれの先生がメモを取っている。終了後に親子遊びがおこなわれ、番号札を返却し、解散となります。
- 待ち時間は30分くらいはあるので、絵本や折り紙を持参するとよいと思います。問題集やお教室のペーパーをやっている方がいて驚きました。
- 番号と名前を呼ばれ、廊下に移動して待ちます。
- 面接はとてもなごやかでした。時間がとても短く、あっという間でした。
- 先生方とテーブル越しでお話しするので、とても距離が近かったです。
- 先生方がとてもにこやかで温かい雰囲気の面接でした。
- 面接控え室で20分ほど待ち、名前を呼ばれて次面接者席へ移動します。面接は7分ほどで、時間が来るとトライアングルの合図が鳴ります。面接後は遊戯室で親子遊びがありました。
- 大人用の椅子でしたので、先生から「お子様を座らせてあげてください」と声をかけていただきました。
- 母親から質問され、次に父親、最後に子どもの順でした。
- 質問はすべて願書の内容からでした。
- 子ども、母親、父親の順に質問されました。
- 面接室にはなぜかババール（ゾウ）のぬいぐるみが椅子に腰掛けてあり、娘はそのぬいぐるみに気をとられ、母親が質問に答えている際も私語をしているという状態でした。集中力のなさや人の話を聞く態度ができていないことを部屋に入ってすぐに披露してしまい、顔から火が出るような思いでした。
- ドアの外にいる受付の先生が、時間が来るとトライアングルを鳴らし合図します。
- あっという間で、先におこなわれた考査である程度決まっているような気がしました。
- 子どもが退室するときにお辞儀をしたときに「しっかりしているのね」とおっしゃってくださいましたが、それだけでは難しいと思います。頭の回転が速く、かつ、面接もしっかりとできる子どもを望んでいるように思います。
- 面接資料の用紙は出願後郵送されます。用紙は1枚なので十分に書き記せません。1番言いたいことを簡潔にまとめ、アピールしたいところは目に入りやすくしておき、質問していただけるようにするとよいと思います。
- 面接の先生方も皆さんとても感じよく笑顔で話を聞いてくださいましたので、落ち着くことができました。
- 面接模試を3回受けましたが、子どもにとっても親にとっても、とても緊張感を覚えるものでした。実際の面接のほうが同じ緊張している状態でも、自然にこちら側もつられて笑顔が出てくるような、穏やかな雰囲気でした。
- 10分前に受付をしましたが、私達より先の面接の方でも5分前位にいらしていて、それでも充分でした。
- 資料や質疑応答の内容よりも家族の雰囲気を見ようとしてるように思いました。たいへんなごやかな、あっという間の面接でした。
- 順番を待つ間、壁の掲示を読むように指示がありました。そこには、「入室したら、なるべく早く席に着いてください。丁寧なごあいさつは不要です」とありました。ほぼ、予定通りの時刻に始まりました。1回目のトライアングルの音が、あと数分です、という合図で、2回目の音で終了でした。母親、父親に1、2問ずつ質問されました。
- 大人用の椅子、テーブルだったので、子どもにはよじ登るというような高さでした。周囲にはままごとセットやぬいぐるみなどがディスプレイされていました。
- 私どもの娘は、面接室に入ってすぐに奥にあるぬいぐるみを見つけてしまい、そちらに行ってしまいました。要注意です。両親に対しての面接では、質問されていない先生が筆記とチェックをしている様子でした。回答の内容より夫婦の様子を見ている感じでした。
- 全体的に本人重視であるという印象を受けました。家族写真はいらず、家族構成の質問もなく、子どもの年齢にあった成長を観察するといった様子でした。
- 親の上履きは不要で子どものみです。

- 時間も早かったせいか、待ち時間も短く、スムーズに進みました。入室したとたんに子どもに上履きを脱ぎ、再度履くように指示がありました。
- 思っていたよりも待ち時間が短く、考査も面接もなごやかな雰囲気の中、あっという間に終わりました。
- 資料に書いた内容よりも家族が仲良くしているか、家庭の様子をうかがう感じがありました。
- アンケートの記入内容に沿って質問されるため、記入したことを頭に入れておき、さらに具体例も口頭で言うことができるようにシミュレーションしておくといいと思います。

（考査・その他）

- 考査では泣いているお子さんもおらず、みなさん静かできちんとしていました。
- 1日目は、受付を済ませ控え室で待機し、時間になると番号で呼ばれて、子どものみ考査室へ移動しました。
- 考査は15分前に到着しましたが、遊戯室と控え室で計1時間15分待ちました。折り紙、お絵かき道具、おにぎり（お昼近かったので）を持参しましたが、気を紛らわすのが大変でした。
- 泣いている子どもは考査を受けられないため、控え室で待機します。考査の順番も、あとのにまわされます。
- 考査自体は、10分ほどで終わりました。泣いてしまうお子さんもいましたので、少しずつ時間がずれ込み、20分ほど待たされました。折り紙、お絵かき帳、絵本は持参した方がよいと思います。子どもの服装は、色を抑えめの動きやすいもので問題ないと思います。両親揃っての方もいらっしゃいましたが、親は控え室で待っているだけですので、どちらか1名が付き添えばよいと思います。
- 泣いている子どもは、考査途中でも控え室に戻されてしまいました。
- 泣いてしまって考査に入れない子も多かったです。泣いても評価には関係ないと言われていましたが、親子とも疲れている様子で、母子分離は前提である印象を受けました。
- 親子遊びでの大きい積み木は片付け場所が決められていなかったので、片付け方に困りました。
- 親子遊びは10分程度で、時間が来ると「終了です」と声をかけられます。3～4人の先生がチェックしていました。
- 名前を呼ばれたときにトイレに行っていて不在だった方がいらっしゃいましたが、問題なく入室していたので、とてもやさしい学園だと思いました。
- 6名ずつ名前・番号を呼ばれて考査室に移動しました。泣いているお子様は考査途中でも退室し、親子で別室に移動しておりました。母子分離が大切かと思います。
- 受験番号票返信用封筒に面接資料を入れて提出するように指示がありました。このことは返信用の封筒を開けてみないとわからないことで、返ってきたものだからといって、うっかりビリビリにしてしまうとあとで困ります。
- 提出書類で家族記入は自由でした。桐杏学園の本と同じでした。
- 待ち時間や考査中に泣いている子ども、お行儀の悪い子はいませんでした。皆さんのレベルの高さを感じ、その中で選ばれるには、すべてを正確にこなせるか否かで評価されているのだと思いました。
- 係の方が名前を呼んでくださり、5人列なって入室しますが、このとき泣いてしまっても、「大丈夫になったら係に知らせてください」と言われているようでした。
- 冷房がなく今年は涼しい日だったのですが、それでも蒸し暑く、上着が脱げるタイプの服がよいと思いました。
- 考査のときに30分前に着いてしまい、遊戯室で待ち（他には1家族だけでした）10分前になったら控え室に入るようにいわれました。考査も20分遅れで始まったので50分間子どもの気を紛らわすのに大変だったので、10～15分前に着くのがちょうどいいと思いました。
- 面接、考査ともにカードを渡され、そのカードを提出し、○をもらうと終了という形式でした。考査終了時、○の数がお子さんによって違いましたので何かを示しているように思います。
- 自由な雰囲気のある学校なので、服装もいろいろでした。清潔感があるものであれば、何を着せてもかまわないと思いました。説明会の折のお話で、「考査のときはお子さんが緊張しないようにふだん通りの服装で、面接のときはご自由に」とのことでしたので、面接のときは少し改まった感じにいたしました。
- 考査は両親ともにいらしている方は少なく、ほどんどの方が母親のみでした。服装もきちんと紺のもの

を着用されている方よりも、グレーやアイボリー系のスーツの方が多かったです。お子さんも赤いワンピースや白っぽいワンピースなど、目を引く服装も多く、幼稚園のカラーが出ているように思いました。女の子はキラキラ光る髪飾りをつけている子も多かったです。

- 服装は紺が多かったですが、皆さんさまざまでした。

- 当日は小雨で少し冷え込んでいましたが、床暖が入っており、半袖でちょうどよかったです。

- 試験日が遅いだけに親子とも受験することがおっくうになってしまいました。特に子どもは嫌がっていて、他園の不合格を確認した足で試験会場へ向かったので、がっかりしているのを子どもに知られないよう気を遣いました。

- 子どもは考査中にトイレに行きたくなったようで、先生と退出していました。トイレから戻り、残りの考査も無事受けることができました。

- 試験では、①お絵描きがあったら最後まで色を塗ること　②他の人より先に部屋を出ないこと　③先生の話をよく聞くことの3つを控え室で約束させ入室しました。「1つだけできないのがあった」と悔しがっていたので、試験はできたのだと思います。

- 子ども本人の「簡単なテスト」でほとんど決まっているような気がしました。

- 待ち時間が長いので、折り紙、落書き帳など、子どもを飽きさせない工夫が大切だと思います。お弁当を持ってきている方もいました。

- 面接の後にホールで親子遊びがあり、3人でおままごとをして楽しく遊びました。ブロック遊びが人気があったようで、お父さんを中心に遊んでいる方が多かったです。ままごとセットの場所のみ畳が敷いてあり上履きを揃えるかなどもチェックしているようでした。先生は3〜4m離れたところに2人ほどいて、遊び場所の担当が決まっているようでした。

- 親子遊びのとき、先生方はピアノからほとんど離れず、遠くから見ていらっしゃいました。何でどのように遊ぶというよりも、日頃の親子の関わり方を観察なさっているように思いました。

- 服装は試験というTPOをふまえつつ、なるべく個性的にしたほうがよいかと思います。

- 服装は考査・面接ともに皆さんさまざまで、特に紺でなければというようなことはないように思いました。きちんと似合っていて動きやすいものであれば、何でもよかったのだろうと思います。

- 母親の服装の8割は紺、他はグレー系、ベージュ系でカラー服の方も数人いました。

- 父親が来ている方は2〜3割でした。

- 子どもの考査は短時間なので、いつでも力が発揮できるようにしておかないと難しいと思いました。

- 「受験番号票返信封筒に面接資料を入れて提出します」と桐杏学園の『なんでもわかる幼稚園受験の本』に書いてあったので、ビリッと破いて開封せずに助かりました。

- 先に提出した願書の返信封筒に、面接資料と健康診断書を入れて日割りをいただきに伺うので、返信用封筒は丁寧に開封したほうがいいと思います。

- 提出書類はあまり細々書かないほうがよいと思います。

- お話を聞いて質問されたり、クレヨンで好きな絵を描くように言われたりと、短時間で確実にきちんとテストの内容をこなすことができないと合格は難しいと思いました。

- 挨拶、お辞儀、人の話を聞く態度が、当たり前のようにきちんとできているお子さんが多かったように思います。

品川翔英幼稚園

- ■園　長　　小野　時英
- ■園児数　　301名
- ■制　服　　あり
- ■通園バス　あり
- ■昼　食　　弁当（月～金）
　　　　　　給食（月～金／希望者のみ）
- ■保育時間　午前8時半～午後1時
　　　　　　土・日・祝日は休園

- ■所在地　　〒140-0015
　　　　　　東京都品川区西大井1-6-13
　　　　　　☎ 03（3774）1151（代表）
　　　　　　https://shinagawa-shouei.ac.jp/
　　　　　　kindergarten/
- ■併設校　　品川翔英小学校（共学）
　　　　　　品川翔英中学校（共学）
　　　　　　品川翔英高等学校（共学）

★指導方針
- すこやかに……心もからだも健康な明るいこども。
- おおらかに……思いやりがあり、友達と仲よく協力して遊ぶこども。
- たくましく……正しい判断力を持ち、自分から行動する意欲を持つこども。

★特　色
- 健康・人間関係・環境・言葉・表現の5領域を偏ることなく取り入れた年間保育計画をたて、それを基に保育カリキュラムを作成し家庭に配布することで、園と家庭が共に協力し園児の成長に繋がる指導を行っています。
- 集団生活を通して基本的な生活習慣や態度を身につけさせ、自分のことは自分でやる自主的活動を育てます。
- 希望者に保育後、水泳・美術・体操・ECCジュニア英会話・キッズバレエ・花まる学習会などの教室を設け、専門の講師を招いて約1時間の特別教育活動をおこない、園児の体位向上と豊かな情操を養うことに大きな成果をあげています。
- 大井自然観察園でトマトの栽培を行い、水やり等世話をしながら、生長に期待を持ち植物の生命を慈しみ、愛情を持つと共に収穫の喜び、食への興味を持たせていきます。
- 正規保育終了後、希望者には午後5時又は、6時まで園児をお預かりしています。
- スクールカウンセラーが子育てや園児の成長の不安等、相談に乗りサポートしています。また、看護資格を持った養護教諭が常駐し、園児の怪我や病気の対処や予防に努めています。

★進学状況
■ 併設小学校への進学状況
〈男女〉外部生とともに考査試験を受け、品川翔英小学校へ進学。

2024年度入試データ
※2023年実施済み。
※幼稚園公表分と桐杏学園調査を併せたものです。
※2025年度の要項は、幼稚園配布のもので必ずご確認ください。

■募集要項 ※2023年実施済み
◇募集人員　＜3年保育＞男女計140名
◇出願　　　11月1日（0：00～14：00/Web）
◇考査料　　10,000円
　　　　　　（クレジット、コンビニエンスストア決済）
◇考査・面接日　11月1日・2日のいずれか1日
◇結果発表　11月1日（Web）
◇入園手続　11月2日・3日（Web）

■入試状況
非公表

■考査の順番
・願書提出順
■付　記
・考査・面接日の時間は、出願時に通知される。

■インフォメーション
◇幼稚園説明会　2024年6月22日・9月21日
◇園内見学　　　2024年6月～
◇要項配布　　　2024年10月15日～31日（Web）
◇出願　　　　　2024年11月1日（Web）

品川翔英幼稚園

| **3年保育** | **入試出題例** | ※桐杏学園調査を含む過去数年の内容 |

- 語い。
- 異類項指示（5個中）とその理由、常識。
- 道具を使って友人、先生と遊ぶ。（簡単な指示を含む）
- 集団遊び、指示遊び。
- 物の名前。（乗物）
- 記憶。（色板並べ3枚）
- 数の呼称と多少。（おはじき使用）
- 色の名前。（色板5枚）
- 絵のかかれたカードを見て、質問に答える。カードは2枚。1枚のカードには5つの絵がかかれており、4つは同種類、残り1つは異種類の絵。
  - （1）1枚を提示。1つずつ絵をさして、名前を言わせる。
  - （2）もう1枚も名前を言わせ、その後で異種類を抽出させる。
  - （3）どうして異種類なのか、その理由を答えさせる。

発育テスト

- 知能テスト…絵を見て質問に答える。
- 運動テスト…（遊びながら）指示されたことをする。

参考

〜提出書類〜
※今年度のものは、必ずご確認ください。

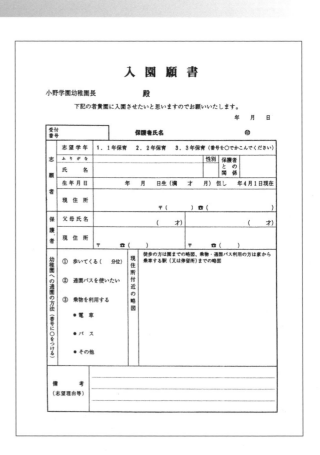

清明幼稚園

■園　長　　佐々木　ひとみ
■園児数　　70 名
■制　服　　なし
■通園バス　なし
■昼　食　　弁当（月・火・木・金）[全学年]

■所在地　　〒 145-0066
　　　　　　東京都大田区南雪谷 3-17-19
　　　　　　☎ 03（3720）5569
　　　　　　https://www.seimei-gakuen.ed.jp/
■併設校　　清明学園初等学校
　　　　　　清明学園中学校

■保育時間　[全学年] 月・火・木・金：午前 9 時〜午後 2 時
　　　　　　（水）午前 11 時半まで
　　　　　　（土）休園。行事により登園日あり。

★教育基本方針
「子どもが主役の保育」
　幼児期は、好奇心・感性・集中力・想像力・思いやりなど、人間のもっとも大事な根を育てる時期です。集団の中でさまざまな経験を積み重ねながら、楽しく生活し、遊びを通して友達との上手なつきあいかたや、社会性を身につけることが大切だと考えています。自発的な気持ちを尊重し、発達段階に合った目標を掲げ、子どもに寄り添った保育を行っています。

★特　色
（金曜日の活動）
　工作・音楽・運動・科学・料理・粘土などの中から、年長児自身が好きな活動を選択。想像力や考えを十分に発揮できる環境を作り、自分で考えて行動する力がつくようにしています。
（たてわり活動）
　たてわりでチームを作り、学期に数回遊んだり、弁当を食べる機会を設け、年齢に合った成長を感じ合いながら、楽しく過ごしています。
（預かり保育）
保育前（午前 8 時〜 9 時 / 月〜金）、保育終了後（午後 5 時半まで / 月〜金）※ 5 時〜 5 時半は就労届提出者のみ。
楽しみながら参加できる活動（絵画・運動遊び・集団遊び）を実施しています。おやつの時間もあります。（対象年齢：最年少・年少・年中・年長）
（満 3 歳児保育）
3 歳の誕生日の前日から入園可能です。

★進学状況
■ 併設小学校への進学状況
〈男女〉内部推薦あり。年長児としての生活習慣が身についていること。

◆ 2025 年度入試データ

※幼稚園公表分。
※ 2025 年度の要項は、幼稚園配布のもので必ずご確認ください。

■募集要項　※ 2024 年実施予定
◇募集人員　　＜3 年保育＞男女計約 45 名
　　　　　　　＜2 年保育＞男女計約 20 名
　　　　　　　＜1 年保育＞男女若干名
　　　　　　　＜満 3 歳児保育＞ 男女計約 15 名
◇願書配布　　10 月 15 日〜 31 日
◇願書受付　　11 月 1 日（面接会場）
◇考査料　　　5,000 円
◇考査・面接日　11 月 1 日
◇結果発表　　11 月 1 日（手渡し）
◇入園手続　　11 月 1 日
■入試状況
非公表

■考査の順番
・願書提出順
■インフォメーション
「満 3 歳児保育」・「2 歳児保育」を行っています。見学・入園ご希望の方は、園までお問い合わせください。

■行事日程（予定）
◇入園説明会　6 月 10 日、10 月 15 日
◇体験保育　　6 月 5 日・26 日、7 月 3 日、9 月 25 日、
　　　　　　　10 月 23 日
◇公開保育　　9 月 17 日〜 19 日
◇夏まつり　　6 月 21 日
◇運動会　　　10 月 19 日

清明幼稚園

2年保育・3年保育	入試出題例

※桐杏学園調査を含む過去数年の内容

【質問用紙】（5組ずつ、5分間）

- ● 志望理由。
- ● 家庭での教育方針。
- ● 子どもの好きな遊び。
- ● 説明会参加の有無。
- ● 見学日来園の有無、ほか。

試験会場略図

【面接テスト】（親子同伴で、約5分）

- ● 挨拶。
- ● お名前をお聞かせください。
- ● お歳はいくつですか。
- ● 通園経路を教えてください。
- ● 学園行事の協力の依頼、ほか。

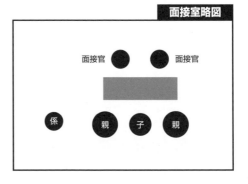

面接室略図

成城幼稚園

- ■園　長　石井　弘之
- ■園児数　120 名
- ■制　服　なし
- ■通園バス　なし
- ■昼　食　弁当（月・火・木・金）
- ■保育時間　午前 8 時 45 分〜午後 1 時半
  - （水曜日は午前 11 時半まで）
  - ※土曜日は休園

- ■所在地　〒 157-0072
  - 東京都世田谷区祖師谷 3-52-38
  - ☎ 03（3482）2108
  - https://www.seijogakuen.ed.jp/yochien/
- ■併設校　成城学園初等学校
  - 成城学園中学校・高等学校
  - 成城大学・大学院

★教育方針

　創立者の掲げた「個性尊重の教育」「自然と親しむ教育」「心情の教育」「科学的研究を基とする教育」の四綱領を実践しています。園児一人ひとりの天分を伸ばせるよう、教師はそれを見守り、見極め、引き出します。心身共に健全で、自分の信ずる道を、自分で開いて往く社会人として、時代を担える人を育てることを目標としています。

　園の実生活では、子どもがすることをまず認めます。但し、どうしてもやめた方が良いこと（危険なこと、人を傷つけるようなこと）については注意をして、けじめも身に付けられるようにします。自分でやってみることは楽しい、嬉しいという気持ちを体験し、またやってみよう、という意欲を伸ばします。

★特　色

　都心においては希有な、恵まれた自然環境−園庭−のもと、さまざまな感覚で四季を味わうことができます。敢えて土地の傾斜面を残し、起伏に富んだ庭で、虫や植物に囲まれ共に遊ぶ子どもの姿が日常です。豊かな住環境−園舎（平成 18 年新築）−のもとで、園児がゆったりと生活できるよう心掛けています。これは、1 クラス 20 名という少数定員制ならではのことだと言えます。その中で、教員は子どもの声に耳を傾け、受け容れ、きめ細やかで行き届いた保育を実現しています。万一の災害に備え、3 日分の生活ができるような食品、衣類、救急用品等を備えたり、各門には、オートロックや監視システムを用意して、安心した毎日を基本としています。これらの生活は、学年を問わない自由遊びを多く採り入れることによって、「幼稚園」という社会の中で行っています。きょうだいの少ないお子さんも多い現代において、幼稚園の 3 学年が、年齢差のある集まりを極めて自然な形でつくり、経験することが可能となる訳です。

　澤柳政太郎が、大正 6 年に成城小学校を創設。2017 年に学園は 100 周年を迎えました。幼稚園は今年、創設 99 年となりました。100 年から先の、新たな成城学園の姿を目指し、「第 2 世紀ビジョン」と銘打ってさまざまなプロジェクトがはじまりました。これまでの伝統に磨きをかけることは申し上げるまでもなく、かつ現代を生き、更に輝く人づくりを、ひとり一人を大切に、丁寧に、教育をすすめています。

★進学状況

■ 併設小学校への進学状況

〈男女〉卒園生は原則として成城学園初等学校に進学できる。

◆ 2025 年度入試データ

※幼稚園公表分。
※ 2025 年度の要項は、幼稚園配布のもので必ずご確認ください。

■募集要項　※ 2024 年実施予定
- ◇募集人員　＜ 3 年保育＞ 40 名
- ◇出願　10 月 1 日〜 5 日（Web）
- ◇考査料　30,000 円
- ◇考査・面接日　11 月 5 日〜 10 日のうち 1 日
- ◇結果発表　11 月 12 日
- ◇入園手続　所定日

■入試状況
非公表

■行事日程（予定）
- ◇園長面談／ 4 月 30 日〜 9 月 30 日（オンライン）
  - ホームページよりご確認ください。
- ◇幼稚園説明会／ 6 月 15 日
- ◇園庭・園舎見学会／ 7 月 4 日、9 月 13 日
- ◇幼初合同秋の運動会／ 10 月 5 日
- ◇文化祭／ 11 月 2 日・3 日

| **3年保育** | **入試出題例** | ※桐杏学園調査を含む過去数年の内容 |

【小集団テスト】（1グループ約10名、約40分）

● 自由遊び（ままごと、すべり台、積み木など）
● 運動
● 製作（はさみで切り抜く、色をぬるなど）
● 親子で好きなように遊ぶ。途中で1組ずつ別室に呼ばれる。
　親子遊びの途中でも先生が子どもに対して質問をしてくる。
　最後にひとりずつ、みんなの前で課題を発表する。

【個別テスト】

◆指示行動
● 親に指示が渡される。
　「タオルを4つに折りたたみ、ポーチに入れてファスナーをしめる」
　この内容を子どもに教えて1人でやらせる。（1分30秒以内）
◆体操
◆ことば
　「お名前を教えてください」「お歳はいくつですか」

【面接テスト】（親子同伴で、約5分）

👨 父親へ
ふだんどのようにお子様と接していますか。
通園経路をお聞かせください。
仕事と仕事内容についての説明。
成城を志望した理由。
幼稚園までの所要時間と交通機関。

👩 母親へ
子育てで、気をつけているのはどんなことですか。
子どもを育てていて、特に強く感じたことは何ですか。
子どもが素直に育つためには、どのようなことが必要だと思いますか。

👧 子どもへ
お名前を教えてください。
おいくつですか。
好きな食べ物は何ですか。
お友達の名前を教えてください。
テレビを見ますか。どんな番組が好きですか。

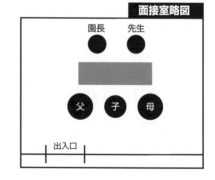

面接室略図
園長　先生
父　子　母
出入口

【考査当日の進行例】

- 12：40　受付。終了後、控え室で待機。
- 13：00　集団テスト。親子遊びの途中で一組ずつ別室へ移動。
- 14：00　親子面接。
- 14：20　終了。

【説明会レポート】

- ●年間行事を通しての幼稚園の様子の VTR 映写（約 15 分）
- ●園長先生からのお話
    - 成城学園の歴史
    - はじめに成城小学校を創立（1917 年）。その後、成城幼稚園を創立（1925 年）。
    - 教育方針について
- ●入園選考について
    - 受験番号は受付順ではなく内部抽選。
    - 入園テスト
    - ・集団テストで実施（約 1 時間）。集団生活に適応できる基本的な事柄が身についているかどうかをみる。
      テストで読み・書きはしない。保護者は他の部屋で待つ。
    - ・面接は親子同伴で約 5 分。保護者としての自覚、責任感、考え方をみる。
    - ・結果発表は午前 9 時から午後 4 時まで幼稚園玄関前に掲示。合格通知と手続きに必要な書類は郵送される。
    - ※テストの日は駐車場がないので公共機関を利用する。
- ●受験当日の受験者の服装について
    - 動きやすい服装がよい。服装の色彩については、特に指定していない。
    - 男子…ポロシャツ・セーター・ズボン（長短いずれでもよい）など。背広・ブレザー・ネクタイなどは好ましくない。
    - 女子…セーター・ブラウス・スカート・ワンピース・ズボンなど。
- ●参加できる行事
    - 運動会…小学校と合同
    - 文化祭…幼稚園は展示類のみ
    - 保育室見学…電話にて予約

【参考】

～説明会の資料から～
成城幼稚園について
（1）教育の特色

★ 1925（大正 14）年に創設された成城幼稚園は、創立者の掲げた理想の教育を継承し、心身ともに健全な園児の育成をめざしています。
「心身ともに明るく、健康な子ども」「情操豊かで、創造力あふれる子ども」「きまりを守り、友達と仲よく遊び、思いやりのある子ども」「自分で考え、意欲的に生活にとりくむ子ども」の育成を教育の目標とし、一人ひとりの子どもの顔がよく見える教育、子どもの主体性を大切にした教育を行っています。

★年少組・年長組とも 2 クラスずつで、各クラスとも男子 10 名、女子 10 名の少数定員制をとっており、その家族的な雰囲気の中で、園児たちは製作に励んだり絵をかいたり積み木で家や船をつくったり、砂あそびをしたり、また自然に囲まれた園庭を走りまわったりなどしています。また特に自由保育を重視しており、園児たちはそのあそびの時間を通じて社会生活のきまりを覚えたり、友人関係による集団意識を身につけたり創造力を発達させるなど、人間形成に大きく役立てています。

★ そのほか、巧技台やボール、マット、なわとび、園庭での固定遊具などを利用した健康な体作り、共同生活によって新しい生活体験の機会を与える校外施設での宿泊保育などがおこなわれています。さらに遠足、運動会、お節句、七夕、文化祭、いも掘り、もちつき、それに毎月おこなわれる誕生会などを通して、園児たちに日本の良き文化や伝統も伝えるよう心がけています。

（2）おもな行事

1学期	2学期	3学期
4月　始業式 　　　入園式 5月　お節句 　　　春の運動会 　　　遠　足 6月　宿泊保育(年長組) 7月　七夕 　　　1学期終業式	9月　始業式 　　　遠　足 10月　秋の運動会 11月　文化祭 　　　入園試験 　　　さつまいも掘り 12月　音楽鑑賞会 　　　やきいも 　　　クリスマス会 　　　終業式	1月　始業式 　　　もちつき 　　　学園音楽祭 2月　豆まき 3月　ひなまつり 　　　卒業遠足(年長組) 　　　お別れ会 　　　卒園式

（3）その他

- ★ 保育時間　8時45分より13時30分（月・火・木・金）
8時45分より11時30分（水）
ただし、9時15分までに登園すればよいことになっています。
週休2日制です。
- ★ その他　送迎バスはありません。保護者の方に送り迎えをしていただきます。
制服はありません。
- ★ 内部進学　内部推薦で成城学園初等学校に進学できます。

新入園児募集とその選考について

★入園テストについて

1. お子さんのテスト

集団生活に適応できる基本的な事柄が身についているかどうかを中心に、その他子どもの諸能力・感性等を判定します。尚、読み書きは致しません。

2. 親子面接

ご両親またはそれに代わる方と、そのお子さんが対象です。所要時間は約5分です。

3. 入園テストの合否について

発表は幼稚園玄関前に掲示します。

合格通知と手続きに必要な書類は、郵送致します。

電話での問い合わせには、お答えできませんのでご了承ください。

★居住地域については、特に指定しておりませんが、お子様の安全等を考慮しまして、通園所要時間を1時間以内とします（徒歩または公共の交通機関利用）。

現在、遠方にお住まいの入園希望者は、入園後の転居予定の内容を願書にお書きください。

★受験当日のお子さんの服装について

動きやすい服装が良いと思います。なお、服装の色彩については、特に指定しておりません。

男子……ポロシャツ・セーター・ズボン（長・短いずれでもよい）などで結構です。

　　　　なお、背広・ブレザー・ネクタイなどは好ましくありません。

女子……セーター・ブラウス・スカート・ワンピース・ズボンなどで結構です。

~提出書類~

※今年度のものは、必ずご確認ください。

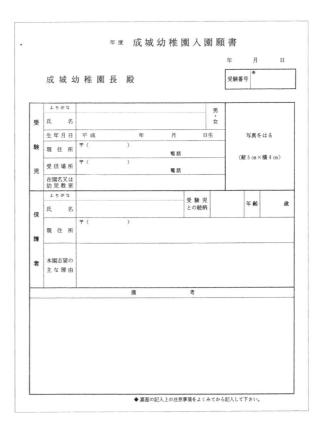

（裏面）

注 意 事 項

1. ※印の欄には記入しないで下さい。
2. 文字はすべて楷書でお書き下さい。
3. 性別については、男・女いずれかを○で囲んで下さい。
4. 受信場所欄には、本園からの通知を受け取る先の住所・氏名・電話番号などを記入して下さい。ただし受信場所が現住所と同じ方は「同 上」とお書き下さい。
5. 在園名又は幼児教室の欄には、三年保育の幼稚園に通園している方はその幼稚園名を、たとえ週１回でも幼児教室に通っている方は、その幼児教室名をお書き下さい。
6. 受験児との続柄の欄には、父・母・祖父母などの続柄を記入して下さい。
7. 写真については
   イ．半身脱帽、正面、背景なし（カラー・白黒いずれも可）
   ロ．サイズは縦５cm、横４cm
   ハ．最近３ヶ月以内に撮影したもの

保護者の受験 memo ※過去数年の受験者アンケートより

（説明会）
- 説明会での服装はほとんどの方が紺のスーツでした。
- 園長先生のお話は、普通の話し言葉のようで、固苦しい感じはありませんでした。質問を受けつけてくださる時間もあります。

（考査当日）
- 集団テスト（親子遊び）の途中で、子どもに先生から「お名前を教えてください」「好きな食べ物は何ですか？」「何をつくったの？」など、いくつか質問があります。
- 考査では自由に遊んでいる途中で急に頭を切り換えないといけない場面があり、気が抜けません。
- お母様方の服装は個性的な人が多かったように思います。必ずしも「受験用」にとらわれず、柄のブラウスやスカーフ、ピンクのスリッパなど、かなり自由な感じでした。
- 控え室の入口に冷茶と冷水の入っているポットと紙コップが用意されていて、自由にいただけます。
- 願書といっしょに健康調査表を提出します（保護者と医師が記入します）。

～配布プリントより～

受験児保護者殿

成 城 幼 稚 園

ご　注　意

（1）　願書提出の際の受付番号は受験番号ではありません。入園試験については，受付番号順ではありませんのでご注意下さい。

　　　受験番号，試験日時については，後日改めて通知いたします。

　　　学園管理上，願書受付第一日目に長時間お並びにならないよう，良識をもって行動して頂きたいと考えています。御協力の程を宜しくお願い致します。

（2）　居住地域については，特に指定しておりませんが，お子様の安全等を考慮しまして，通園所要時間を1時間以内とします。（徒歩または公共の交通機関利用）

　　　現在，遠方にお住まいの入園希望者は，入園後の転居予定の内容を願書にお書き下さい。

（3）　入園志願者健康調査表の医師による記入欄は，かかりつけの医師に依頼し既往症など出来るだけ詳しく記入して下さい。

（4）　受験票の再発行は致しません。従って，紛失しますと受験できなくなりますので御注意下さい。

（5）　納められました考査料は，理由の如何に拘わらずお返し致しませんので御了承下さい。

（6）　入試に関してご質問などありましたら，ご遠慮なく電話でお問い合わせ下さい。

（7）　入試に関して園長・教職員の自宅への訪問は，勝手ながら固くお断り申し上げます。

以　上

田園調布雙葉小学校附属幼稚園

■**園　長**　筒井　三都子
■**園児数**　114名
■**制　服**　あり
■**通園バス**　なし
■**昼　食**　弁当（月～金）
■**保育時間**　午前9時半～午後1時半
　　　　　　（水曜日は午後12時半まで、
　　　　　　　うち月1～2回は午前11時半まで）
　　　　　　※土曜日は休園

■**所在地**　〒158-8511
　　　　　　東京都世田谷区玉川田園調布1-20-9
　　　　　　☎ 03（3721）5112
　　　　　　https://www.denenchofufutaba.ed.jp/
■**併設校**　田園調布雙葉小学校（女子）
　　　　　　田園調布雙葉中学校（女子）
　　　　　　田園調布雙葉高等学校（女子）

★指導方針

　本学園の設立母体は、1872（明治5）年に来日したカトリック修道会「幼きイエス会」で、次の教育理念にもとづいて、子どもの人間形成を、その成長段階に応じて助けています。
1. 神に生かされている人間の神秘に気づく。
2. 神の望まれる人間に成長していく。すなわち「アイデンティティに目覚める」「人から受け、人に与える喜びを知る」「自分で考え、決断し、その責任をとる」。
3. 人間の尊厳にふさわしい社会を築くために働く。

★特色

　自由活動と一斉活動が組み合わされ、日常の経験とキリスト教に触れる機会が統合された毎日の幼稚園生活を通して、祈る心、あたたかい心、自分を素直に表現すること、意欲・考える力を一人ひとりの子どものなかに育て、保護者とともに本学園がめざす人間形成の土台づくりを実践しています。

★進学状況

■ 併設小学校への進学状況
〈女子〉卒園生のほとんどが田園調布雙葉小学校に進学。原則として全員進学できる。

2025年度入試データ

※幼稚園公表分。
※ 2025年度の要項は、幼稚園配布のもので必ずご確認ください。

■**募集要項** ※ 2024年実施予定
◇**募集人員**　＜2年保育＞女子50名
◇**要項配布**　4月13日～（Web）
◇**出願登録**　9月1日～10月1日（Web）
◇**願書受付**　10月1日（郵送/当日消印のみ）
◇**考査料**　25,000円
◇**面接日**　10月18日～20日のうち1日
◇**考査日**　11月3日・4日のうち1日
◇**結果発表**　11月6日（Web）
◇**入園手続**　11月7日
◇**幼稚園説明会**　7月20日
◇**親子見学会**　6月19日・26日

■**入試状況**
・非公表
■**考査の順番**
・生年月日順（生まれ月の早い順）

■**インフォメーション**
・2025年度入試の最新情報は、ホームページなどでご確認ください。

田園調布雙葉小学校附属幼稚園

| 2年保育 | 入試出題例 | ※桐杏学園調査を含む過去数年の内容 |

小集団テスト（1グループ5〜7名、30〜40分）

◆自由遊び（ままごと、折り紙、お絵かきなど）
◆運動
● ボール……投げる、受け取る、つく。
● 平均台を歩く。
● 買い物。
● 手を洗い、ハンカチでふく。

個別テスト（約20分）

● 先生のとったリズム通りに大太鼓、カスタネット、トライアングルをたたく。
● 2枚の絵をつなげてお話をつくる。
● きりんは何を食べますか。
● 間違い探しをする。
● 赤、青、黄色のお部屋の中にウサギなどのぬいぐるみがあり、赤のお部屋には何がありましたかと聞かれる。
● 手作りのテレビがあり、そこに「白雪姫」の絵があり、何のお話がテレビに映っているのか聞かれる。

◆話の記憶
● カードを見せられて、その中から正しいものを選ぶ。

◆数
● 指定されたものを2つのお皿に同じ数だけ分ける。

◆形
● 図形がかいてある紙が半分に折れていて、それを開くとどんな形になるかを言う。

◆知識
● 生きものの巣を選ぶ。
　「上の絵の生きものの巣はどれですか」

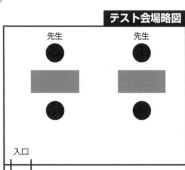

テスト会場略図

● 模様で動物をあてる。

◆言語
「クレヨンはどれですか」（クレヨンの他にえんぴつなど並んでいる）
「クレヨンはどのようなときに使いますか」

◆知覚
● ふくろの中に積み木が入っている。中は見えない。手でさわって形を当てる。

◆構成
● 3〜4ピースのパズル。

◆数
●「ひつじの数を数えてください」「牛の数を数えてください」

（絵柄は、実際の問題とは必ずしも同じではありません。）

◆机の上に実物が並んでいる。
●「お母さんが洗濯物を干しています。お手伝いしてね。この中で何をあげたらよいですか」
　（クレヨン、はさみ、洗濯ばさみの中から選ぶ）
●「お父さんが顔を洗っています。この中で、何を持って行ったらよいですか」
　（ネクタイ、タオル、洗濯ばさみの中から選ぶ）
●積み木。お手本と同じ形をつくる。

田園調布雙葉小学校附属幼稚園

面接テスト（5〜10分程度）

父親へ

志望理由をお聞かせください。

子育てについてお母様とどのようなお話をされますか。

現在の社会状況の中で命の大切さを子どもにどのように伝えたいと思い

ます。

どのようにしてこの幼稚園をお知りになりましたか。

男子校のご経験はありますか。

お子様は女子校で心配はありませんか。

出身大学はどちらですか。

カトリック教育の学校ですが、どのようにお考えですか。

お仕事についてお聞かせください。

お仕事の中で大変なことはありますか。

21世紀を迎え世の中はさまざまに変化していますが、ご自分の経験・反省などもふまえて、これからの21世紀を子どもたちにどのように過ごしていってほしいかお話ください。

待合室でお子様は何をして遊んでいましたか。

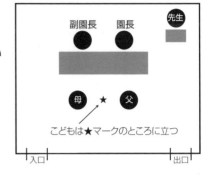

母親へ

お父様のお話をふまえて、お母様が日頃子育ての上で特に気をつけていることは何ですか。

女子のみの学校ですがどのようにお考えですか。

幼児期から女子校に入れることをどう思われますか。

お子様は他の家族とどのように関わりあっていますか。

女子校の一貫教育を受けたことがありますか。

中高の6年間で学んだことを教えてください。

出身大学はどちらですか。

大学院での専門分野についてお聞かせください。

お仕事をされているようですが、送迎はどうされますか。

人格形成に影響を受けたと思うことは何ですか。

上のお子様はどちらの小学校ですか。

子育てで困ったということはありますか。

子育てで協力をしてくれる人はいますか。

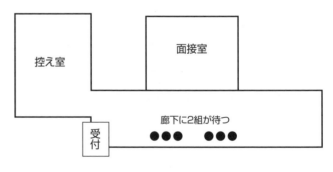

子どもへ

お名前を教えてください。

幼稚園では何をして遊びますか。

幼稚園では誰と遊びますか。

お母さんの料理で好きなものは何ですか。

弟さんと何をして遊びますか。けんかはしますか。

公園には行きますか。…誰と行きますか。…そこには何がありますか。

お手伝いはしますか。

絵本は読みますか。…好きな絵本は何ですか。…誰が読んでくれますか。

おうちにあるおもちゃは何ですか。

これからお父様とお母様にお話があるので、お話が終わるまで立っていられますか。

【 考査当日の進行例 】

```
 8：45    受付。控え室で待つ。
 9：00    小集団テスト。
 9：50    子どもが戻ってくる。控え室で待つ。
10：40    親子面接。
10：45    終了。
```

【 アンケート 】（願書といっしょに提出）

●面接資料（その1）

- 氏名／生年月日／現住所／保育歴／健康状態／子どもの長所・短所・通園経路／保護者氏名／家族構成／家族写真の説明

●面接資料（その2）

- 志望理由　　・「幼児教育」に望むこと　　・宗教と教育
- 自分の体験を通して今考えている「父親の役割」「母親の役割」
- 受験にあたり本園に知らせておいた方がよいと思うこと（子どもの健康・生育歴、保護者の仕事、家庭状況に関することなど）

【 参考 】

～提出書類～

※今年度のものは、必ずご確認ください。

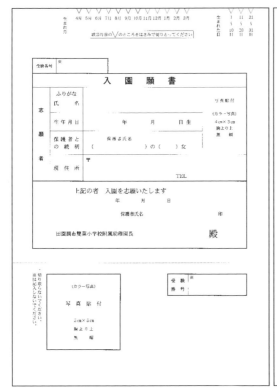

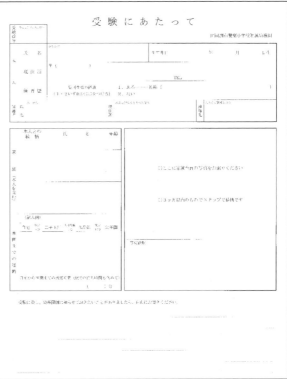

保護者の受験 memo ※過去数年の受験者アンケートより

（説明会）

● 非常に大勢の方が出席されていました。300人以上いたと思います。説明会後、園内を見学することができました。

● 説明会後に園舎内を見学できるので、園の様子がわかって良かったです。

● 温かい雰囲気でした。

（面接）

● 12時45分に到着。入口で面接票を提出し名札を受け取ります。こどもは左胸と背中に、親は左胸につけます。

● 終始なごやかな雰囲気で、園長先生がとてもよくお話しされていました。

● 親子面接が終わると子どもだけ隣の部屋に行き、テストを受けます。親はその間、控え室で待ちます。今年はグループでの考査がなく、個別テストのみでしたので、あっと言う間に終わって戻って来ました。

● 特に難しい質問はなく、親子の雰囲気や調和を見ているように感じました。

● 面接資料はよく読まれているようでした。

● 面接のことを考えますと、主人も私も完全に満足のいくものではありませんでした。ただ、自分の気持ちに素直に、飾らず答えるようにしました。娘も元気にやってこれたと思いますので、このことがよい結果につながったのではないかと思っております。

● 子どもはきちんと立っていられれば大丈夫です。両親が、「子どもを大事に愛情をそそぎ、育ててきた」という雰囲気が大切だと思います。

● 親の質問数もわずかであっという間に終了してしまいました。応答内容云々よりも、親子の雰囲気を見ていられたと思います。

（考査・その他）

● 考査は楽しく受けてきたようです。

● 控え室にはぬいぐるみ、おままごとセット、パズルがホール中央に置かれており、自由に遊んでよい形式になっていました。音楽が流れており、声はあまり聞こえず、それぞれ椅子に座って遊んでいる親子が多かったです。私どもは唯一おままごとをして遊びました。

● 10月に開催される「雙葉祭」は、幼稚園の教室にも入ることができましたので、子どもにとっては雰囲気になれるとても良い機会だと思います。

● 願書は両親で良く話し合い、考えて書きました。「どうしてもこの幼稚園に入りたい」という熱意と誠意と努力があれば合格できるように思いました。

● アンケートは「園に知らせておきたいこと」という欄を無駄にすることなく、記入したほうがいいと思います。

● 控え室にはおままごと、絵本など部屋の中央にそろえて置いてあり、子ども用の音楽が流れていたのでとてもなごやかな雰囲気でした。

● 個別テストでは、先生が2人いらしたそうです。娘が1人の先生についてやっているときに、別のお友達ももう1人の先生のところでテストをしていたそうです。

● テストはあっという間に終わってしまったような気がしました。先生とのテストがとても楽しかったようで、にこにこして戻ってきました。

● 先生方もとても優しい表情で接してくださいましたので、主人も私もとても気持ちのよい時間を過ごすことができました。

昭和女子大学附属昭和こども園

- ■園　長　北村　秀人
- ■園児数　231名
- ■制　服　なし
- ■通園バス　なし
- ■昼　食　給食（月～金）
- ■保育時間　午前9時～午後2時
  ※土、日、祝日、年末年始など、
  　園が指定する日は休園。

- ■所在地　〒154-8533
  　東京都世田谷区太子堂1-7-57
  　☎ 03（3411）5113
  　https://kodomo.swu.ac.jp/
- ■併設校　昭和女子大学附属昭和小学校（共学）
  　昭和女子大学附属昭和中学校
  　昭和女子大学附属昭和高等学校
  　昭和女子大学・大学院

★指導方針

　本学園の建学の精神である「世の光となろう」という大きなテーマに向かって「からだ・こころ・知恵」のバランスがとれた成長をはかり、将来のための土台を形づくっていくために次のような教育目標を掲げています。
　「地球のこども」　1）あそぶ　2）かんじる　3）かんがえる　4）はなす

★特　色

　昭和女子大学の広大なキャンパスの一角にあり、乳幼児教育のための施設を完備しています。毎日の保育やさまざまな行事を通して、子どもたちに豊かな実体験を積ませています。また、昭和小学校との連携を重視し、図工・理科の専科教師が指導したり、大学教員の理科指導、英語、体育、自然、造形、リズムを外部講師が指導する機会を設けています。自然に恵まれた学外の研修施設を活用しながら、子どもたちのからだ、こころ、あたまの健やかな成長を促し、全人的な人間教育に力を入れ、将来よき個人であり、よき社会人となることをめざしています。

★進学状況

■ 併設小学校への進学状況

〈男女〉園長の推薦で、内部発育調査を受け、昭和女子大学附属昭和小学校への進学が可能です。

2025年度入試データ

※こども園公表分。
※ 2025年度の要項は、こども園配布のもので必ずご確認ください。

- ■募集要項＜1号認定＞　※2024年実施予定
- ◇募集人員　　＜3歳児＞　男女計42名
- ◇志願票配布　10月12日～23日（窓口）
- ◇出願締切　　10月12日～24日（郵送必着）
- ◇考査料　　　15,000円
- ◇考査日　　　11月2日・3日
- ◇結果発表　　11月6日（郵送）
- ◇入園手続　　11月13日・14日

- ■入試状況
- 非公表

- ■考査の順番
- 生まれ月を考慮した順番。

- ■行事日程（予定）
- ◇入園説明会　　6月15日、9月7日
- ◇運動会　　　　10月15日
- ◇昭和祭　　　　11月9日・10日
- ◇発表会　　　　2025年2月15日

- ■インフォメーション
- 説明会などの日程は変更になる場合があります。ホームページでご確認ください。

昭和女子大学附属昭和こども園

2年保育　　入試出題例　　※桐杏学園調査を含む過去数年の内容

小集団テスト（1グループ約10名）

◆歌
● グループ全員で歌（どんぐりころころ）を歌う。

◆運動
● 平均台　→　とび箱　→　ケンパー

◆自由遊び
● おままごと。
● 1人ずつ呼ばれ、質問される。「お名前を教えてください」「何歳ですか」
● 棒の数を数える。

◆知識
● 仲間はずれはどれですか。

● これは何ですか。

◆話の理解
● 紙芝居を先生が読み、登場した動物について聞かれる。

◆生活
● 全員のテストが終わってから、先生から紙パックのジュースをいただいて、飲む。

昭和女子大学附属昭和こども園

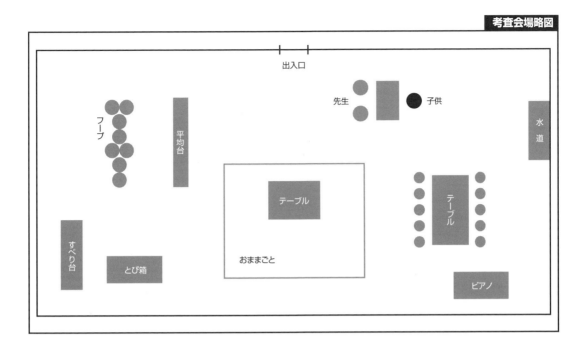

考査会場略図

面接テスト (7〜8分)

父親へ

お子様の長所と短所をお聞かせください。
この園をどのようにお知りになりましたか。
昭和のよいところは何だと思いますか。
通園は大丈夫ですか。遠くありませんか。

母親へ

お子様の名前と生年月日を教えてください。
お子様が嫌いな食べ物を残したらどうされますか。
お子様の嫌いな食べ物をどのように克服されていますか。
入園すると母の会に入ることになりますが、協力していただけますか。
通園は大丈夫ですか。

面接室略図

考査当日の進行例

- 15：30　受付→控え室で待つ。
- 16：20　子どもが呼ばれ、考査会場へ向かう。保護者にはアンケートの書き方の説明がある。
- 16：25　アンケートを15分間で記入する。
- 16：40　廊下に並んで、面接の順番を待つ。（番号順に立って待つ）
- 16：45　保護者面接始まる。
- 16：52　面接終わり、控え室で待つ。
- 16：55　子どもが考査から戻ってくる。終了。

昭和女子大学附属昭和こども園

| 3 年保育 | 入試出題例 | ※桐杏学園調査を含む過去数年の内容 |

【 小集団テスト 】

● 「ミッキーマウスマーチ」の曲にあわせて踊る。

● みんなでかけっこをする。

● 歌を歌う。

　「チューリップ」「むすんでひらいて」「げんこつ山のたぬきさん」「お馬の親子」など。先生のまねをしながら歌う。

● "橋"を落ちないように渡る。

　「川にはワニさんがいます。落ちないように橋を渡ってください」

● 自由遊び。（おままごと、電車ごっこ、パズル、すべり台など）

● 怪獣にお手玉をぶつける。

● 大きな積み木でお城をつくる。

● おやつをいただく。

　おせんべいを 2 枚もらい、1 枚は食べて、残りの 1 枚はおみやげにもらった。

　食べる前に手を洗って、ハンカチでふく。

　ゴミ（おせんべいの袋）をすてる。

　「ありがとう」「いただきます」「ごちそうさま」

● 絵本の読み聞かせ。

● 「だるまさんがころんだ」。

【 面接テスト 】（7〜8分）

父親へ

　お子様の名前と生年月日をおっしゃってください。

　子どものことで毎日 10 分間、夫婦で話し合うことが約束できますか。

　当園をお知りになったきっかけをお聞かせください。

　家族と夕食を週に何回していますか。

　お子様の名前についてお聞かせください。

母親へ

　志望理由をお聞かせください。

　通園経路を教えてください。

　お仕事をされていますか。

　ご家庭のしつけで、何に注意して子育てをされていますか。

　子育てをしていて、大変だとなことは何ですか。

　お母様の手作り料理で、お子様の好きなものは何ですか。

　母の会にご協力していただけますか。

　母の会に入会できますか。簡潔な言葉で答えてください。

　正門から幼稚部までの間で気がついたことがありますか。

　お子様の好きなテレビ番組は何ですか。

子どもへ

　お名前を教えてください。

　お歳はいくつですか。

お父様とはお出かけをしますか。

兄弟は誰がいますか。

お姉様とは何をして遊びますか。

お母さんのお料理は何が好きですか。

どんな動物が好きですか。

【 アンケート 】（考査当日に 15 分間で記入する）

- 入園に際しての了承事項に○をつける。
- こども園に望むこと。
- 預かり保育の利用について。

【 参考 】
～受験者への配布プリントより～

入学志願者のみなさんへ

　　1914 年から 18 年までの 5 年間に 31 か国が血みどろになって戦い、4000 万人ちかい人々が死んだり傷ついた第一次世界大戦の事実に遭遇して、愛と美と和の権化である婦人の力によって、女性による新たな世界改造をはからねばならぬと考えました。

　　怒濤のように荒れ狂う世の中において自己の進路を見失うことのない婦人、また、すすんで世のため人のために自己の力を役立てようとする婦人の出現を待望する、止むに止まれない情熱が日本女子高等学院（昭和女子大学の前身）となったのです。私の自宅で自由に理想を語り合い研究し合っていた小さいグループの「いのち」が、78 年も生き続けて今日にいたっているのです。

　　言ってみれば、今日の昭和女子大学というのは計画的に作り上げられたものではなくして、「世の光りとなろう」という理想を見失わないように子弟が励まし合っている間に、いつの間にやら築き上げられた学園と申してよいでしょう。

　　「トルストイは公職を退いてからヤスヤナポリヤナに塾のような形式の学校を建てた。午前中に学科を授け、午後は近隣の病めるもの、傷つけるもの、貧しきもの、老いたるものなど、つまり他の愛なくしては生活が出来ない者の家を訪ねて、食を与え、衣を取り替え、看病し掃除し、洗濯するなどの養護に当たっていた。人々はこれを喜び感謝して迎えた。このような学校にならって、愛と理解と調和を旨として精進する学校を建設したい。」と願って、僅か 8 名の若い女性とともに門の扉をひらいたのが昭和女子大学の出発なのです。

　　大正 9 年 9 月 10 日の開講の詞にも明記されているところの、「われ等は、まさに来る文化の朝を迎えるために、身支度をとり急がねばならぬ。正しき道に歩み出すために、糧を十分にとらねばならぬ。そして目覚めたる婦人として、正しき婦人として、思慮ある力強き婦人として文化の道を歩み出すべく、互いに研き合わなければならない時がきたのである。」という学園の真精神一即ち 1 粒の木の実が、あなた方の豊かな心の畑の中で立派に育ち、それがさらに力強く次代の若者に伝え継がれてほしい、ただそのためにのみ私達教職員は 77 年にわたって昭和学園（幼小中高校を含めて）の成長に奉仕して来たのです。

　　これから迎えようとしている社会の新しい 21 世紀は、どのようになってゆくのか、とても想像もつきません。しかしながら、昭和学園において学ぶ若人たちが、開講のときの精神を実現してくださる限り、必ずや理想の世界が我々の社会の中に樹立されてゆくものと信じています。

　　新しく入学される皆さんは、先輩たちが「世の光となるために精進する」という建学精神を盛りたてて、学生の本分として学問研究と人間形成とに全力を注いで来たことを誤りなく受け継いでください。そのためにのみ昭和学園がこの世に存在しているのだということを決して忘れないでください。

学校法人　昭和女子大学創立者

故　人見圓吉

保護者の受験 memo ※過去数年の受験者アンケートより

（面接）

- 面接では、先生方が常に笑顔で話を聞いてくれました。他の若い先生方も笑顔で接してくれたので、子どもも安心して考査を受けられたのではないかと思います。

- 面接はグループ面接だと思っていたのが1組ずつでしたので、少し戸惑いました。面接の順番に並んで廊下で立ったまま待つのですが、私達は前のグループの待ち時間も入れて、30分位は待ったと思います。

- 両親とも簡単なことしか聞かれませんが、一言間違えたら終わりという感じで、とても緊張しました。打てば響くような答えがほしいと言っていました。

- 家族写真を提出する際、置き方を注意されている方がおりました。先生がどのように置くか説明されますので、よく聞いていることが必要です。また、家族写真の裏の名前の書き方にも得点が入るとおっしゃっていました。

- 廊下に持ち物はすべて置き、家族写真だけを持って入室します。

- 「昭和教育源流考」、「幼稚部40年史」は両方購入して、よく読んでいきました。絶対に読んだほうが良いと思います。（合格者）

- 面接の先生は厳しい表情で笑顔を見せるようなことはありませんでした。質問するときもきっぱりした口調でした。こちらの答えをメモしていらっしゃいました。

（考査・その他）

- 考査時間の15分前までに受付をすませ、玄関で靴をぬぎ、指定された控え室で待つ。受付時に子どものバッジと待ち時間に読むようにとプリント1枚を渡される。注意事項が貼ってあるので読んでおくようにいわれる。3つの控え室があり、各部屋6組ずつ。子ども用のテーブルと椅子が4つで1組になっているのが6つあって、各自自由に座って待ちました。テーブルには絵本2冊とぬいぐるみが置いてありました。

- 控え室の1階より3階へ移動。考査会場の入口で先生にこどもを預けます。会場では1人ずつ名前を呼ばれて並びます。

- 30分前に受付をすませました。指定は開始15分前までです。控え室を教えていただき、プリントを2枚いただいて待ちました。プリントはよく読んでおいたほうがよいです。

- 時間になるとすぐに子どもたちは2階へ行きます。父母はそれぞれアンケートに答えます。15分間ぴったりで書き上げます。受付時、渡されたプリント、シャープペンシル、消しゴム以外は机の上に出せません。

- テストは20分遅れで始まりました。グループの中では1番だったので慌ただしい感じがありました。しかし、グループ最後の人は、30〜35分くらい立って並んでいるので疲れると思います。

- 10月末に願書提出、翌日受験票引き取り、11月初日に入試、翌日発表と、連日続きました。けっこう慌ただしいです。

- 家族写真の裏には名前と番号を書いておくとよいです。考査当日、父母のスリッパは不要でした。控え室は4室ありました。いろいろなことにチェックをしている様子はありませんでした。

- 控え室で待っている時間はほとんどなく、すぐに先生が子どもを迎えに来て考査室まで子ども6人で行きました。両親もすぐに面接室に入り、5〜10分位で終わり、控え室において調査書を15分で書き終えるということで、考えている時間はほとんどありませんでした。

- 受付を済ませ、控え室で待っていると（6組）、2人の先生が子どもを迎えに来ました。そして「名前を呼んだら返事をして、私のところまで来てください」という指示がありました。

- 1人の先生が名前を呼ぶともう1人の先生がそのときの態度をファイルに記入していました。娘はそれまで机の上のもので遊んでいましたが、返事をしてすぐ先生のところまで行き、うれしそうに先生と手をつないでいました。私どもの組は2月、3月生まれと小さいためか、泣いているお子さんもいらっしゃいましたが、元気に手を振って出ていったので、ほっとしました。

● 子どもの考査中、親の方はアンケートを15分で記入しますが、やっと書き終わるかどうかというところで時間になってしまい、読み返す時間はありませんでした。先生は、「これからご父兄の筆記テストをおこないます。机の上には受付で渡されたプリント以外は何も出さないでください。用紙もふせて配るので始めの合図で表にしてください」とおっしゃって、"親のテスト"という感じですごく緊張しました。面接ではアンケート（筆記テストの用紙）の内容について父親と母親の内容が違うのでそのことを聞かれると思いましたが、アンケートの内容についてはふれませんでした。

● 親の面接、アンケート記入が終わり、控え室で待っていましたが、戻ってきたのは出てから1時間45分後でした。娘は少し汗をかいて、とても元気に帰ってまいりました。そして退室する際、とても楽しかったのか、先生方に「また明日くるね」と言ったので、夫婦で大変驚いてしまいました。桐杏学園のお教室にいるような自然な態度が良い結果につながったのだと思いました。

● 出願時の態度、服装もきちんと見ていた（得点のうち）と言われました。

● 面接にふさわしい服装かどうかも見ています、とおっしゃっていました。

● 控え室を入退室する際、本、おもちゃ、椅子を片付けているか、チェックしていました。

● 家族写真の名前の書き方、提出の仕方に注意しましょう。

青山学院幼稚園

■園　長	山本　与志春	■所在地	〒150-8366
■園児数	120名		東京都渋谷区渋谷 4-4-25
■制　服	あり（指定日に着るブレザー）		☎ 03（3409）6935
■通園バス	なし		https://www.kinder.aoyama.ed.jp//
■昼　食	弁当（火〜金）	■併設校	青山学院初等部

■保育時間　［年少］午前 9 時〜11 時半
　　　　　　［年中］月・木：午前 9 時〜11 時 45 分
　　　　　　　　　　火・水・金：午前 9 時〜午後 1 時 45 分
　　　　　　［年長］火〜金：午前 9 時〜午後 2 時
　　　　　　　　　　月：午前 9 時〜正午
　　　　　　※土曜日は休園

■併設校　青山学院初等部
　　　　　青山学院中等部
　　　　　青山学院高等部
　　　　　青山学院大学・大学院

★指導方針
　キリスト教信仰にもとづく教育をめざし、神の前に真実に生き、真理を謙虚に追求し、愛と奉仕の精神をもってすべての人と社会とに対する責任を進んで果たす人間の形成を目的とし，
● 大きな愛の中で、祈りのうちに生活する。
● 自然の恵みの中で生活し、神様の存在を身近に感じる。
● 感謝と喜びのうちに生活し、まわりの人々に対する思いやりの心をもつ。
● 意欲をもって生活し、よく聴く、よく観る、よく考える。
● それぞれに与えられた力を充分に表す。
を目標に掲げています。

★特色
　核家族化、少子化、希薄な地域交流によって難しくなりつつある異年齢の子どもたちとの触れ合いが「いっしょに遊ぼう会」などの幼初連携プログラムによってすすめられており、人に関わっていくことの大切さに気づき、学ぶことによって豊かに育つことのできるよう工夫がなされています。

★進学状況
■ 併設小学校への進学状況
〈男女〉卒園生は原則として青山学院初等部に進学できる。

◀ 2024 年度入試データ ▶

※ 2023 年実施済み。
※幼稚園公表分と桐杏学園調査を併せたものです。
※ 2025 年度の要項は、幼稚園配布のもので必ずご確認ください。

■募集要項　※ 2023 年実施済み
◇募集人員　＜3年保育＞男女各 20 名
◇願書販売　7 月 24 日〜9 月 20 日
　　　　　　（日曜日・祝日は除く）
◇出願　　　9 月 1 日〜20 日（Web）
◇書類郵送　9 月 5 日〜20 日
◇考査料　　35,000 円
◇考査日　　11 月 1 日〜9 日のうちの 1 日
◇面接日　　11 月 2 日〜10 日のうちの 1 日
◇結果発表　11 月 22 日（速達）
◇入園手続　11 月 28 日

■入試状況
非公表

■考査の順番
不定期（月齢を考慮）

■インフォメーション
◇入園説明会　　2024 年 7 月 20 日

2年保育	入試出題例	※桐杏学園調査を含む過去数年の内容

【小集団テスト】

● 最初の15分間程、母親といっしょに好きなことをして遊ぶ。本、積み木、ままごと、お絵かき、木製の汽車、折り紙など。
● 母子遊びの途中で1人ずつ呼ばれ、個別テストへ。（3～5分）
● 絵を見て何か答える。
● 絵本の読み聞かせ。
● 積み木を使って家をつくる。
● 仲間集め（積み木、鉛筆、ホチキス、のり、人形など）。
● 子どもだけで自由に遊ぶ。（母親は周りの椅子に座る）
● お店屋さんごっこ。

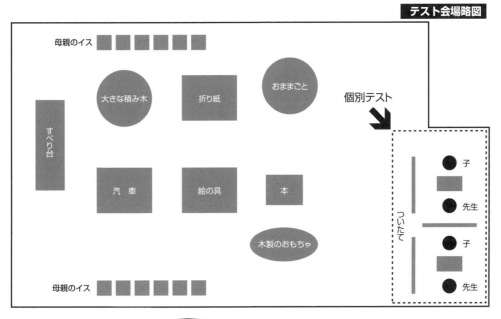

テスト会場略図

● すべり台→とび箱の上に乗ってジャンプして降りる。
● ボール投げ（10回）。
● 自由遊びの途中で1人ずつ呼ばれ、主事先生の所へ行き質問を受ける。
　・パズルをする。
　・お名前を教えてください。
　・いろいろなものを指して、名前を聞かれる。
● 数（おはじきを使う）。
● みんなで後片付けをする。

面接テスト （保護者のみで考査日後におこなわれる。約10分）

父親へ

志望理由をお聞かせください。
お仕事についてお話しください。
海外にいらしていたそうですが、言葉のほうはいかがですか。
お子様はお元気ですか。
お子様といっしょの時間はどのように過ごしますか。
お子様の長所と短所はどのようなところですか。
○○ちゃんはご兄弟の真ん中と言うことで、どんなお子様ですか。
青山学院初等部時代、印象に残っていることは何ですか。（出身者）
仕事で毎日遅くなりますか。

面接室略図

先生　先生　主事

保護者

ソファ

母親へ

テストでのお子様の様子はいかがでしたか。
適性テストはいかがでしたか。
お子様の健康状態はいかがですか。
お子様はお父様と、どのように過ごしていますか。
お父様はお忙しいと思いますが、どのようにお子様と接していますか。
（教会に出席していることについて）母親の出身校の宗教。最近は参加していますか。
母親の仕事について。（簡単に）
なぜ、この幼稚園を選びましたか。
キンダースクールと習い事で男の子だと体力が余っていませんか。
家庭ではお子様と、どのように接していますか。
お子様に読み聞かせをしていらっしゃいますか。
出身校について。
両親で出かけられるとき、お子様はどうされてますか。
リトミック教室以外の日は、どんなことをしていますか。
お子様が3人いて育児で困ったことはありますか。
キリスト教についてはどのようにお考えですか。

３年保育　入試出題例　※桐杏学園調査を含む過去数年の内容

小集団テスト（１グループ 13 ～ 14 名、約 50 分。先生は 8 名）

テスト番号により集合時刻が異なる。

◆自由遊び

● はじめに親子で自由に遊ぶ（約 15 分）。その後ひとり遊びをする。この間親はまわりに置いてある椅子に座って待つ。
　一人遊び中に、先生が子どもに対して絵本やパズルなどを見せて質問をする。
「お名前を教えてください」
「今日は誰と来ましたか」
「どうやってきましたか」
「何を食べてきましたか」
（絵本などを見せられて）
「これは何ですか」
「どれが好きですか」
「次は何して遊ぶの」

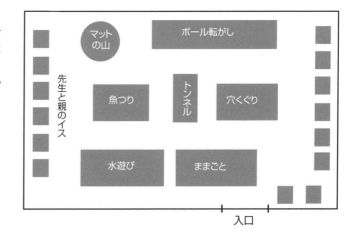

● 親子で棒を使って遊ぶ。親が棒を持ち、子どもがまたぐ。次に少し棒を高くしてくぐる。もっと高くして飛び上がってタッチする。
● 棒の端をもって引っ張りあいっこをする。
● 棒に子どもがぶら下がり、親が持ち上げる。
● 他の親子と組になり、電車ごっこをする。終点にいる先生に棒を返して遊び終了。

面接テスト（保護者のみで考査日以後におこなわれる。約 10 分）

父親へ

志望理由についてお話しください。
お仕事の内容をお聞かせください。
この１年お子様が成長されたと思うことは何ですか。
お子様の長所をあらわすエピソードを具体的に教えてください。
お二人のお子様の子育てについて、お母様から相談されることはございますか。
お兄様の学校行事と重なった場合はいかがいたしますか。
留学先の大学で学んだことは何ですか。
個人的に交流のあったキリスト教司祭様のどんな教えに惹かれましたか。

母親へ

子育てで気をつけていることをお話しください。
お母様が相談なさるのはお父様ですか。
この幼稚園をいつごろから志望されましたか。
月１回の勉強会には出席をお願いしておりますがいかがですか。
先日の母子遊びはいかがでしたか。
仕事について教えてください。

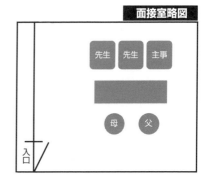

園の手伝いに参加することはできますか。

車でのご通園はご遠慮願っておりますがいかがですか。

参考

～入園テスト注意事項～　※日時は過去の一例です。必ず今年度の要項をご確認ください。

1. 入園者の募集人数は、男児 20 名、女児 20 名の 40 名です。補欠者を男女若干名通知します。

2. 親子施設見学について

　　下記の日時にお子様といっしょに園内をご覧になれます。詳細は別紙をご参照ください。

　　　日時：10 月 22 日午後 2 時～ 3 時 30 分

　　　　・この時間内に、自由に入場・見学・退場ができます。

　　　　・出欠はとりません。また予約の必要はありません。

　　　　・保護者の方はスーツでお越しになる必要はありません。

　　　　・ご兄弟の来園はご遠慮ください。

3. 適性検査・保護者面接の日程は別紙の通りです。

　　11 月 1 日・2 日・3 日・5 日におこなわれるお子様の適性検査は、それぞれのお子様に最もよいコンディション
で検査を受けていただけるように、月齢、性別等を考慮して日程を組んでおりますので、変更はできません。

　　保護者面接についても原則として日時の変更ができませんが、やむを得ぬ事情がある場合には、理由をうかがい検
討します。変更できない場合もありますので、ご了承ください。

4. 適性検査までにご準備いただきたいこと

　　①お子様・保護者とも動きやすい上履きをご用意ください。

　　②お子様・保護者それぞれの上履きに、テスト番号を縫い付けてください。

　　　番号のみを記入し、お名前は記入なさらないでください。

　　③履き替えた靴は靴袋に入れ、各自お持ちください。

5. 適性検査の当日について

　　①親子とも、伸び伸びと活動しやすく汚れてもかまわない、またふだんのお子様の個性が感じられる服装でいらし
てください。

　　②受験票をご持参ください。

　　③集合時間までに、幼稚園玄関内の受付にお集まりください。あまり早く到着されますと、お子様が疲れてしまいま
すのでご注意ください。

　　④適性検査はお子様一人につき保護者一人が付き添ってください。

　　　双子の場合は、ご父母がお子様一人ずつにそれぞれ付き添ってください。

　　⑤当日、事故や病気など不測の事態で遅れたり欠席されたりする場合は、必ず幼稚園に電話でご連絡ください。

6. 保護者面接について

　　①受験票、上履き（スリッパなど）と靴袋をご持参ください。上履きにテスト番号を縫いつける必要はありません。

　　②集合時間までに、幼稚園 3 階の控え室にお集まりください。

　　③面接は、できるだけご両親でおいでください。何らかの事情がある場合はご相談ください。

　　④お子様はお連れにならないでください。

7. 適性検査・保護者面接いずれにつきましても、棄権される場合には、できるだけ早く電話でお知らせください。

8. その他の注意事項

　　①テスト期間中、教職員との面会はいっさいお断りします。

　　②適性検査や保護者面接の際、所持品は各自でご注意ください。

　　③幼稚園内は禁煙とさせていただきます。お煙草はご遠慮ください。

　　④幼稚園内では携帯電話等の電源はあらかじめ切っておいてください。

○ テストの結果は志願者全員（棄権者を除く）へ、11月22日に到着するよう速達郵便でご通知いたします。（郵便事情により、前日に届く場合もあります）
　11月22日の午後3時までに届かない場合は、電話にて幼稚園までお問い合わせください。午後5時までお受けいたします。
○ 合格者は11月28日幼稚園事務室にて入園手続きをいたします。
　なお、入園を辞退される場合には、できるだけ早く電話でお知らせください。その後、幼稚園からお送りする書面をもって幼稚園園長宛にお届けください。
○ 悪天候や災害等の理由で、上記の日程が中止・変更になる場合は、幼稚園ホームページにてお知らせいたします。
○ ご不明な点がありましたら、幼稚園事務室へ電話でお問い合わせください。

〜説明会より〜
　●青山学院の歴史について
　●幼稚園の教育方針
　1．豊かな体験。　2．個性を重んじる。　3．年齢による縦割り保育。
　4．初等部との連携を大切にしている。　5．遊びを通じての学びを大切にしている。
　●保育の特長
・キリスト教保育を実践している。
〈それぞれの年齢の目標〉
　　　　3歳　　「信頼」……安心していられるように。
　　　　4歳　　「喜び」……楽しくてしかたがない。
　　　　5歳　　「感謝」……ありがとうといえるように。
・お祈りで一日が始まる。心から神様にお祈りできる子どもになるように。
・自信をつける保育。
・仲のよい友達ができる保育。
　草花をゆっくり観察したり、野菜をつくったり、それを食べる経験。絵本を読んだり、工作を集中してできるように。
　今の子どもたちは、生の経験が乏しい。自然との触れ合いがたりない。自然の法則性を学ぶことも大切。
・軽井沢の追分寮で宿泊保育を行っている。
　●その他
・親子見学会について
　願書を提出した人を対象。合否には関係ない。
・偏った社会ではなく、いろいろな社会の子どもがまじわってほしいと考えている。
・保護者の方が責任を持って子どもを送迎してほしい。
　母親とは限らないが、子どもは母親が1番安心する。
・バス、電車、徒歩で通園してほしい。原則的にタクシー、自家用車は不可。
・聖書研究会が月1回ある。ぜひ参加してほしい。
　保護者が人間的に成長することが、子どもの成長につながる。
・保護者会が月1回ある。必ず出席してほしい。その他　ハンドベルの会、バザーの作品づくりなど、保護者は忙しい。
・国籍は問わない。
・子どもらしく育ててほしい。特別な能力は求めていない。
・教育とは何であるかということを念頭において、幼稚園を見てほしい。受験するに当たって、「教育」をどうとらえ直すかということを考える機会にしてほしい。

青山学院幼稚園

〜提出書類〜

※今年度のものは、必ずご確認ください。

テスト番号（　　）　　　　　受付番号（　　）

資　料

幼児関係　　　　　　　　　　　　　　青山学院幼稚園

| フリガナ 志願者名 | 性別 | 西暦　年　月　日生 |

| 郵便番号 現住所 | 電話（　　） |

集団生活の経験　　① 幼稚園・保育園　　年　月入園　週　回　　　教会学校へ行っている場合は教会名
4月から9月30日までの出席日数（　日）欠席日数（　日）
② 研究所・教室　　週　回
その他

通園する場合の利用交通機関と乗降駅　　　自宅から幼稚園までの所要時間約　　分

家庭関係

| フリガナ 保護者名 | 幼児との続柄（　　） 保護者との続柄 |

| フリガナ 氏名（年齢） | 父（　歳） | 母（　歳） |
| 職業 |
| 勤務先 |
| 出身学校 |
| 最終出身校 | 西暦　年度卒業・中退 | 西暦　年度卒業・中退 |
| 宗教 | キリスト教の場合受洗　有・無　所属教会名 | キリスト教の場合受洗　有・無　所属教会名 |

同居家族　氏名／年齢／続柄／職業／卒業または在学校名／宗教

引越し先住所等

23

1．青山学院幼稚園を選ばれた理由

2．親の目から見たお子様の良い面と性格の特徴を具体的に述べて下さい

3．親として子育てで特に心がけていることはありますか

〜適性検査時間割表〜

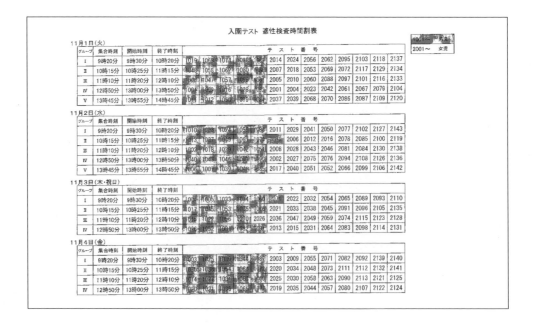

入園テスト　適性検査時間割表

| 1001〜 男児 / 2001〜 女児 |

11月1日（火）

グループ	集合時刻	開始時刻	終了時刻	テスト番号
I	9時20分	9時30分	10時20分	1019 1066 1074 (…) 2014 2024 2056 2062 2095 2103 2118 2137
II	10時15分	10時25分	11時15分	1048 1058 1062 1080 (…) 2007 2018 2053 2069 2072 2117 2129 2134
III	11時10分	11時20分	12時10分	1008 1047 1057 (…) 2005 2010 2060 2088 2097 2101 2116 2133
IV	12時50分	13時00分	13時50分	1016 1065 1079 (…) 2001 2004 2023 2042 2061 2067 2079 2104
V	13時45分	13時55分	14時45分	1012 1050 1079 (…) 2037 2039 2068 2070 2086 2087 2109 2120

11月2日（水）

グループ	集合時刻	開始時刻	終了時刻	テスト番号
I	9時20分	9時30分	10時20分	1010 1024 1056 (…) 2029 2041 2050 2077 2102 2127 2143
II	10時15分	10時25分	11時15分	1013 1037 1041 1060 (…) 2006 2012 2016 2078 2085 2100 2119
III	11時10分	11時20分	12時10分	1002 1018 1029 1042 1051 2008 2028 2043 2046 2081 2084 2130 2138
IV	12時50分	13時00分	13時50分	1004 1046 1069 (…) 2002 2027 2075 2076 2094 2108 2126 2136
V	13時45分	13時55分	14時45分	1006 1038 1044 (…) 2017 2040 2051 2052 2066 2099 2106 2142

11月3日（木・祝日）

グループ	集合時刻	開始時刻	終了時刻	テスト番号
I	9時20分	9時30分	10時20分	1005 1023 1064 1063 2017 2022 2032 2054 2065 2089 2093 2110
II	10時15分	10時25分	11時15分	1012 1045 1053 1075 1073 2021 2033 2038 2045 2091 2096 2105 2135
III	11時10分	11時20分	12時10分	1011 1022 1059 1070 2026 2036 2047 2049 2059 2074 2115 2123 2128
IV	12時50分	13時00分	13時50分	1026 1052 1061 1082 2013 2015 2031 2064 2083 2098 2114 2131

11月4日（金）

グループ	集合時刻	開始時刻	終了時刻	テスト番号
I	9時20分	9時30分	10時20分	1003 1025 1039 1044 2003 2009 2055 2071 2082 2092 2139 2140
II	10時15分	10時25分	11時15分	1035 1049 1054 1068 2020 2034 2048 2073 2111 2112 2132 2141
III	11時10分	11時20分	12時10分	1014 1027 1032 1060 2025 2030 2058 2063 2090 2113 2121 2125
IV	12時50分	13時00分	13時50分	1020 1031 1036 2019 2035 2044 2057 2080 2107 2122 2124

青山学院幼稚園

~面接時間割表~

入園テスト保護者面接時間割表　　　集合場所：幼稚園3階会議室　　※各区分の開始時間までにお集まりください。

11月12日 月曜日

区分	時間	テスト番号							
I	13:00~14:00	1	2	3	4	5	6	7	8
II	14:10~15:10	9	10	11	12	13	14	15	16
III	15:50~16:50	17	18	19	20	21	22	23	24
IV	17:00~17:30	25	26	27	28				

11月13日 火曜日

区分	時間	テスト番号							
I	13:00~14:00	29	30	31	32	33	34	35	36
II	14:10~15:10	37	38	39	40	41	42	43	44
III	15:50~16:50	45	46	47	48	49	50	51	52
IV	17:00~17:30	53	54	55	56				

11月14日 水曜日

区分	時間	テスト番号							
I	13:00~14:00	57	58	59	60	61	62	63	64
II	14:10~15:10	65	66	67	68	69	70	71	72
III	15:50~16:50	73	74	75	76	77	78	79	80
IV	17:00~17:30	81	82	83	84,311				

11月15日 木曜日

区分	時間	テスト番号							
I	13:00~14:00	85	86	87	88	89	90	91	92
II	14:10~15:10	93	94	95	96	97	98	99	100
III	15:50~16:50	101	102	103	104	105	106	107	108
IV	17:00~17:30	109	110	201	202				

11月19日 月曜日

区分	時間	テスト番号							
I	13:00~14:00	203	204	205	206	207	208	209	210
II	14:10~15:10	211	212	213	214	215	216	217	
III	15:50~16:50	219	220	221	222	223	224	225	226
IV	17:00~17:30	227	228	229	230				

11月20日 火曜日

区分	時間	テスト番号							
I	13:00~14:00	231	232	233	234	235	236	237	238
II	14:10~15:10	239	240	241	242	243	244	245	246
III	15:50~16:50	247	248	249	250	251	252	253	254
IV	17:00~17:30	255	256	257	258				

11月21日 水曜日

区分	時間	テスト番号							
I	13:00~14:00	259	260	261	262	263	264	265	266
II	14:10~15:10	267	268	269	270	271	272	273	274
III	15:50~16:50	275	276	277	278	279	280	281	282
IV	17:00~17:30	283	284	285	286				

11月26日 月曜日

区分	時間	テスト番号							
I	13:00~14:00	287	288	289	290	291	292	293	294
II	14:10~15:10	295	296	297	298	299	300	301	302
III	15:50~16:50	303	304	305	306	307	308	309	310
IV	17:00~17:30	312	313	314	315				

11月27日 火曜日

区分	時間	テスト番号							
I	13:00~14:00	316	317	318	319	320	321	322	323
II	14:10~15:10	324	325	326	327	328	329	330	331
III	15:50~16:50	332	333	334	335	336	337	340	338,339
IV	17:00~17:15	341	342						

保護者の受験 memo　　※過去数年の受験者アンケートより

（説明会）

- 説明会で「頭でっかちではなく、伸び伸びしている子どもを」ということをおっしゃっておりました。
- 説明会ではとにかく出席者の多さに驚きました。出席者のほとんどは紺のスーツでした。
- キリスト教の幼稚園らしく、園長先生も主事の先生も、子どもの教育や園の方針など、キリスト教保育についてよく語られていて、ますます入園したくなりました。
- 説明会の後、園内見学があります。グループごとに行きますので、説明会には早めにいらしたほうがよいと思います。
- 入園テスト説明会で主事の先生が、「くれぐれも服装は黒や紺のスーツはやめてください。子どもたちが暗くなります」と、おっしゃっていました。面接も考査も動きやすいものをということで、子どもも楽な服で、お母様方もセーターとパンツの方がほとんどでした。スカートですといっしょに遊ぶとき、下に座ったりしにくいようでした。お砂場が部屋の中にあり遊べるので、女の子はタイツはやめておいたほうがよいと思います。素足で入れるようになっており、タオルや足ふきは用意してあります。子どもがのびのび遊べるお部屋でした。床暖房が暑いのでカーディガンなど、脱ぎやすいものがよいでしょう。

（面接）

- 面接ではほとんどの方が紺のスーツでした。私どもはグレーのスーツでしたのでかなり目立ちました。
- 面接のとき、親子の写真と本人の写真をすぐ横に置いて見ながら、主事の先生がお話しされてました。
- 3階の主事室でおこなわれました。かなり狭く、ドアを開けるとすぐソファがあるので、入るときや出るときの礼もスペースが無く、ソファ前に立ってすぐ目の前に座っている面接官を見下げながら「よろしくお願いいたします」という感じになってしまいます。「狭い」という心づもりで面接に望むとよいと思います。
- 思っていたよりもずっと家庭的な雰囲気の中でおこなわれました。椅子がソファで面接官との距離も近

かったです。

● 私たちが話した内容について、先生が私的感想を述べる場面もあり驚きました。一般的な質問よりも、プライベートな部分に踏み込んだ質問がラフな形でおこなわれたので、これにも驚きました。

● 面接は形式的でなかなかアピールできません。時間も短すぎます。願書でしっかり書いておかないと、面接ではフォローするチャンスがありません。

（考査・その他）

● ラミネートされた名札を、子どもは左肩に、母親は左胸に安全ピンでつけました。

● 受付を済ませて上履きに履き替え、トイレを済ませて絵本を見て待ちました。

● 考査では、先生方が椅子に座って採点なさっていました。

● 親子遊びはパンツ姿がほとんどで、親も子もかなりラフな印象でした。

● 子ども1人に保護者1人という指示でしたが、両親でいらしている方が3組ほどいらっしゃいました。もちろん考査室へは入れないので、外で待っておられました。

● 説明会のときよりすべてのことにおいて「書面で提出してください」とありましたので、（欠席など）特に学校側から申された訳ではありませんでしたが、面接の変更など出張証明書とともに理由を書面で提出いたしました。

● 集団テストでは、自由に遊ぶよう言われ、保護者はベンチに腰掛けていてよいとのことでしたが、実際のところ座ったまま眺めている方はおらず、皆さんお子さんとともに遊んでいました。

● 集団テストは、広いホールでおこなわれ、そこにたくさんの遊具が置いてありました。その最中に2名の先生から子どもに質問がありました。

● 男の子の服装はシャツ、ベスト、短パンというスタイルが多かったです。保護者の服装はかなり自由で、色もさまざま、スーツの方もいればニットにパンツという方もいました。

● 面接時の父親のスーツはストライプの織りが入っている方や、グレーの方もいらっしゃいました。母親はクリーム色のような方もいらっしゃったので、かなり個性を出してもよいのかもしれません。

● 玄関に受付があり、受験票の確認が終わると玄関ホールのソファで待機しました。考査会場の入口には中が見えないように白いスクリーンがしてあり、そこから担当の先生が出てきて番号順に母子を整列させました。皆いっしょに会場へ入り、「楽しく遊んでください。お茶がありますのでいつでも飲んでください」などの簡単な説明があり開始されました。バッグは会場の中に設置されている椅子の上に置くことができます。

● 最初は母親と遊び、後半は1人で遊びます。でも母親と離れられない子どもはずっといっしょに遊んでもよいということでした。先生が一人ひとりに3回はど話しかけてこられます。質問が終わった子どもは腕につけているチェックシートにチェックされます。何をして遊んでもよく、子どもはまったく自由でした。

● 服装は紺のスーツより明るい色の服を着たほうがよいようです。

● 考査の時間が長く、途中、お手洗いに行ったお子さんもいたようなので事前に済ませておいたほうがよいと思います。

● 上履きにテスト番号を縫いつけるので、縫いやすい上履きを用意したほうがよいでしょう。名前は書かないようにいわれます。

● 青山は受験をする人の立場をよく考慮してくださる、あたたかい幼稚園だという印象を受けました。

宝仙学園幼稚園

■園　長　田中　昭子
■園児数　315名
■制　服　あり
■通園バス　なし
■昼　食　給食（月〜金）
■保育時間　午前9時〜午後2時
　　　　　　（水曜日は午後12時半まで）
　　　　　　※土曜日は休園

■所在地　〒164-8631
　　　　　東京都中野区中央2-33-26
　　　　　☎ 03（3365）5468
　　　　　https://www.hosen.ac.jp/
■併設校　宝仙学園小学校（共学）
　　　　　宝仙学園中学校（共学）理数インター
　　　　　宝仙学園高等学校（共学）理数インター
　　　　　宝仙学園高等学校（女子）
　　　　　こども教育宝仙大学（共学）

★指導方針
1. しっかりと考える力を育てる　2. 感性を表現する力を育てる　3. 人や文化と関わる力を育てる　を教育目標とし、日々の保育のなかに実現されています。

★特　色
　さまざまな教育上の問題について、大学の心理学者や経験豊かな教員が随時相談に応じています。また、お子様の進学については、担任はもとより経験豊かな教員が親身に御相談に応じています。一般保育のほかに園外保育、宗教教育、水泳指導などもおこなっています。また、完全給食の実施によりバランスのとれた栄養補給や偏食の矯正をおこない、食事のマナーなども身につけるよう指導しています。

★進学状況
■ 併設小学校への進学状況
〈男女〉卒園生25〜30名が宝仙学園小学校へ進学。試験の成績が基準以上。内部生は優先扱いあり。

◤◢ 2025年度入試データ ◤◢

※幼稚園公表分。
※ 2025年度の要項は、幼稚園配布のもので必ずご確認ください。

■募集要項　※ 2024年実施予定
◇募集人員　　（第1回）＜3年保育＞男女計50名
　　　　　　　　　　　＜2年保育＞男女計20名
　　　　　　　（第2回）＜3年保育＞男女計10名
　　　　　　　　　　　＜2年保育＞男女計若干名
◇願書配布　　10月15日〜30日
◇願書受付　　（第1回）11月1日（Web）
　　　　　　　（第2回）11月2日〜6日（Web）
◇考査料　　　10,000円
◇考査・面接日　（第1回）11月1日
　　　　　　　（第2回）11月6日
◇結果発表　　（第1回）11月1日（Web・郵送）
　　　　　　　（第2回）11月6日（Web・郵送）
◇入園手続　　（第1回）11月5日
　　　　　　　（第2回）11月8日

■入試状況
非公表

■考査の順番
願書提出順

■行事日程（予定）
◇入園説明会　　9月11日、10月5日
◇公開保育　　　6月13日〜15日、
　　　　　　　　9月9日〜11日
◇ほうせんスポーツDAY／9月21日
◇宝仙祭／10月19日・20日
◇移動動物園／11月8日

※日程は変更になる場合があります。ホームページでご確認ください。

2年保育　入試出題例　※桐杏学園調査を含む過去数年の内容

小集団テスト（1グループ約10組）

● 親子で自由に遊ぶ。（ホール中央で）様子を7〜8人の先生方が見ている。

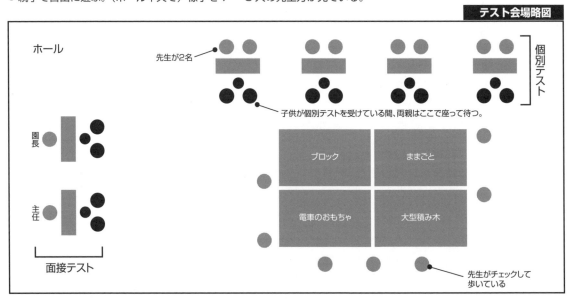

テスト会場略図

個別テスト

● 名前、年齢を聞かれる。
● おはじきの数をかぞえる。
● 積み木をお手本通りに組み立てる。
● 絵を見て質問に答える。

「これはどんなときに使いますか」
「何といいますか」

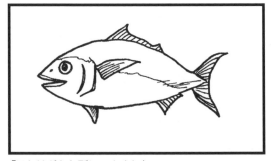

「これはどんな所にいますか」
「何といいますか」

● いくつかの絵を見る。
　「水の中にいるものは？」「空を飛ぶものは？」「木になるものは？」
● 大小5つの大きさのカップを並べる。
　「カップは全部でいくつありますか？」
　先生が2つどける。
　「3つのカップで1番大きいのはどれですか？」「それは何色ですか？」
　大小3つのカップをバラバラにする。
　「これを高く積み上げてください」

面接テスト （親子同伴で考査当日におこなわれる。約5分）

👨 父親へ

一言で言って、お子様はどんな子どもですか。

仕事場は家からどのくらいの所にありますか。

休日はお子様と、どんなことをして過ごしていますか。

👩 母親へ

お子様はどんな子ですか。

食事の量はどうですか。

しつけで気をつけていることは何ですか。

幼稚園から帰宅後、何をしていますか。

👧 子どもへ

お名前は。

何歳ですか。

今日は早起きしましたか。

朝、何を食べてきましたか。

考査当日の進行例

```
12：50    受付→控え室で待つ
13：00    親子で移動  個別テスト→面接→自由遊び（親子で）
14：00    終了
```

～受験者への配布プリントから～

※今年度のものは、必ずご確認ください。

面接のご案内

宝仙学園幼稚園

◎当日の来園時間について
　　あまり早く来園されると、お子様が疲れてしまいます
　　指定された時間においで下さい

《順序》

受付
　・面接票（黄色）を提出し、番号札を受け取ります
　　保護者の方（お母様）は胸に、お子様は胸と背の中央に付けて下さい
　・写真票を受け取ります

2階控室
　・親子で、遊びながら時間までお待ち下さい
　・荷物を全て持ち、遊びの部屋に行きます

2階
遊びの部屋
　・親子で好きな遊具を使って遊びます
　・名前を呼ばれた順に並び、面接室に行きます

面接
　・名前を呼ばれた方から、面接室に入り、写真票を出してください
　　「個別面接」　　「親子面接」　　をいたします

受付
　・写真票と番号札を返して、終了です

　　※短期大学保育学科の学生が、ご案内いたします
　　※面接後、担当者が写真票にサインをします
　　※写真票は、いつでもすぐに出せるようにお持ち下さい

☆　　☆　　☆　　☆　　☆　　☆　　☆　　☆　　☆　　☆

合格発表：　11月3日（金）午後5時～5時30分
　　　　　●幼稚園玄関ロビーにて、掲示発表します
　　　　　●合格者は、手続き書類をロビーで受け取ってください

入園手続き：　11月6日（火）に手続きをして下さい（手続きは、1日だけです）

宝仙学園幼稚園

３年保育	入試出題例	※桐杏学園調査を含む過去数年の内容

- 行動観察（親子で遊ぶ、親子で行動する）
- 個別面接（碁石の分類、積み木、語い、数の概念、物の選択、名称、態度、発音など）
- 親子面接

【小集団テスト】（１グループ約10組）

- 親子で自由に遊ぶ。（ホール中央で）その様子を４人の先生方が見ている。

【個別テスト】

- 名前、年齢を聞かれる。
- カードを見せられてその名前（果物や動物）を答える。
- シルエットのカードを見せられて、並べられたカードの中から選ぶ。
- いろいろなカップの色を答える。
- カップを先生が重ねてお手本を見せる。崩したあとに、子どもが同じように重ねてつくる。
- 積み木（赤、緑、黄、白などで着色されている）
  色の名称を答える。
  指定した色の積み木を先生に渡す。
  先生のお手本通りに積み木を組み立てる。
- 物の名称を答える。
- 絵を見て質問に答える。
  「飲むときに使う物はどれですか」
  「物を切るときに使うのはどれですか」
  「座るときに使う物はどれですか」

- おはじき６個（白３個、黒３個）を分けて別々の箱に入れる。

【面接テスト（親子同伴で考査当日におこなわれる。約5分）

👨 父親へ

どのような女性に成長してほしいですか。

お休みの日は、お子様とどんな遊びをしていますか。

お子様にはどう接していますか。

お父様とお母様どちらのほうが、しつけは厳しいですか。（2人に聞かれました）

幼稚園に期待することは何ですか。

👩 母親へ

お子様に接するにあたり、気をつけていることは何ですか。

お母様とお父様、どちらがしつけに厳しいですか。

お子様に対して、どのような信念をお持ちになって接していらっしゃいますか。

お子様がこうなってくれたら…と思うことはありませんか。

戸外での遊びはどのくらいしますか。

好きな遊びは何ですか。

お子様に好き嫌いはありますか。

👧 子どもへ

お名前は。

いくつですか。

（家族写真を見せて）この人は誰ですか。

パパは怖いですか。ママは。

好きな食べ物は何ですか。

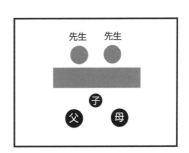

保護者の受験 memo　※過去数年の受験者アンケートより

● 控え室には、机、椅子、絵本、粘土などが準備してあり遊びながら待ちました。時間になると受験番号順に親子で並んで考査室へ移動します。

● 番号札を渡され、両親は胸に、子どもは胸と背中につけるよう指示がありました。

● 面接は複数の部屋があり、なごやかな雰囲気でした。
父は紺のスーツ、母は紺のスーツに黒のバッグで、アクセサリーは結婚指輪だけにしました。

● 面接では、園長先生もなごやかな表情で質問してくださったので、こちらも緊張せず、なごやかな気持ちの中で応答できました。

● 親子遊びの際、何人かの先生がその様子をよく見ていらっしゃいました。

● 受付で名札をいただき、控え室へ通されました。名札は、子どもは胸と背に、母親は胸につけます。控え室では、おもちゃ、お絵かき帳、積み木、粘土などいろいろと準備してあり、遊びながら待つようになっていました。ほぼ全家族が父親も出席していました。先生が子どもが通される都度、確認していました。

光塩幼稚園

■園　長	清澤　好美	■所在地	〒166-0003
■園児数	123名		東京都杉並区高円寺南5-11-35
■制　服	あり		☎ 03（3315）0512
■通園バス	なし		https://www.koenyouchien.ed.jp/
■昼　食	給食（月・金）	■併設校	光塩女子学院初等科
	弁当（火・木）		光塩女子学院中等科
■保育時間	[年長] 午前8時45分～午後2時		光塩女子学院高等科

■保育時間　[年長] 午前8時45分～午後2時
（水曜日は午前11時半まで）
[年中・年少・満3歳児クラス]
午前8時45分～午後1時45分
（水曜日は午前11時15分まで）

★指導方針

　カトリック教育を基本とし、「『光の子 塩の子』として、社会に貢献できる人」として、
● 神さまからいただいたいのちと、生きとし生けるすべての命を大切にする子ども
● 感謝の心、思いやりのある心 を大切にする子ども
● 自分で考え、行動できる子ども
を目指し、一人ひとりの 成長の速さに寄り添い、日々の保育を丁寧に進めていきます。

★特　色

　高・中・初等科の方針と同じく、幼児より自主性にとみ、正しい判断力と強い意志の力を養い、自己の行為に責任を持ち、しかも情緒豊かな感謝の心を持ち、暖かい円満な人間として育つように、家庭的雰囲気を尊び、幼児と教師、家庭と園とが一体となって努力しています。
・カトリック園としての生き方を日常の保育のなかで感じ、学び、行動する人間形成の土台づくり。
・読書（いつもそばに「絵本」）を大切にする保育。 言語環境を大切にする保育。
・0歳から6歳までの一貫した学び（未就園児クラスから年長組までの一貫した保育）。
・協働保育（複数による保育）・専門講師（体操・英語・宗教）による保育。
・預かり保育（朝7時半～夕方6時半・長期休業中）・課外教室（英語・造形・サッカー・体操・チアダンス）

★進学状況

■ 併設小学校への進学状況
〈女子〉内部試験による選考、または一般試験による選考（どちらかを選択。内部試験で不合格になった者は一般試験を受けることができる）で光塩女子学院初等科へ進学。

◀ 2025年度入試データ ▶

※幼稚園公表分。
※2025年度の要項は、幼稚園配布のもので必ずご確認ください。

■募集要項　※2024年実施予定
◇募集人員　　1年・2年・3年保育 男女計約90名
◇願書配布　　10月16日～11月15日
◇願書受付　　11月1日（窓口）
◇考査料　　　10,000円
◇考査・面接日　11月2日
◇結果発表　　考査日当日
◇入園手続　　合格通知時

■考査の順番
願書提出順

■行事日程（予定）
◇オープンスクール・説明会／
　　6月29日、10月17日、2025年1月17日
◇園庭開放／9月6日、11月18日、
　　2025年3月11日
◇入園説明会／8月3日、9月5日
◇運動会／10月1日
※日程が変更になる場合があります。ホームページなどでご確認ください。

■インフォメーション
◇満3歳児保育「ことり組」（定員　20名程度）
＜考査日＞2024年11月16日
　　　　　2025年1月15日、3月21日
◇未就園児クラスもあります。

| 2年保育 | **入試出題例** | ※桐杏学園調査を含む過去数年の内容 |

【親子遊び】

● 教室に移動し親子3人で遊ぶ。1家族に1人の先生が付き添い、途中で時間になると面接テスト、個別テストへ誘導する。

● 個別テストが終わると、また教室に戻り親子遊び。

● 最後に片付けをしてから、教室の端から端まで走る。

● 手遊び（ひげじいさん）をして終了。

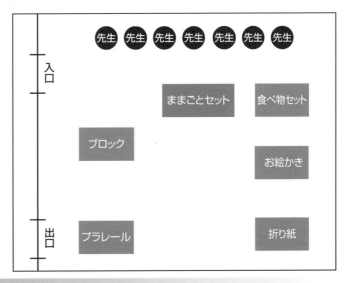

【個別テスト】

先生から「折り紙で遊びますか」、「折り紙は好きですか」と聞かれる。

● 黄色の折り紙1枚と好きな色1枚とってください。
　黄色の折り紙を三角に折ってください。好きな色の折り紙を四角に折ってください。
　それをお家にしてください。（指示のみで見本は無し）

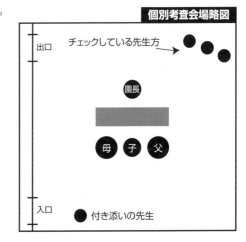

個別考査会場略図

● 先生の指示に従って体を動かす。トントン頭、トントン肩、トントン膝など。

● テーブルの上に6枚のカードがあり、好きなカードを先生の合図で走って取りに行き先生に渡す。

● 折り紙で輪かざりをつくる。（先生のお手本がある）

● 細長く切られた折り紙が用意されており、赤・青・黄の順にのりを使って輪をつないでいく。

● 色のついたプレートを使って、指定された形をつくる。

● 指示通りに図形をかき、はさみで切る。
　「黄色の折り紙に青のクレヨンで三角をかいて、それをはさみで切ってください」

● ゾウとウサギとサルのお面があり、先生に言われたものをかぶる。

● どれかなクイズ。イチゴとミカンとブドウの絵を隠して、どこに何があったか答える。

【小集団テスト（1グループ母子5～8組）

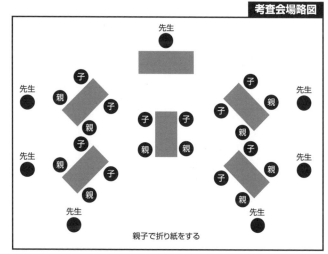

考査会場略図

- 母子でゲーム。
  フルーツバスケット。
  先生がたたく太鼓の音の数と同じ人数のグループをつくる。
- 母子の自由遊び。
  「3分間、母子で自由に遊んでください」（部屋には何もない）
- 3分間1枚の絵を見ながら母子でお話をつくる。絵は4組ともクマの絵。
- 先生がたたくたいこの音に合わせて母子が手をたたいたり、手を合わせたりする。
- （子ども）スモックを自分で着る。→先生の合図で母のところまでハイハイとケンケンで移動する。→スモックをぬぎ、たたんで先生に返す。
- 母子で折り紙をする。「お母さんに黄緑色の折り紙を、皆さんは好きな色の折り紙を取りにきてください」と言われる。その後、先生の指示通り「家」を折る。最後にはさみを1回使い、煙突ができる。→折った折り紙とはさみを先生に返す。母親は控え室へ戻る。

- 椅子取りゲーム。

- 先生が3つの指示を出す。
  ・「かえる」と言ったら、カエルのようにしゃがんで手を床につける。
  ・「ロケット」と言ったら、ジャンプして頭の上で1回手をたたく。
  ・「かに」と言ったら、手をチョキにして横歩きしてください。

光塩幼稚園

【面接テスト（親子同伴で考査当日におこなわれる。約5分）

父親へ
志望理由をお聞かせください。
お母様の子育てについてどう思われますか。
子どもを育てていて、どうお感じになりますか。
最近のお子様の成長をどのように感じていますか。
休日にはお子様とどのように過ごされていますか。
どのような人になってほしいですか。

母親へ
お子様は今まで集団生活の経験はございますか。
集団に入ったときのお子様はどのような子だといわれますか。
現在通っている幼稚園は共学ですか。何名いらっしゃいますか。
どのようなことに気をつけてお育てになりましたか。

子どもへ
お名前を教えてください。
お歳を教えてください。
嫌いな食べ物はありますか。
幼稚園の名前を教えてください。

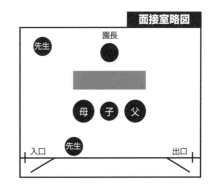

面接室略図

【アンケート】

～調査書～

本人の性格、健康／出願理由／通園方法／幼稚園に望むこと／教育方針／知っておいてほしいところ

【考査当日の進行例】

～進行例1～

- 13：40　受付。控え室で待つ。
- 14：10　点呼→小集団テスト（母子いっしょに入室）→子どものみ別室へ移動→個別テスト。
- 14：30　子どもがテストから戻ってくる。面接控え室で待つ。
- 14：35　親子面接。
- 14：40　終了。

～進行例2～

- 14：20　受付。控え室で待つ。
- 15：15　親子面接。
- 15：20　講堂で待つ。
- 15：25　点呼。小集団テスト（母子いっしょに入室）。
- 15：30　子どものみ別室へ移動。個別テスト。
- 15：45　終了。

３年保育　入試出題例 ※桐杏学園調査を含む過去数年の内容

【小集団テスト】（１グループ母子５～８組、約30分）

◆母子遊び
● 何もないところで母子で３分間遊ぶ。
● 上履きを脱いでマットの上にある好きなもので遊ぶ。ままごとセット（お皿、くだもの、キッチン、レンジ）、ブロック、プラレールがあり、最後に「お片付けをしてください」との指示がある。その後、母のみ退室し、上履き　はけるかのチェックがある。

◆行動観察
● 母親は遠巻きに見守るように指示され、子どものみで自由に遊ぶ。（ままごと・ブロック・電車・子ども用ドレスなど）
● 母親が退室後、エプロンシアターでお話を聞く。

1. 入室してすぐ、子どもの上履きをぬがせるよう指示がある。子どもは指定されたところに１列に並ぶ。
2. ハイハイで母親のところまで行く。
3. 上履きを自分ではいて、紙芝居を聞く。
4. 母子いっしょに全員で歌を歌う。（むすんでひらいて）

◆母子遊び
「３分間、母子で自由に遊んでください」（部屋には何もない）
● ピンクの線、白の線（ビニールテープ）が床にはってあるだけ　の部屋に通される。子どもはピンクの線のところで上履きをぬぎ、母親に渡す。母親は白線のところで待つ。子どもはピンクの線のところから白線までハイハイで進み、母親のところまで行って上履きをはく。
● 先生の指示で体を動かす。
「母子でうさぎさんになってください」「風になってください」「だんだん風が強くなってきました」「だんだん風が弱くなってきました。………風はやんだようです」
● 先生の指示にしたがって、いろいろな歩き方をする。
● 先生の指示通りに図形をかく。

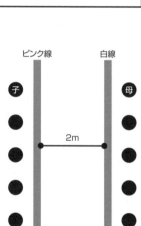

【個別テスト】（母子５組、別々の机でおこなわれる）

● 名前と歳を聞かれる
● カードの絵を見て答える
　・リンゴ … 「これは何ですか。何色ですか」　・Tシャツ … 「１人で着られますか」
　・フォーク … 「これは何ですか。○○ちゃんはいつも誰とご飯を食べますか」
● 母親は控え室に戻るよう指示があり、子どものみ別室で個別テストを受ける。
　・１人ずつ名前をいう。
　・色の名前を答える。
　・動物の名前を答える。
　・みんなで歌を歌う。
　・母親も加わりゲームをする。
　・お話を聞く。（先生が本を読む）

【面接テスト】（親子同伴で考査当日におこなわれる。約10分）

保護者へ

この園を選んだ最大の理由は何ですか。
遠いようですが通園は大丈夫ですか。
どうやって通園なさいますか。
お子様をどういう人に育てたいですか。

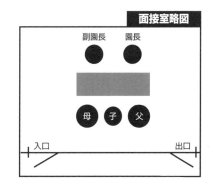

父親へ

本園を志望された理由を教えてください。
どちらの出身ですか。
お仕事に対しての信条はありますか。
生活についての信条は何ですか。
お父様もお忙しいようですが会話は多いですか。
子どもを育てるにあたって、父親の役割をどのようにお考えですか。
この頃、お子様が成長したと感じるのは、どんなところですか。具体的にお話しください。
今までお子様を育てていらして大変なこともおありだったでしょうが、その中で感動されたことも多々あったと思います。それはどんなことですか。

母親へ

お子様を育てるうえで困ったことは何ですか。
お父様とお子様のことについて話す時間はありますか。
お母様もお仕事をなさっているんですか。
お母様がお仕事の際はお子様はどうなさっていますか。
お子様を育てるにあたり、健康面以外で気をつけていることは何ですか。
この1年間、お子様はどのように成長しましたか。具体的にお聞かせください。
お子様を褒めるときはどんなときですか。
お子様を叱るときはどんなときですか。
お子様がわがままをいうときがあると思いますが、そのような時はどうされますか。

子どもへ

お名前を教えてください。
お歳を教えてください。
嫌いな食べ物はありますか。

【アンケート】

〜調査書〜

本人の性格・健康状態／出願の理由　その他／通園方法／教育について望むこと／緊急連絡の方法／子どもの教育について園に望むこと／備考

光
塩
幼
稚
園

【考査当日の進行例】

～進行例１～

- 11：05　受付。２階控え室で待つ。
- 11：30　子どもの名前が呼ばれ、面接室前の廊下へ移動し待つ。
- 11：35　面接。１階控え室に移動し待つ。
- 12：20　子どもの名前を呼ばれ、10組の母子で別室へ移動。小集団テスト。
- 12：50　母親のみ控え室へ戻る。
- 13：00　終了。

～進行例２～

- 9：20　受付。控え室で待つ。
- 9：45　点呼。小集団テスト（母子いっしょに入室）。
- 9：55　子どものみ別室へ移動し、個別テスト（母親は控え室へ戻る）。
- 10：05　子どもがテストから戻ってくる。面接控え室で待つ。
- 10：30　親子面接。
- 10：40　終了。

～受験者への配付プリント～　「入園願書提出者へのお知らせ」から

※今年度のものは、必ずご確認ください。

入園選考日時は下記の通りです。
お渡しした受験票によって決められた時間においでください。
尚、事務の整理上２年保育の受験番号は、２０１番以降となっておりますので、
ご了承ください。

３年保育		２年保育	
受験番号	集合時間	受験番号	集合時間
1～5	午前　9時00分	201～205	午後　2時00分
6～10	9時15分	206～210	2時15分
11～15	9時30分	211～215	2時30分
16～20	9時45分	216～220	2時45分
21～25	10時00分	221～225	3時00分
26～30	10時15分	226～230	3時15分
31～35	10時30分	231～235	3時30分
36～40	10時45分	236～240	3時45分
41～45	11時00分	241～245	4時00分
46～50	11時15分	246～250	4時15分
51～55	11時30分	251～255	4時30分
56～60	11時45分	256～260	4時45分
61～65	午後　12時00分	261　以降	5時00分
66～70	12時15分		
71～75	12時30分		
76～80	12時45分		
81　以降	1時00分		

※　番号によっては、待ち時間が長くなる場合も
あります。
ご了承ください。

＜注意＞

(1)　当日は、受験票と上履き（お子様は運動靴）、また、下靴を入れるビニール袋等を
お持ちください。

(2)　受付で受験票を示して番号札（親子とも）を受け取り、左胸におつけになり、
２階面接待合室で指示のあるまでお待ちください。

※　来園には決められた時間よりあまり早すぎたり、また、遅刻しないように
ご注意ください。

(3)　園長面接〔２階〕と、遊びによるテスト〔１階〕が終わられた方は、番号札を
受付にお返しになり、お帰りください。

(4)　合格発表は、11月3日(金)午前11時より正午までの間に、本園受付にて
書面で通知いたします。（受験票をお持ちください）
尚、合格した場合は、入園関係書類として住民票（全家族記載のもの）を
提出していただくことになりますので、お含みおきください。

保護者の受験 memo　※過去数年の受験者アンケートより

（説明会）

- 園長先生から、「備考欄も含め、園に知ってもらいたいことがあれば、何でも詳しく書いてください」とのお言葉がありました。
- 説明会は園生活のスライド、年長さんによる園歌の合唱、園長先生のお話でした。子ども同伴でも良く、あまり堅苦しくない感じでした。
- 子ども連れの方が多く、騒いでいる子や泣いている赤ちゃんがいて、園長先生から「しばらく席を外してください」と注意がありました。
- 後ろの席だと園長先生の話が聞き取りづらいので早い時間に行って前列に座ったほうがいいと思いました。
- 説明会3回、園内見学4回と数多くあります。すべて氏名の記入があり、園長先生ともご挨拶ができることもありますので、できる限り参加することをお勧めします。内容的にはほぼ同じですが、スライドを見たり、園児が歌を歌ってくれたりしました。
- 説明会に3回、見学会に4回行きましたが、すべてを見せてくれる開放的な幼稚園でした。園児も子どもと遊んでくれました。最初のころは紺の服の方は少なかったのですが、最後の回は全員が紺の服を着ていました。園長先生のお話にはいつも感動いたしました。
- 提出書類に「緊急連絡の方法」について書く欄がありますが、説明会で「最近、携帯電話という便利なものがございますが、電源を切らなくてはいけない場合もございますので、携帯電話ではなく、必ず連絡のとれるところを記入してください」とお話がありました。
- 説明会といっしょに園の見学もでき、とてもオープンな感じがしました。
- 6月、9月の説明会のとき、個人的に主任シスターに質問させていただいたせいか、その後の見学会で、「また来ていただいたのね」と声をかけていただき感激いたしました。その後も声をかけていただいたので、当日とてもリラックスできました。内容はほぼ同じで最後の回が進学のことなどより具体的だったように思います。
- スライド・ビデオ等を使用、毎回変えていましたが、内容的にはほとんど同じでした。
- 毎回、子ども連れの方が6～7人ほどいて、騒いでいる子どもは非常に目立ちました。
- 服装はさまざまな方がいましたが、父兄は紺系のスーツ、女児はワンピースが多かったです。
- 最終回は見学の後、園長先生への質問かご挨拶のために並ばれている方が多かったです。
- 何度も園の様子を見に足を運びました。本人も光塩に入りたいと希望しておりましたので、説明会にもいっしょに行きました。シスターはとてもよく子どもを覚えていてくださり、光塩はとても愛のある園だと強く感じました。
- 説明会では、「両親とともに育てる」ということをとても強調されていました。
- 母親1人でいらしている方や小さいお子さんを連れてきていらっしゃる方もいて、気さくな感じでした。

（控え室）

- 中央に絵本が置いてありました。皆さん手に取りお子さんに読んであげていました。
- 静かに待つという印象はなく、歩いたりするお子さんもいらっしゃいました。
- 面接前の2階控え室には本が5・6冊用意してあるのですが、人数に対して本の数が少ないので持参したものを活用している方が多かったです。
- 小集団テスト前の1階の控え室では、何もおもちゃがなく、長い場合は30分くらい待ちますので、皆さん小声で話したり、絵本を読んだり、折り紙を折ったりしていました。2人の先生がいらっしゃいましたが、待っている様子をチェックしているようには見えませんでした。
- 母子が別室へ行ったあと、父親が考査の間待っているホールではメールをしたり本を読んでいる方がいました。
- 控え室の様子はチェックしていないように思いました。

（面接）

- 子ども用はブルーの番号札、親用はプラスチック製の番号札を受付でいただき、左胸につけるよう指示がありました。
- 面接では園長先生から質問され、主任先生はずっと笑顔でメモをとっていらっしゃいました。
- 3回目の説明会後、園長先生とお話をさせていただいたので、そのときのことを覚えていてくださり、質問はおもに父親でした。
- 子どもに対しては、名前と年齢を問うだけでしたので、親の考え方を確認したいのだと思いました。
- 通園されているお子さんの話をすると、園長先生がとても興味深く聞いてくださいましたので、そのようなことも話されるといいと感じました。
- 母子のみで出席しましたが、園長先生は温かい対応をしてくださいました。
- おもに園長先生が質問され、こちらの応答を一言一句、ていねいに聞いてくださいました。
- 子どもは面接の際に最初のご挨拶もできず、もじもじと父親から離れませんでしたが、園長先生のご配慮で父親の膝の上に座ったまま面接を受けました。
- 質問は園長先生のみで、優しく笑顔で相づちを打ちながら聞いてくださり、親はあまり緊張せずに済みました。
- 面接では、「元気そうなお子様ですね」と言われ、とてもなごやかな雰囲気でした。質問は形式的で親子3人を見てすぐに判断されたという感じでした。

（考査・その他）

- 待ち時間はほとんどなく、スムーズに次から次へ進行していきました。先生方の人数が多く驚きました。
- 子どもが折り紙をとるときにミスをしてしまいましたが、私どもは手を出しませんでした。そういう態度をチェックされていたように思います。
- 願書提出時に結果通知用封筒をいただき、試験当日に提出します。
- 付き添いの先生がよくお声をかけてくださったので、子どももリラックスして試験に臨めました。
- 8組の母子が呼ばれ、控え室を出た後さらに4組に分かれて別々の教室へ入りました。
- 絵を見てお話をつくる3分間はとても長く感じました。
- 2年保育の面接は午後2時からでしたが、私達が1時20分ころ着いたときにちょうど3年保育の最後のグループの方達が帰るところでした。そのため、控え室は待っている方達でいっぱいになり、面接開始時間も30分以上遅れました。
- 提出書類の備考欄について、説明会で園長先生から「何でもお書きになりたいことを書いてください」と説明がありました。私どもは父母の出身校や仕事の内容について書きました。
- 提出書類は丁寧を心がけていれば問題ないと思います。「園に望まれること」の欄には説明会での園長先生の印象に残った言葉や公開保育での印象を記し、故に安心して子どもをお任せできる旨を記入しました。
- 願書提出の際、窓口に立たれているのが園長先生だったので、少し驚きました。
- 小集団テストは10組の母子が揃うまで待つので、番号によっては待ち時間が長くなります。しかも、何のおもちゃもない広い講堂で待たされるので、子どもが動き出さないよう、持参した絵本数冊、折り紙、お絵描きの道具などはすべて活用しました。飽きさせないものは必需品です。
- 小集団テストで何もないところで母子で遊ぶというのがあり、うちは動物ごっこをしました。途中、汽車ポッポをしている母子に娘が加わりたがりごいっしょしたり、2人での動物ごっこに戻ったりと、すべて娘の意志を尊重し、親のほうでは指示しないようにしました。子どものみの自由遊びでも、我が子が他の子に意地悪をするなどの、よほどのことがない限りは母親は席に座って見守り、過干渉にならないことが好ましいと思いました。
- あまり待ち時間もなくスムーズに流れていました。
- 母と子が別れるときに泣いている子がいましたが、泣いていても先生が引き離してだっこをして連れて行きました。

- 母子遊びのときの子どもの様子を、かなりチェックしていたようです。
- お片付けや上履きを1人ではけるかがポイントのような気がしました。
- 親子でほとんどの行事に参加しました。見学会では、実際に教室へ入れていただき、園児とともに歌ったり遊んだり、お祈りもさせていただきました。お陰でほとんどの先生方の顔を覚えておりましたので、面接・考査とも、とてもリラックスして臨むことができました。
- 説明会をきちんと開き、オープンに幼稚園を見せてくれる園です。シスター、先生方の気配りが行き届いていて、願書提出日や受験当日なども親子ともども居心地がいい幼稚園でした。
- 6月末のバザーは説明会に伺った際に、母の会で準備されていたお母様に教えていただいて知りました。規模はとても小さく、皆在校生のお母様ばかりのようで、園長先生等にお会いできれば顔を知っていただくいい機会だと思います。
- 提出書類は、「第一に読みやすい字で書いてください」との説明があり、写真は「ごいっしょの写真をお貼りください」とのことでした。家族いっしょの撮影のほうがいいのでは、という感じがしました。備考欄は「園に知らせておきたいことがあればできるだけお書きください」とのことで、空白なく埋めるのがよいと思いました。
- 控え室で待つ時間はほとんどありませんでした。（5分くらい）すべてがスムーズに進むよう段取りがとられているという印象でした。
- 控え室では担当の方（1人）がいらして入室するとすぐに、どの方々にもにこやかにいろいろとお声をかけてくださり、子ども達が緊張しないように配慮してくださっていました。（中央で大勢の子どもといっしょに遊んでくださっていました）
- 考査の母子遊びの道具が何もないという点がとても厳しかったです。まったく予想外でした。2本のテープをハイハイするというテストは、そのスピードなどはまったく関係なく、上履きがひとりで着脱できるかだけを見ているようでした。
- 今回の受験で感じたことは、難しいペーパーテストよりも集団遊び、スモックの着脱など、日常生活の習慣、しつけがどれだけ身についているかを見られているのではないかということです。
- 考査では子どもができる、できないということよりも、積極的に遊べるかどうかが見られていると思います。
- とりつくろうよりも、いつものままのほうがよいと思います。

学習院幼稚園

■園　長　　荘　優記子
■園児数　　104 名
■制　服　　あり
■通園バス　なし
■昼　食　　[年長] 弁当（月・火・木・金）
　　　　　　[年少] 弁当（火・木・金）
■保育時間　[年長] 午前 9 時半～午後 1 時 40 分
　　　　　　　　　（水曜日は午前 11 時 40 分まで）
　　　　　　[年少] 午前 9 時半～午後 1 時半
　　　　　　　　　（月・水は午前 11 時半まで）
　　　　　　※土曜日は原則休園

■所在地　　〒 171-8588
　　　　　　東京都豊島区目白 1-5-1
　　　　　　☎ 03（5992）9243
　　　　　　https://www.gakushuin.ac.jp/kinder/
■併設校　　学習院初等科（共学）
　　　　　　学習院中等科（男子）
　　　　　　学習院女子中・高等科
　　　　　　学習院高等科（男子）
　　　　　　学習院女子大学・大学院
　　　　　　学習院大学・大学院（共学）

★指導方針

幼稚園から大学までの一貫教育の出発点として、次の事柄を心掛けています。

①正直で思いやりのある心→何よりも「正直」を尊重して、お互いが思いやりと尊敬の気持ちを持つ。

②正しい生活の習慣と態度→幼児であっても人として身につけなければならない礼儀を知り、正しい生活の習慣、態度をしっかり身につける。

③自ら育とうとする力→心や体を使って夢中になって遊ぶ中で、自分から興味を持ち、考えて行動する「自ら育とうとする力」を伸ばしていく。

④社会性の基礎作り→人とのかかわりの中でさまざまな思いを体験し、人の心を感じ、周りのことに気づく気持ちを大切にし、お友達と仲良く過ごす。

★特　色

　100 年以上前に当時の華族女学校に設けられた幼稚園の流れをくむ、歴史ある幼稚園です。緑の木々に囲まれ、四季折々移り変わる、豊かな自然に恵まれた環境で、子どもらしく生き生きと遊び、生活をします。明るく自由で伸び伸びとした雰囲気の中にも、集団生活の規律やその年齢なりの礼儀が身につくように心がけ、『品格あるおおらかさ』を大切にしています。

★進学状況

■ 併設小学校への進学状況

〈男女〉卒園生は原則として学習院初等科に進学できる。

2025 年度入試データ

※幼稚園公表分。
※ 2025 年度の要項は、幼稚園配布のもので必ずご確認ください。

■募集要項　※ 2024 年実施予定
◇募集人員　　＜2年保育＞男女各 26 名
◇要項販売　　9 月 2 日～ 27 日
◇出願登録　　9 月 13 日～ 24 日（Web）
◇願書送付　　10 月 1 日～ 3 日（消印郵送）
◇考査料　　　30,000 円
◇面接日　　　10 月下旬のうち 1 日
◇考査日　　　11 月 6 日～ 10 日のうち 1 日
◇結果発表　　11 月 13 日（Web）
◇入園手続　　11 月 15 日
◇幼稚園説明会　9 月 7 日

■入試状況
• 非公表
■考査の順番
• 非公表
■付　記
願書受付後に選考票と選考日程表が速達で郵送される

※日程が変更になる場合があります。ホームページなどでご確認ください。

| 2年保育 | 入試出題例 | ※桐杏学園調査を含む過去数年の内容 |

【個別テスト】

◆面接
・お名前を教えてください。
・通っている幼稚園の名前を教えてください。… どんな幼稚園ですか。… 先生のお名前は？…何組さんですか。
・お父様、お母様にほめられるのはどんなときですか。
・お父様やお母様といつも何をして遊びますか。
・兄弟はいますか。…誰がいますか。…何年生ですか。
・好きな食べ物は何ですか。
・お母様のつくった料理の中で何が好きですか。
・好きなおやつは何ですか。
・朝ご飯は何を食べましたか。
・どうやってこの幼稚園まで来ましたか。
・お手伝いはしますか。…どんなお手伝いですか。
・ゾウは大きいですね。アリは？

◆記憶
● 先生がプレゼント箱の中に数個の物を入れ、何が入っているかを答える。

◆生活
● リボン結び。
● おままごと遊び。軍艦巻きをつくって、先生に差しあげる。
● 絵（傘、レインコート、長靴）を見せられて「どんなとき使いますか」

◆系列
● 柿と傘のカードが順に並んでいて、欠落しているところに当てはまるカードを指す。栗と柿で同様に。

◆数量
● 白と黒の碁石のようなものが置いてある。先生が黒を1つ置き、黒が4つになるようにしてくださいと指示を出す。
●（絵を見せられて）リンゴはいくつですか（3つ）。バナナはいくつですか（4つ）…どちらが多いですか。
● おはじきを先生が指示した数だけとる。

◆構成
● 先生と同じように積み木を積んでください。
● 直角二等辺三角形の積み木を合わせて正方形をつくるなど。

◆短文復唱
●「私は喜んでいます」「私はとても怒っています」

◆絵の説明
● 病院で赤ちゃんが医師に注射をされて泣いている絵を見て説明する。
● クマのぬいぐるみ（絆創膏が貼ってある）を持った女の子が泣いていて、男の子が意地悪をしている絵を見て、
　「このお部屋にお母さんが来たら何と言いますか」

学習院幼稚園

【 小集団テスト（1 グループ約 10 名、男女別。約 50 分）

● 先生に本を読んでもらい、質問に答える。
● ボールの数を数える。
● 自由遊び。
● みんなで歌を歌う。（「大きなくりの木の下で」 など）
● ジャンケンをして、勝ったら右へとぶ。

◆自由遊び
● 電車、ままごと、バスケットのゴールとボールなどで遊ぶ。
● 途中 1 人ずつ呼ばれ、車とキリンのパズルをしたり、質疑応答などをおこなう。
● 絵本（ぐりとぐら）の読み聞かせ。
● 積み木、電車、おままごとセットの中で好きなもの選んで遊ぶ。
● お絵描き　お父さんの絵を描いてください。

◆指示行動
● 動物の真似などをおこなう。「ウサギはどうやって跳びますか」 など。
● ○△□が床に書いてあって、赤色の△に入ってくださいなど先生の指示で動く。
● 「パンダさんにアイスクリームを持って行ってください」
● 動物のお面（ゾウ・ウサギ・リス・ヒヨコ等）の中から好きなものを選んでつけ、模倣しながら歩く。
　 途中 「ご飯を食べるまねをしてみましょう」 等の指示がでる。

◆行動観察
● 好きなもので遊ぶ。（ブロック・積み木・おままごとセット・汽車とレールのセット等）

【 面接テスト（保護者のみで考査日前におこなわれる。5 ～ 10 分）

父親へ

お仕事の内容についてお聞かせください。
どのようなお子様ですか。
なぜ本園を選びましたか。
こちらの幼稚園をどのようにお知りになりましたか。
幼稚園の役割についてどのように思っていらっしゃいますか。
理想の父親像についてお聞かせください。
父親の役割とはどのようなことだと思いますか。
お子様にはいつもどのように接していらっしゃいますか。
お子様と今朝どのような会話をしてきましたか。
親から受け継がれてきた教えは何ですか。
しつけで大切にしていることは何ですか。
しつけの役割分担はどのようにしていらっしゃいますか。
お子様の性格についてお聞かせください。
お忙しいとは思いますが、日頃お子様とはどのようにかかわっていらっしゃいますか。
休日は、お子様といっしょにどのように過ごしていますか。
何を大切にして育てていますか。
お子様が最近興味を持っていることは何ですか。
どんなことに気をつけて子育てをしてきましたか。
将来お子様にはどのようになってほしいですか。
最近、お子様のことでうれしかったこと、悲しかったことは何ですか。

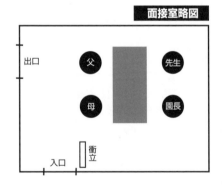

面接室略図

🧑 母親へ

お子様はいつも何をして遊んでいますか。

おやつは何を食べていますか。

通園方法と時間についてお聞かせください。

本園を選んだ1番の理由は何ですか。

学習院にどのようなことを期待しますか。

早期教育についてどう思いますか。

ご両親でのしつけの役割分担はどのようにされていますか。

しつけというものをどのようにお考えですか。

しつけで大切にされていることは、どのようなことですか。

お母様から見て、父親というものは家庭において、どのような存在であってほしいですか。

母親の役割についてどのようにお考えですか。

理想の母親像についてお聞かせください。

お仕事について詳しく教えてください。

今通っている幼稚園を選んだのはどうしてですか。

今の幼稚園の送迎や行事はどのようにされていますか。

子どもにとって家庭とはどのような場所であると思いますか。

どのようなお子様ですか。

ふだんお子様には、どのように接していらっしゃいますか。

子どもを怒ったりしますか。

お子様はどのような食べ物が好きですか。

お子様はどのような絵本が好きですか。

ご家庭ではどのような遊びをいっしょにされますか。

子育てで何を大切になさってきましたか。

お子様が成長したと思うことは何ですか

成長する過程で、嫌な思いをすることがあったとき、どのように対応しますか。

行儀についてどのように考えていますか。

これだけは直したい食事のマナーはありますか。

このときだけは甘やかしてはいけないと思うときはどんなときですか。

お子様の好きなテレビ番組を教えてください。

お子様はどんなときに喜びますか。

お子様が泣いてしまうのはどんなときですか。

幼稚園から帰ってから、どのように過ごしますか。

1日のうちで1番嬉しい時間は、どのようなときですか。

最近お子様のことで楽しみにしていることは何ですか。

お子様が最近興味を持っていることで、これは面白いと感じることは何ですか。

兄妹げんかをしたら、どう対応しますか。

【 考査当日の進行例 】

8：50	受付。控え室で待つ。
8：00	点呼。子どものみ別室へ行き小集団テスト、個別テスト。母親は控え室へ。
9：45	終了。廊下で出迎える。玄関にて番号札を指定の箱に戻す。
9：50	解散。玄関で1人ずつさようならを言って出る。

学習院幼稚園

◆**考査開始までの様子**

受付まで玄関が開きません。外で受験票を提示して番号票をもらいます。講堂のような所に通され、7～8分すると先生が見えて番号を呼び、1列に並んで別室へと移動します。その間にトイレを済ませ、本などを読んで待っています。

◆**受付から試験開始までの流れ**

1. 受付時刻になると、玄関の扉が開き選考票を提示しながら口頭でも選考番号を言うように指示され、番号札を受けとる。靴は下駄箱に入れられる。
2. 玄関を入ってすぐ右の遊戯室が控え室で、幼児用の木製ベンチがいくつか並んでいて、そこに座って待つ。
3. 試験開始時刻になったら番号を点呼され、順番に並んでいる子どもは考査室へ。

【 アンケート （願書といっしょに提出。記入内容は自由）

別紙という形で自由に書く。
● 志望理由／教育方針／子どもの性格／家庭の事情について
● 受験者本人…名前、生年月日、保育歴・集団の経験、病歴
● 両親…名前、生年月日、職業、出身校、父方祖父母氏名、母方祖父母氏名（存・亡／同居・別居）
● 兄弟姉妹…名前、生年月日、在学校名

【 幼児の考査・健康診断について

1. 幼児の考査・健康診断は、選考番号順におこないます。指定された日時は、変更できません。また、病気等の場合、園医の判断により受験できないことがあります。
2. 幼児の考査・健康診断は、幼稚園でおこないます。
3. 受付の際、選考票をご提示ください。
4. 幼児の考査・健康診断には、母親のみお付き添いください。やむを得ず、母親が付き添えない場合は、＜1＞理由＜2＞代理の付き添い者の氏名＜3＞幼児との続柄を受付時に書面でご提出ください。ただし、代理の付き添いは原則として父親とします。
5. 上履き（母親はスリッパ可）をご持参ください。
6. 幼児は、動きやすい服装とし、服、靴など、見えるところには、名前をつけないでください。
7. 受付時刻前には、園内に入れませんので、ご来園は早すぎないようにしてください。
8. 自動車での入構、正門前等の駐車はできません。

【 説明会レポート

◆**園長先生のお話**
● 以下のことがらを心がけた教育をおこなっている。
　　1. 健康な体と正しい心を持つように。
　　2. どんなことにも一生懸命になれるように。
　　3.「おや？」「どうして？」と気づく心が持てるように。
　　4. 基本的な生活習慣を身につけるように。

● **試験について**
　● 募集要項　● 選考票について　● 父母面接
　　　場所は百周年記念会館。原則として両親で受ける。選考票の番号順（時間も選考票に記入してある）。
　● 受験児の考査
　　　お母様に付き添っていただいて幼稚園で行う。生年月日順。（選考票の番号順）服装は動きやすいものを。名前は見えるところにつけないように。

参考

~提出書類~

※今年度のものは、必ずご確認ください。

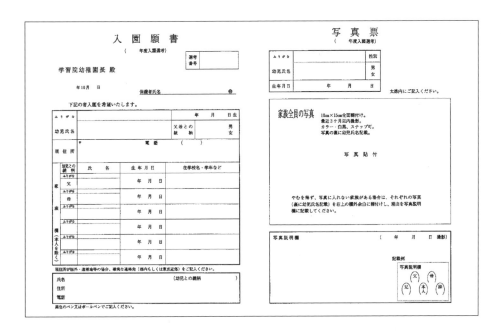

保護者の受験 memo ※過去数年の受験者アンケートより

（説明会）

● たいへんしっかりした信念と伝統がある雰囲気がにじみ出ていました。

● 紺のスーツの方がほとんどで、ご夫婦で来ている方もいらっしゃいました。

● 個々に質問がある方は、説明会後ロビーで3人の先生が個別にお話ししてくださいました（長い列になりました）。

● 説明会後、園舎見学がありました。

● 学習院を幼稚園から受けられるような方は、やはり大変きちんとしたご家庭の方々ばかりで、平日にもかかわらずお父様がとても多くいらしていました。

● 園長先生と主任の先生から説明があり、その他にスライドを通して園児の生活の様子がよくわかりました。先生方の言葉遣いが丁寧でした。ロビーにモニターが用意されていました。

● 学習院幼稚園父母講座に出席しましたが、説明会にいらした人はわずかでした。

● 説明会前に願書配布をしています。願書資料の中に説明会出席を記入する用紙があり、説明会当日に提出します。事前に願書を受けとっていない方は説明会場で記入する用紙があり、それを提出します。色が違うので学校側は、説明会以前に願書を取りに来た方かすぐにわかります。

● 説明会の参加人数は多く、1時間前に行っても15人ほど並んでいらっしゃいました。

● 説明会はもとより、父母講座（本来は在・卒業生の父母対象のものですが、説明会時に案内をいただき、後日行くことができる）にも参加すると、学習院の教育姿勢がよくわかります。

● とてもたくさんの方がいらしていたので、驚きました。ご夫婦で来ていた方も多かったです。

● 説明会のときに、願書の備考欄に「（卒業した）学校名等を記入していただけると助かります」と言われました。

（アンケート）

● 説明会で、提出書類の記入自由の別紙（アンケート）には、何を書いてもよいが、他の紙をつけたすことはしないようにと言われました。

● 「別紙にはたくさんお書きください」と主任先生より説明がありました。

（面接）

● 面接のとき、ホールに4組分のベンチがあり、好きな場所で待ちます。

● 面接の際に、荷物は足元に置きます。

● 面接ではマスク着用でした。パーテーションもあったため、大きな声でゆっくり話すことを心掛けました。

● 面接では、先生方が常にメモを取りながら、真剣にお話を聞いてくださいました。

● 面接時間も短いため、もっと話をふくらませて、熱意を伝えられればよかったと感じました。

● 園長先生から父親へ質問があり、先生から母親へ質問がありました。先生からは笑顔で質問を受けたので、少し緊張がほぐれました。5分くらいでしたが、あっという間でした。

● 服装は、父親は濃紺のスーツ、母親は紺のワンピースに紺のジャケット・黒いパンプスにしました。バッグは黒い少し大きな袋型のもので、アクセサリーなどは身につけませんでした。

● みな同じ質問のようでした。兄弟がいらっしゃる方は兄弟関係に質問が出たそうです。主任の先生はほとんどメモを取っていらっしゃいました。園長先生が父親に、主任の先生が母親へ質問し、たいへんよく話を聞いてくださいました。

● 5分という短い時間でしたので、手応えを感じる間もなく、頭の中で考えていたことだけを述べたという感じです。質問に対して1つの具体例を交えて簡潔に整理することの大切さを感じました。

● たいへん広い部屋の中での面接でしたので、緊張感が張りつめていましたが、平常心と熱意で乗り切ることが成功への道だと思いました。

● 例年「とてもなごやかな雰囲気」ということを聞いておりましたが、今年はチェックが厳しく、先生方も口調は穏やかでしたが笑顔もなく、一言一言にペンを走らせ、何かチェックなさっていました。

● 緊張感のある雰囲気の中で、出入りについても厳しく観察されておられました。3年前に小学校のほうを姉が受験したのですが、その時の両親面接はとてもなごやかな雰囲気で、メモも取らずに笑顔で迎えてくださいました。あまりの違いに戸惑ってしまいました。

● 「面接は5分です」と当日受付でも言われましたが、実際には10分でした。父母ともに具体例を挙げて話しましたので、1つの質問に対する返答が長くなってしまいました。母親に対する質問が1問終わった頃、おそらく5分くらい経っていたでしょうか。これで面接は終わりと思っておりましたが、2問、3問と続きました。

● 会場は「学習院創立百周年記念会館4階会議室」でおこなわれました。当日、会場に着くと1階の事務の方に1階ロビーで待つように言われ、しばらくして、数名の方とともにエレベーターまで案内され、4階にあがりました。

● 会議室なので部屋は広いが、面接官との距離は近くお互いの足元は見えません。入退室の際、先生方もきちんとお立ちになります。

● 質問はオーソドックスなものが多く、応答中おふたりともメモしたりもう一方の親を観察しているような様子もあまりなく、にこやかに真摯にこちらの話を聞いてくださいました。

● 緊張の中にも、なごやかさとすがすがしさを感じる面接でした。

（考査・その他）

● 集合時間は10分前と指定されており、きっちり10分前に扉があいて中に入りました。あまり早く着きすぎると、外で立って待つことになります。

● 番号札は縦5cm・横8cmの四角いもので、子ども用は赤、保護者用は黒の数字が書かれていました。左胸につけました。

● 受付で番号札をもらい、控え室になっている大きな講堂へ行きます。時間が来ると子どもだけ行動観察

のため考査室へ移動します。保護者はそのまま控え室で待ちました。

- 大部屋にコの字型に長椅子が置いてあり着席します。それぞれ絵本を読んだり、折り紙などをして待ちます。
- 時間通りに先生が子どもを迎えに来てくださり、10名いっしょに移動しました。子どもが帰ってくるまで保護者は本を読んだりして静かに待っていました。
- 考査の時間になると子どものみ2階へあがります。この時に番号でのみ呼ばれます。番号を呼ばれたら、子どもが返事をして1列に並んでいきました。
- 集合時刻より早く着いても幼稚園の扉の外で待つことになるので、絵本などを用意したほうがいいです。
- 集合時刻ちょうどに中に入り、まず説明を受け上履きにはきかえました。外履きは在園児の靴箱に入れさせていただけるため、靴袋は不要です。
- 考査当日は最高気温9度とかなり冷え込み、朝1番の時間帯で相当寒かったのですが、皆様玄関を入る前に親子ともコート類はすべて脱いできちんとたたんで入られていました。当たり前のこととはいえ、なかなかできないことだと思いました
- 面接、考査等待ち時間はほとんどありませんが、もし心配ならばぬりえや折り紙などをお持ちになるとよいと思います。
- 提出書類のB5判の別紙は「何でも書いてください」とのことで、「書ききれないときは裏面を」との指示がありました。
- 面接官の先生（園長先生、主任の先生）をはじめ、すべての先生や係の方々の対応が丁寧で、誠実味あふれる印象でした。受験者側も日頃から対人における態度や姿勢を望ましいものにするべく、真摯な努力が必要だと思いました。
- 願書の備考欄、別紙（記入自由）には知っておいてほしいと思うことをできるだけ多く書くように、また公平を期すため、当日見えるところには名前を書かないようにとの注意が説明会でありました。
- 母親がフルタイムで仕事を持っていると、かなり難しいように感じました。
- なぜ学習院なのかを、明確にお伝えできるとよいと思います。
- 子どもの考査は、コロナの影響で先生と1対1でおこなわれるため、とてもじっくりと見てくださっているように感じました。

川村幼稚園

■園　長　村田　町子
■園児数　89 名
■制　服　あり
■通園バス　なし
■昼　食　給食（月・火・木・金）
　　　　　弁当（水）
■保育時間　午前 9 時半〜午後 2 時
　　　　　※土曜日は休園
　　　　　※月〜木曜日に、希望者を対象とした預
　　　　　　かり保育「にじ組」（無料）を午後 4 時
　　　　　　まで実施

■所在地　〒 171-0031
　　　　　東京都豊島区目白 2-20-24
　　　　　☎ 03（3984）8321
　　　　　https://www.kawamura.ac.jp/
■併設校　川村小学校（女子）
　　　　　川村中学校（女子）
　　　　　川村高等学校（女子）
　　　　　川村学園女子大学（女子）
　　　　　川村学園女子大学大学院（共学）

★教育目標
　● 豊かな「こころ」
　● 伸びやかな「からだ」
　● 工夫する「あたま」

★特　色
　ご家庭と連携をはかりながら、主体性が育つよう個々に応じたきめ細やかな保育をおこなっています。自由遊びの時間も大切にし、お友達とのさまざまなやりとりのなかで、年齢にふさわしい心が育ってくれるよう見守っていきます。

★進学状況
■ 併設小学校への進学状況
〈女子〉進学を希望し、園長が推薦する園児。

2025 年度入試データ

※幼稚園公表分。
※ 2025 年度の要項は、幼稚園配布のもので必ずご確認ください。

■募集要項　※ 2024 年実施予定
◇募集人員　＜3 年保育＞男女 30 名
　　　　　　＜2 年保育＞男女 10 名
◇要項配布　4 月 19 日〜11 月 4 日
◇出願　　　9 月 1 日〜11 月 4 日（Web・郵送）
◇考査料　　20,000 円
◇面接日　　9 月上旬〜10 月下旬
◇審査日　　11 月 1 日・11 月 5 日
◇結果発表　11 月 1 日・11 月 5 日
　　　　　　15：00〜17：00（Web）
◇入園手続　11 月 1 日・11 月 5 日

■入試状況（2024 年度入試）
◇応募者数　＜3 年保育＞　29 名
　　　　　　＜2 年保育＞　　6 名
◇合格者数　＜3 年保育＞　22 名
　　　　　　＜2 年保育＞　　3 名
■考査の順番
月齢順

■付　記
面接および審査の集合時刻等詳細は、確認サイトに掲載。
■行事日程（予定）
◇親子説明会／6 月 22 日、7 月 15 日、8 月 27 日、
　　　　　　　9 月 14 日、10 月 19 日
◇幼稚園見学／平日 8 時 30 分〜9 時
◇キンダーファミリーパーティー／10 月 6 日
◇鶴友祭／11 月 9 日・10 日
■インフォメーション
☆満 3 歳児保育（つくし組）募集について
◇募集人員　男女計 10 名。
◇応募資格　令和 3 年 4 月 2 日〜令和 4 年 3 月上旬生まれ
3 歳のお誕生日から入園できます。入試広報室（03-
3984-7707）までお問い合わせください。
☆保育終了後の活動について
預かり保育を実施。また、アフタースクール・セミナーでは、英語・リトミック・バレエ・ダンス・水泳・製作活動などの各科目を専門講師が指導にあたります。
☆民間の幼児保育施設と連携

| 2年保育 | 入試出題例 | ※桐杏学園調査を含む過去数年の内容 |

【集団テスト】（30～40分）

◆自由遊び
- 個別のテストの順番がくるまで、カーペットの上でみんなで遊ぶ。
  ぬいぐるみ、ブロック、ままごとなどで遊んだあと、お片づけをする。

◆指示行動
- 「大きい三角と黄色いボールを青いフープの中に入れてください」
- 「バケツと本を持ってきてください」
  「元の位置に片付けてください」

◆運動
- とび箱の上にあがり、ジャンプしておりる。
- 平均台
- 「赤いシャベルひとつと絵本を1冊
  持ってきてください」と言われて、
  先生のところに持っていく。

◆聞き取り―紙芝居―
- みんなで椅子に座ってお話を聞く
  ＜内容＞いろいろな動物が出てくる
  お話。
  ＜質問＞どんな動物が出てきました
  か。

考査会場略図

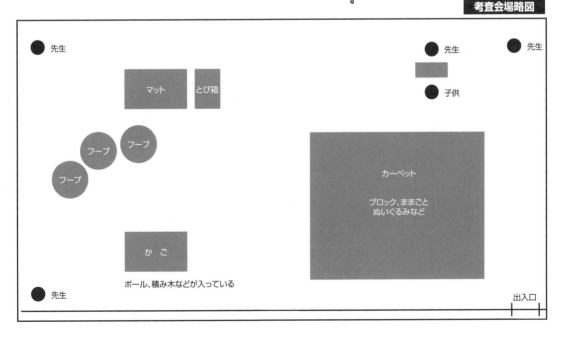

先生　　　　　　　　先生　　　先生

マット　とび箱

子供

フープ　フープ

フープ

カーペット

ブロック、ままごと
ぬいぐるみなど

か　ご

ボール、積み木などが入っている

先生　　　　　　　　　　　　　　　　　　出入口

【個別テスト】

自由遊びの途中で順番に呼ばれ、質問される。

● 名前、年齢をきかれる。

● 動物（カバ、ヒツジ、ライオン）の絵を見せられ、「これは何ですか」と質問される。

● 積み木で先生がお手本示して壊し、同じものをつくる。

◆記憶

● 形……積み木　お手本と同じ形をつくる（お手本は見た後、くずされる）。

　物……箱の中に入っているものを記憶する。（あめ、ハンカチ、タオルなど）

● カードを見た後に質問。

　（カードを隠す）何が黄色でしたか。

　カードにかかれているものの名前、用途などを聞かれる。

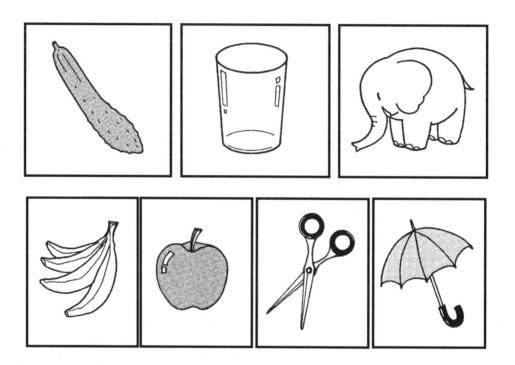

【面接テスト】

保護者のみの面接が考査日前にあります。（5〜10分）

考査日当日の親子面接は5〜6組合同で約10分、質問は子どものみ。

👨 父親へ

お子様の長所と短所を教えてください。※1

休日はお子様とどのように接していますか。※2

お子様は、お父さんからご覧になって、どのような性格ですか。

どのようなお子様ですか。

お子様の名前の由来と、どなたがつけたのか教えてください。

最近の印象に残っている出来事は何ですか。（子どものことでも世の中の

ことでもよい）

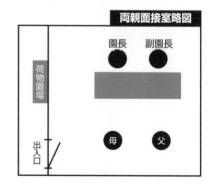

👩 母親へ

（※1の回答のあと）お母様から見たお子様の長所と短所はどのようなところですか。

（※2の回答のあと）お母様はどのように思われますか。

園を変わることは大丈夫ですか。

お子様は、食べ物の好き嫌いはありますか。

早生まれについて不安はありますか。

通園方法についてお聞かせください。

通園時間が長いようですが大丈夫ですか。

お子様は今、どこか幼稚園に通われていますか。それとも家でお過ごしですか。

幼稚園でのお子様の行動の様子はいかがですか。

ご兄弟の仲はいいですか。

送り迎えは大丈夫ですか。

お子様が興味を持っていることは何ですか。

👧 子どもへ

「園長先生にご挨拶をしましょう」と、もう1人の先生が言い、立って挨拶し、面接が始まる。

お名前とお歳を教えてください。

朝食は何を食べましたか。

今日はどうやってここまで来ましたか。

兄弟はいますか。

お兄様のお名前を教えてください。

どんな食べ物が好きですか。……たくさん好きなのね。お母さんはどんな料理を作ってくれますか。それはおいしいですか。

お食事のとき、お母さんのお手伝いをしますか。どんなことをするのか教えてくれる？　お手伝いは楽しい？

おうちでは何をして遊んでいますか。

その遊びは、誰としますか。

ひとりで遊べますか。

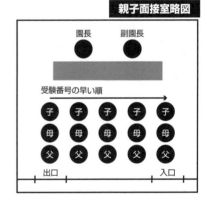

【考査当日の進行例】

9：10	受付。控え室へ移動。
9：20	考査の説明。トイレを済ませておくよう注意がある。
9：30	考査。自由遊び。親は控え室で待つ。
10：15	子どもたちが戻ってくる。
10：20	集団面接のため部屋を移動。
10：30	園長面接
10：40	終了

３年保育	**入試出題例**	※桐杏学園調査を含む過去数年の内容

小集団テスト（１グループ30名、約60分）

● 自由遊び。（ままごと、お片付け）
● 先生のお話を聞く。

面接テスト

保護者のみの面接が考査日前にある。（5～10分）考査当日の親子面接は5・6組合同で約10分、質問は子どものみ。

父親へ

どのようなお仕事ですか。役職は。
お子様の名前の由来を教えてください。
お子様の長所、短所についてお話しください。
最近の子どもについて気になることをお話しください。
お子様の性格についてお聞かせください。
今まで家族で行った場所で、思い出に残っている場所はどこですか。

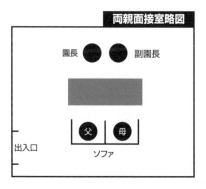

両親面接室略図

母親へ

志望理由をお聞かせください。
お子様の長所と短所をお話しください。
通園方法についてお聞かせください。
通園は大丈夫ですか。
お子様が最近興味を持っていることは何ですか。
お子様の好き嫌いはありますか。給食は大丈夫ですか。
ご趣味についてお聞かせください。
今まで家族で行った場所で、思い出に残っている場所はどこですか。
お子様がお友達と遊ぶときはどこで遊びますか。
お友達とどのようなときに喧嘩をしますか。

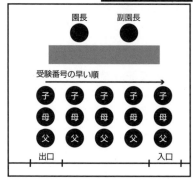

親子面接室略図

子どもへ

お名前を教えてください。
お母様の料理で何が好きですか。
お家では何をして遊びますか。
お父様にはどういうときにほめられますか。どういうときに叱られますか。
お友達はたくさんいますか。
今日は何時に起きましたか。
誰といっしょに住んでいますか。

考査当日の進行例

受付で番号札をいただき控え室で待つ。

9：30　約10名くらいで子どものみ別室へ移動
10：15　親子5組ずつ面接
10：30　終了

〔参考〕

～提出書類～

※今年度のものは、必ずご確認ください。

受験番号 ※	受付 ※ 年 月 日

年度 川村幼稚園入園願書

川村幼稚園 園長　　　殿

下記の者,貴園　歳児保育に入園志願いたします。

年　月　日

保護者氏名　　　　　　　　㊞

志願者	ふりがな		写真貼付
	志願者氏名		上半身 脱帽 撮影3ヶ月以内のもの 白黒,カラーどちらでも可 3cm×4cm
	性別	男 ・ 女	保護者との関係
	生年月日	年 月 日生	
	現住所		
	〒 電話 ー ー		
	在園名	区 私立	幼稚園 保育園 在園中

保護者	ふりがな		志願者との関係
	保護者氏名		
	現住所		
	〒 電話 ー ー		

※印欄は記入しないでください。

家族の状況

	父	母
氏名	（ 才）	（ 才）
備考欄		
出身学校		

その他の家族（同居人も記入）

続柄	氏名	年齢	最終卒業校・在校名・その他

本園志望の理由	通園経路

所要時間(約　　分)

健康調査票　川村幼稚園

※受験番号		
ふりがな		
氏名		
生年月日	年 月 日生	
身長 cm 体重 kg 出生時の体重 g		
循環器疾患	特記なし
呼吸器疾患	特記なし
栄養状態	特記なし
胸郭	特記なし
皮膚疾患	特記なし
眼疾患	特記なし
耳鼻咽喉疾患	特記なし
アレルギー疾患	特記なし
運動機能	特記なし
既往症 結核,腎疾患, 心疾患,その他	特記なし
診察所見(集団生活上の注意事項等)	

上記のとおり診断します。

年　月　日

医療機関名

医師名　　　　　㊞

保護者の受験 memo ※過去数年の受験者アンケートより

（説明会）

- 見学会や説明会、運動会、体験保育などの行事がたくさんありますので、できるだけ出席するほうがよいと思います。
- どんな些細なことでも不明点があったらご連絡くださいと説明会でお話しがありました。実際に問い合わせをしたときも、とても丁寧な応対をしてくださいました。
- 見学会があり子どもたちの様子を自由に見ることができます。みんなのびのびしていて、楽しそうに先生と遊んでいて、よい雰囲気でした。
- 公開保育は９月と10月の２回ありました。９月の公開保育に参加しましたが、門の外まで列が並んでしまい、先生が驚かれて少し早めに中に入れていただきました。
- 受付で記帳し、後は自由に園舎を見て回りました。教室内や園庭にも入ることができました。園児さん達は私達に気を取られることもなく静かにしていました。
- 幼稚園の様子を教えてくださる機会がたくさんありますので、大変良心的なところだと感じております。見学説明会、運動会、文化祭があり、私どもはいずれも出席させていただきました。文化祭は幼稚園にとどまらず、小学校、中学校、高校の教室へも足を運んでみると、学園の理念が大変よくわかり、勉強になると思います。
- 見学会においては年少から年中クラス計４クラスの授業内容を見学しましたが、どのクラスにも見学者（子どもも含む）達への気配りは徹底されています。応対も目を見張るほどです。園児達のしつけに対する教育の徹底ぶりに驚きました。

（控え室）

- 控え室は年少児クラスの教室でした。中央の机の上に20冊程度の絵本が置かれていました。
- 保護者面接のときの控え室には子ども用の本などが用意されていましたが、私どものグループには子ども連れの方はいませんでした。
- 子どもの考査日の控え室の中にはトイレもありました。廊下には水飲み場が２か所あるので、水筒は持っていかなくても大丈夫だと思います。
- 控え室は長椅子が教室内を１周するように置いてあり、そこにそれぞれ座り、中に机が４つずつ向き合ったところに本がありました。

（面接）

- 両親面接のとき子どもを連れて来てもよいとのことでしたが、控え室から離れて先生にお預けすることになるので、先生の手を煩わせるだけだと思います。
- 受付で番号札をいただき、「どちらかお１人の胸につけてください」との指示でしたので、父親がつけました。
- 子どもの集団面接のとき、娘にはたくさんの質問がありましたが、次のお子様から答えをまねしたり、だまり出すお子様もいて、他のお子様への質問は５問程度でした。
- 子どもの面接は集団面接（１グループ５組、親同伴）ですので、全員の質問が終わるまできちんと椅子に座って待つのが、なかなか難しいように感じました。
- 保護者面接は受験番号順ではなく、グループ内での受付順でした。
- 保護者面接では待ち時間が45分くらいありました。
- 先生方は丁寧で親しみやすい印象で、なごやかな面接でした。
- 保護者面接は園長先生がとてもにこやかで、目が合うとホッとするような気がしました。おもに主任の先生が質問をテキパキとされ、とても感じよく思いました。
- 親子面接は考査の後でした。子どもだけなので、内容は先生と少しやりとりするだけで難しいものでは

ありませんでした。

● 親子面接はとてもなごやかな雰囲気の中で始まり、それほど緊張することもありませんでした。子どももたいへん落ち着いていました。学長先生も園長先生もとてもにこやかに優しく子どもたちに接してくださり、最後に「お父様、お母様、本日は朝早くからいらしていただき、ご苦労様でした」とのお言葉をいただきました。

● 子どもの面接は5組がいっしょで、時間がかかりました。20分ほどでしたので、その間、きちんと椅子に座れていることが大切だと感じました。子どもには、かなり細かい質問がされていました。

● 子どもの面接では先生の質問は一人ひとりの子どもの応答内容に合わせて、また、面接資料や願書などと照らし合わせてされていました。

● 応答に戸惑い母親のほうを向いてしまうお子さんもいましたが、先生方は優しく見守っていました。

● 面接、考査とも、たっぷりと待ち時間が取られており、かえって気が引き締まりました。

(考査・その他)

● 考査で上履きの着脱あったようなので、自分のものがすぐわかるように名前などの印をつけたほうが良いと思います。考査の人数が多いと、自分の靴がわからなくなるようでした。

● 考査(3年保育)は子どものみ約20名くらいでおこなわれますが、親と離れる際に、誰ひとり泣いているお子さんがいなかったので驚きました。

● 先生方みなさんが、優しく接してくださるのがとても印象深かったです。

● あまり子どもが長く待つのはいけないと思い、5分くらい前に受付をしましたが、すでに皆さんいらしていたようで、グループの中では最後になりました。お手洗いに行くとすぐ呼ばれました。

● 受付はすぐ終わり、控え室の教室へ移動しました。中には長椅子を囲んで机と子ども用の椅子があり、机の上には本が用意されていました。本を読んだり、折り紙やぬり絵、お絵描きなどをして10～15分ほど呼ばれるまで待ちました。

● 絵本や折り紙、ぬり絵などと着替え一式すべて用意していきました。

● 考査では運動テストのことも考え、キュロットにするかジャンパースカートにするか考えましたが、結局ジャンパースカートにしました。ほとんどのお子さんが紺のスカートでした。

● 服装はほとんどの方が紺のスーツで、ダークブラウン系の方も何人かいらっしゃいました。

● 先生方や係の方たちは大変丁寧に接してくださり、とても素敵な印象を持ちました。

● 個別テストのとき、「もうすぐ入る幼稚園はどこですか」と質問されたそうです。テストではこちらの幼稚園のことだけを考えるよう、事前に教えておいたほうがよいようです。

● 居ずまいを正したくなる、そんな清潔さが明るい教室に漂っています。

● 両親面接の控え室は、長椅子が向かい合って置いてあるので、前の人たちが気になり、誰ひとり話をしている人はいませんでした。考査の日は、机のまわりに椅子があり、子どもたちは各自本を読んでいたので静かでした。テストは楽しかったようで、帰ってきたとき「まだやりたい。遊びたい」と言っておりました。

● 集団にて子どものみ考査試験がありましたので、中で何をしたのかはまったくわかりません。ただ途中で泣いてしまったお子さんは、ゼッケンをはずされて途中で戻されてしまいましたが、最後に先生が優しく促しながら試験をさせようという姿勢を見受けました。

● 子どもが試験を受けている間、親は1つの教室で待機しておりました。

● 考査の後に親子面接があり、受験番号順でしたので(早い番号順にやって終了という形)最後の方は約1時間待たされます。子どもが飽きないように時間を過ごす工夫が必要と思われます。絵本はありました。

● 考査試験は約30人くらいのグループでいっせいにおこなわれました。考査の前にトイレを済ませておくといいと思います。

東京音楽大学付属幼稚園

■園　　長　リック・オヴァトン
■園 児 数　144名
■制　　服　あり
■通園バス　なし
■昼　　食　給食（月・火・木・金）
■保育時間　午前9時半～午後2時（年長：午後2時10分）
　　　　　　水曜日は午前11時半（年長：午前11時40分）まで
　　　　　　※土曜日は休園

■所在地　〒171-8540
　　　　　東京都豊島区南池袋 3-4-5
　　　　　☎ 03（3982）3130
　　　　　https://www.tokyo-ondai.ac.jp/
　　　　　※園舎リニューアルのため、令和6年12月まで
　　　　　　仮設園舎へ移転。
　　　　　（仮設園舎）東京都豊島区池袋本町 4-36-1

■併設校　東京音楽大学付属高等学校
　　　　　東京音楽大学

★指導方針

　音楽的に恵まれた環境をいかしながら、明るく、心豊かで、心身ともに健康な幼児を育てることを目的とした教育をおこなっています。

★特　色

● 学校教育法にもとづき、専門的な知識と豊かな経験をもった先生が音楽の芽を大切に育て、音楽を通してりっぱな社会人となるための情操教育をおこなっています。
● 保育室、音楽室、図書室、遊戯室、保健室のほか、運動場、手足の洗い場、プールなどの設備が完備され、ピアノ、バイオリン、マリンバ、合唱などのレッスンが大学の先生方も加わって指導されています。
● 少数クラス制をとり、学校給食（水・土曜日を除く）を実施しています。
● 課外授業…英語、体操教室、絵画造形教室、学研プレイルーム
● 預かり保育…8時半～9時、降園後～18時まで。

★進学状況

■ 国立・私立小学校への進学状況

筑波大附、お茶の水女子大附、学習院、聖心女子、白百合学園、日本女子大附豊明、成蹊、立教、暁星、青山学院　他。

2025年度入試データ

※幼稚園公表分。
※ 2025年度の要項は、幼稚園配布のもので必ずご確認ください。

■募集要項　※ 2024年実施予定
◇募集人員　＜3年保育＞男女計　約40名
　　　　　　＜2年保育＞男女計　約10名
◇要項配布　7月31日、8月1日～9日、
　　　　　　8月19日～30日、
　　　　　　9月2日～10月21日
◇出願　　　10月2日～21日
◇考査料　　15,000円
◇考査・面接日　10月24日・25日いずれか1日
◇結果発表　10月28日
◇入園手続　所定日

■入試状況
非公表

■考査の順番
願書提出順

■行事日程（予定）
◇入園説明会　7月31日、8月30日
◇公開保育　　9月25日
◇運動会　　　10月5日

2年保育	入試出題例	※桐杏学園調査を含む過去数年の内容

【小集団テスト】（1グループ約5名、約10分）

● リトミック形式で、先生のピアノに合わせて歩いたりスキップしたり、指示通りに行動する。（図1）

● ハイキングに行きましょう。

「橋を渡ってください」

床にはってある2m位の長さのテープの上をバランスをとって歩く。

「川をとび越えましょう」

床にはってある2本のテープの間をとぶ。

「お花畑があります。何色のお花が好きですか」

「おおかみさんが見えたら（実際にはいませんが）、先生がタンバリンを鳴らしますから、小さくなってかくれてね」

タンバリンの音で、しゃがむ、立ってそっと歩く、をくり返す。（4～5回）

「では、一生懸命走りましょう」　先生の後をみんなで走る。

「おなかがすきました。お弁当を食べましょう。みんなは何を食べますか」

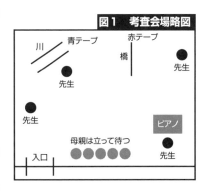

図1　考査会場略図

【個別テスト】（約10分）

両親のどちらかといっしょに入室する。（図2）

● 名前、年齢を答える。

● 絵を見て、答える。

（絵1）

「誰がいますか」「何をしていますか」「何がありますか」

「○○ちゃんは、公園で砂遊びをしますか」

「何を持っていきますか」

（絵2）

「何をしていますか」「どんな動物がいますか」

「ほかに動物がいますか」

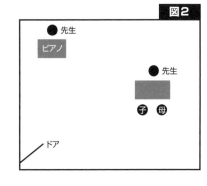

図2

絵1

絵2

絵3

（絵3）

「どんな動物がいますか」 「どの動物が好きですか」 「何をしているところですか」

「どんな食べ物がありますか」 「○○は何を食べていますか」 「○○ちゃんは、何が好きですか」

● 手遊び（先生の模倣）。

　グーバー。

　1本指…両手の人さし指を頭の上に乗せ、「何に見えますか」。

　2本指…両手の人さし指と中指でチョキをつくり、「何に見えますか」。

● 好きな歌を歌う。

面接テスト （親子同伴で考査当日におこなわれる。約10分）

父親へ

本園を志望した理由をお聞かせください。

どのようにして本園を知りましたか。

お子様の長所と短所を教えてください。

通園経路について教えてください。

現在通っている幼稚園からどうしてかわられたいのですか。

休日はどのようにお過ごしですか。

将来はどのような人間になってもらいたいですか。

母親へ

志望理由をお聞かせください。

併願校はありますか。

しつけについて教えてください。

どのようにして集団生活を経験させていますか。

どのようなお子様ですか。

通っていたお教室はどちらですか。

😊 子どもへ

お名前は。お歳はいくつですか。

好きな食べ物は何ですか。……他にはありますか。

果物にはりんご、柿などいろいろありますが、何が好きですか。

今日は疲れましたか。

朝ご飯は何を食べましたか。

ここまでは遠かったですか。

【考査当日の進行例】

　　9：00　　受付。控え室で待つ。
　　9：30　　小集団テスト。保護者は、部屋の前にある椅子に座って待つ。
　10：00　　個別テスト。
　10：30　　親子面接。
　10：40　　終了。

| **3年保育** | **入試出題例** | ※桐杏学園調査を含む過去数年の内容 |

【小集団テスト】（1グループ約5名、約10分）

●ピアノやタンバリンに合わせたリトミック形式。

これから先生達とピクニックに行きましょう。

「あっ！橋がある。1人ずつ渡りましょう」

「こんなところに川がある！1人ずつ飛び越えましょう」

「先生の後について、みんなで走りましょう」（室内を2～3周ぐるぐる走る）

「さあ、山のてっぺんに着きました。みんなでお弁当を食べましょう」

「○○ちゃんは何が好き？」（1人ひとりに聞いてまわる）

「ジュースもあるよ。○○ちゃんは何ジュースがいい？」（一人ひとりに聞いてまわる）

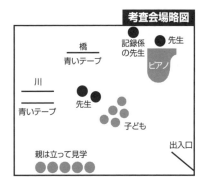

「あんなところにオオカミがいる。みんなで見つからないように、そーっとそーっと逃げましょう。もしオオカミがこっちを向いたら、先生が合図のタンバリンを叩くから、みんな下に小さくなって隠れてね」（ゆっくりゆっくり歩いて、時々隠れながら室内を2～3周する）

「さあ今度は走って山のふもとまで帰りましょう」（室内を2～3周ぐるぐる駆け足でまわる）

「あ、ここにもここにも、お花がある！みんなで先生みたいにお花を摘みましょう」（所々しゃがみながら花摘みのまね）

「○○ちゃんは何色のお花をつんだの？」（一人ひとりに聞く）

「みんなで摘んだお花を持って走りましょう」（花束を両手で持つまねをしながら2～3週ぐるぐる回る。ただ走っている子は「花を持って」と先生から促される）

「さあ、走ってお母さんの所へ行って、お花を渡してください」

● 手遊び（先生の模倣）。

　グーパー。

　1本指…両手の人さし指を頭の上に乗せ、「何に見えますか」。

　2本指…両手の人さし指と中指でチョキをつくり、「何に見えますか」。

● 好きな歌を歌う。

● 親子遊び。

　マットの上にままごと、ぬいぐるみ、おもちゃなどが置いてあり、親子で自由に遊ぶ。

　片付けのあと、子どものみマットに残り、先生が絵本を読む。親は後方で見ている。

個別テスト（約10分）

両親のどちらかといっしょに入室する。

● ものの名前を答える。

　果物（ぶどう、いちご、栗、柿、バナナなど）、動物（ゾウ、ライオン、やぎ、りす、鹿、犬など）、日用品（机、椅子、カレンダー、本棚、掃除機、電話など）のポップを見て、

　「この中に知っている物はありますか」

　「それは好きですか」

　「どんな鳴き声ですか」

　「どうやって使いますか」

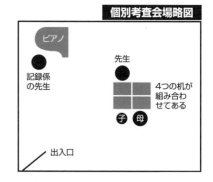

● 絵を見て答える。「じゃあ、先生と絵を見ようね」

　（絵1）　1つ1つの名前を聞かれる。「これはどんな時に使いますか」

　（絵2）　すべてではなく3点くらい絵を指し名前を聞かれる。「○○ちゃんはどれが1番好きですか」

　（絵3）　「誰がいる？」「女の子は何を食べてるの？」「ソーセージは好き？」

　（絵4）　「女の子は何をしているのかな？」

● 子どもへ質問。

　お名前は？お歳は？

　今日は誰とここに来たの？

東京音楽大学付属幼稚園

絵2　絵3　絵4

面接テスト （親子同伴で考査当日におこなわれる。約15分）

質問は特にどちらの親に対してというわけではなく、両親に対しての質問。

父親へ

志望理由をお聞かせください。
どのようにして本園を知られましたか。
園の行事は参加されましたか。
お仕事の内容についてお聞かせください。
転勤などはありますか。
お休みの日はどのように過ごしていますか。
子育てで気をつけていることは何ですか。
どのようにしてこの園を知りましたか。
通園には遠くないですか。
お子様の名前の由来をお聞かせください。
お父様はお医者様なので伺うこともないですが、ぜん息などの持病はありますか。
何か質問はありますか。

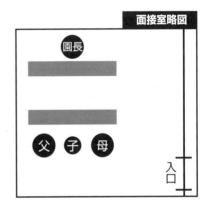

面接室略図

母親へ

通園方法をお聞かせください。
（母親が）ピアノはどのくらいまで続けましたか。どの段階までいかれましたか。
園にお知り合いの方はいらっしゃいますか。
幼児教室には通っていましたか。
何か習い事はやっていますか。
お子様の名前の由来をお聞かせください。
どうやってこの幼稚園を知りましたか。
近所にお友達はいますか。
お子様の送迎について教えてください。
園の行事を見学されたことはありますか。
ご自身のお仕事についてお聞かせください。
お仕事をされているようですが、送迎に問題はないですか。
他の園は受けますか。
しつけで気をつけていることは何ですか。
公開保育や運動会はご覧になりましたか。
給食制ですが食べ物アレルギー等ありますか。
入園後何の楽器をされますか。

東京音楽大学付属幼稚園

子どもへ

名前とお歳を教えてください。

今日は何に乗ってきましたか。

（電車と答えて）電車の中から何が見えましたか。

（お家と答えて）お家の他に何が見えましたか。

（お店がいっぱいあり、パン屋もあったと答えて）パンは好きですか。

（好きと答えて）何のパンが好きですか。他に何が好きですか。

嫌いな食べ物は何ですか。

好きな食べ物は何ですか。

お友達の名前を教えてください。

好きな遊びは何ですか。

ヴァイオリンをやりたいの？

（考査のとき）何を歌いましたか。絵には何が描いてありましたか。

（両親と話した後、再び）どんなテレビを見るの？

歌は好きですか。…では何か歌ってください。

考査当日の進行例

9：40	受付。控え室へ移動。
9：50	親子遊び。保護者１人と子ども。
10：20	集団テスト。
10：35	集団テスト終了。
10：50	面接テスト。
11：00	面接終了。

提出書類

● 調査書

本籍、住所、児童名、保護者名、職業、家族状況

保護者の受験 memo ※過去数年の受験者アンケートより

（説明会）

● 説明会はほとんど母親で、半分くらいの方は子どもも連れてきていたようです。園長先生のお話をうかがって、とても音楽的な環境だと感じました。終了後、名前を書いた紙を渡して帰りました。

● 大学の視聴覚室であり、3分の1くらいの方が子ども連れで、ほとんどの方が紺、グレーの服装でした。子どもがいっしょのせいか、途中で先生により指遊びがあり、リラックスした感じでした。

● 園の行事、1日の流れの様子がスライドであり、部屋が暗くなったとき泣き出す子もいました。

● 子ども同伴可、服装も自由でした。園長先生のお話、園生活の説明、入試の説明などでした。

● 公開保育は説明とは違う日時で、一般保育と公開レッスンを見学いたしました。私は歌とピアノの公開レッスンを見学したのですが、ピアノの場合、家でもかなり練習している様子がはっきりわかりました。終了後、名前を書いた紙を出口で渡すと引き換えにスケッチブックをいただいて帰りました。

● 園長先生の優しい人柄がとても感じられました。考査については、この本とほぼ同じですといって、桐杏学園の「なんでもわかる幼稚園受験の本」を示されました。実際もその通りでした。

● 質疑応答は時間が足りなくなったのか、まだ手を挙げていた方がいましたが「後ほど個人的にどうぞ」と終わりました。帰りには名前を書いた紙を渡し、折り紙をいただいて帰りました。

● 普段着の方も多くいらっしゃいました。名前を書きますが、公開保育のときに書かずに帰ってしまいました。合否には問題ないようです。

● 子どもを連れて行きましたが、歌を歌ってくれるなど、楽しいアットホームな感じでした。

● 大学の視聴覚室でおこなわれ、ほとんどの方が母親のみでした。

● 服装は約3分の2の方が紺スーツ、約4分の1の方が子ども連れでした。子どもの服装も地味な色調でしたがわりと自由でした。

● 会場入り口で園長先生ご自身が一人ひとりに記名票を渡していました。（回収は終了後退出時）

● 事務長先生のご挨拶で始まりましたが「お子様がぐずられた際は、一度退室してリフレッシュして再度お戻りください」とのお話しがありました。会に集中したいのであれば、子どもは同伴しない方がよいかもしれません。

● 園長先生のご挨拶→主任先生のスライドによる1日の流れ、園の行事→質疑応答という流れでした。途中で主任先生が手遊び（頭・肩・膝・目・鼻・耳・口にリズムに合わせて手を触れ、手を上で「キラキラキラ ………」と動かし、「手はおひざ」で終了）を入れてくださり、お子さん達も喜んでやっていました。

（面接）

● 面接では、音楽を通した情操教育を希望しているということをアピールしました。

● 全体的にリラックスした雰囲気でおこなわれました。思っていたより親への質問は少なく、子ども中心に質問していました。

● 受験番号が偶数番の方は第2面接室でした。

● 親子面接のとき、子どもが「おしっこをしたい」と言い出し、予想もしていなかったことだけにどうしていいかわからず、あわてました。園長先生が、「おしっこは我慢しないで連れていってあげてください」とおっしゃってくださり、母子でトイレに行かせていただきました。その間は、主人が面接を受けていました。つくづく、本番の試験のときは何があっても冷静な判断が必要だと感じました。

● 親子面接は確認程度の質問のみでした。子どもに対する質問が少なく、途中から子どもが飽きてしまって歩き回ってしまいました。

● 相談と子どもの質問が多く、緊張感はありませんでした。

● 椅子のみではなくテーブルが置かれていたのが意外で、子どもは話の途中からリラックスしすぎて、テーブルの上に手をついたり肘をついたりなどして落ち着かない様子でした。

● リラックスムードで面接がおこなわれたため、子どもの緊張がとぎれてしまい、後半は席にじっとして

いることができずに歩き回ってしまいました。

● 入室するとすぐに「どうぞ、そのままお座りください」とお声をかけられ、すぐ着席しました。

● 面接室以外の椅子もすべてそうだったのですが、保護者も園児用の椅子に座ります。面接室ではとっても小さな椅子がベンチのように3つくっつけて置いてあるので、座るときに気をつけなくてはいけません。

● 椅子が小さいので子どもが端に座ってしまい、両親がならんで座ることになってしまいました。

（考査・その他）

● 考査は月齢順ではないので、子どもは2月生まれのため1人だけ小さく、リトミックなどでみんなより遅れることがありましたが、テンポが合っていればよいようでした。

● 両親の服装はかなり自由であるようでした。

● 考査前の控え室では、みなさん静かに待っていらっしゃいました。個別テストや面接の前の待ち時間はかなり騒がしく、子どもの集中力が切れがちになってしまいました。自分のペースを乱されないようにすることが大切だと思いました。

● ご兄弟が通われている方がグループの半数近くおりました。

● 個別テストの前の待ち時間に子どもが騒いでも、注意を促す親御さんはいませんでした。チェックする先生方もいらっしゃいませんでした。

● 控え室では集団テストの前だけでしたが、7～8組ほど座れるようになっており、のびのびと待つことができました。

● 受験票には考査ごとに先生の確認印を押すことになっているのでお母様のバッグは受験票を出し入れしやすいもののほうがよいかと思います。

● 合格発表については発表当日に郵送で合格通知が送られてきます。

● 願書は住所、氏名、家族状況、保護者の職業だけで、簡単な内容でした。

● 集団テストは泣いてまったく何もしない状態でしたが、個別テストではすべてうまくいき、合格しました。少々子どもが泣いてもそれほど気にすることはないと思います。

● 椅子が園児用なので小さく、注意深く座らないと転けてしまいそうでした。実際バランスを崩して転けてしまった方もいました。

● 考査当日、考査（個別）の過去問題を子どもと見直したり、直前講習や模試のプリントを見直したりしました。試験は例年と変わらない内容だったため、ほぼパーフェクトの答えを出すことができました。直前まで諦めないことが大切だと思います。

● 個別テストの絵1ではカップに取っ手が2つ付いていたので、子どもも答えるのに手間取りました。絵3では女の子がソーセージを食べているのですが、ソーセージが単に茶色の棒状のものとして描かれているので、パッと見た目にはソーセージとわかりづらく、子どもも答えに困っていました。

● 何があるか最後までわかりませんが、あわてず静かに対処することにより、よい結果が迎えられるのだと思います。

● リトミック形式のテストは部屋に入るとすぐに始まるので、子どもは何がなんだかわからない様子で緊張していました。

● 考査は緊張した雰囲気の中でしっかり見られているという印象でしたが、面接はざっくばらんな雰囲気でした。面接室は2つありました。こちらの話をしっかり聞いていただいて、あちらの感想、雑談などが入り、とても長く感じました。廊下で待つ（椅子に座って）時間が長いので、子どもが飽きないように絵本などを持参したほうがよいでしょう。

聖学院幼稚園

■園　長　田村　一秋
■園児数　98名
■制　服　なし（制帽のみ）
■通園バス　なし
■昼　食　弁当（木）
　　　　　給食（月・火・金）
■保育時間　[年長] 午前9時〜午後2時
　　　　　　　　　（水曜日は午前11時40分まで）
　　　　　　[年中] 午前9時〜午後1時50分
　　　　　　　　　（水曜日は午前11時半まで）
　　　　　　[年少] 午前9時〜午後1時40分
　　　　　　　　　（水曜日は午前11時20分まで）
　　　　　　※土曜日は休園

■所在地　〒114-8574
　　　　　東京都北区中里3-13-2
　　　　　☎ 03（3917）2725
　　　　　https://kinder.seigakuin.ed.jp/
■併設校　聖学院みどり幼稚園（共学）
　　　　　聖学院小学校（共学）
　　　　　聖学院中学校（男子）
　　　　　女子聖学院中学校（女子）
　　　　　聖学院高等学校（男子）
　　　　　女子聖学院高等学校（女子）
　　　　　聖学院大学・大学院（共学）

★指導方針

「神を仰ぎ、人に仕う」の精神のもとに、神を敬い、人を愛し、生命の尊さを知り、幼い時から謙虚な心で神を礼拝し、感謝と奉仕の心を持てるように努める。また、明るく、楽しく、たくましく、発育段階に応じた保育をおこない、一人ひとりの個性と能力を十分に成長させ、伸び伸びとした明るく元気な子どもを育成しています。
● 幼児期の生活に必要な基本的生活習慣を身につけ、健全な心身を養う。
● 充分に遊び、そのなかで先生や友達と関わり、さまざまな経験をする。
● 自然などの身近な事象に親しみをもち、豊かな心と思考力を養う。
● 園生活のなかで自分の思ったことや感じたことなどを伝え合い自由に表現できるようにする。

★特　色

緑の大木に恵まれ、園舎は明るく広いスペースを自由にとびまわれ、園庭には砂場、ブランコ、すべり台などを配し、楽しく遊べるようになっています。
2012年12月に新園舎が完成し、耐震性にも優れた明るく安全な保育環境です。

★進学状況

■ 併設小学校への進学状況
〈男女〉卒園生の60〜70%が聖学院小学校に内部進学している。

2025年度入試データ

※幼稚園公表分。
※ 2025年度の要項は、幼稚園配布のもので必ずご確認ください。

■募集要項　※2024年実施予定
◇募集人員　＜3年保育＞男女計40名
　　　　　　＜2年保育＞男女計若干名
◇要項配布　10月15日〜28日（窓口）
◇出願　　　10月29日（窓口）
◇考査料　　10,000円
◇考査・面接日　10月30日
◇結果発表　10月31日（Web）
◇入園手続　10月31日

■入試状況
非公表

■考査の順番
願書提出順

■付　記
面接・考査の時間は願書提出時に通知される。

■行事日程（予定）
◇幼稚園説明会／9月7日
◇見学ウィーク／6月3日〜7日、9月9日〜13日
◇運動会／10月5日

2年保育・3年保育	入試出題例	※桐杏学園調査を含む過去数年の内容

【小集団・個別テスト】（1グループ約10名、約30分）

くりを1つ
くださいな

◆集団遊び
- 玉入れ。
- ままごと→くつを脱ぐ。終わったらはく。
- 電車ごっこ。
- アンパンマンごっこ。
- 紙芝居（アンパンマン）。
- 手遊び「とんとんとんとんアンパンマン」。

◆指示行動
- うさぎのぬいぐるみを取ってくる。
- 「大きな栗の木の下で」を振りをつけて歌う。
- お店屋さんごっこ。
- 栗を1つ持ってきてください。
- 柿を1つ持ってきてください。
- ライオンが出てくる本の読み聞かせのあと、先生とライオンの鳴きまねごっこ。ライオンのまねをして歩く。

◆運動（ボール遊び）
- ボール投げ（的にあてる・遊んだ後は、指定された箱へ片付ける）。

◆言語
- 1人ずつ先生から質問される。
  お名前を教えてください。
  幼稚園の名前を教えてください。
  幼稚園のクラスの名前を教えてください。
  お父さんの名前を教えてください。
  お母さんの名前を教えてください。
  何歳ですか。
  家にはどんなおもちゃがありますか。
  好きな遊びは何ですか。
  好きな食べ物は何ですか。
  好きな色は何ですか。
  今日は誰と何できましたか。
  お手伝いをしますか。

◆歌を歌う
- 「どんぐりころころ」を先生といっしょにみんなで歌う。

◆生活習慣
- トイレに行く。

◆母子遊び
- 母親の腕にぶら下がる。
- おんぶ→だっこ→おんぶ（足をつかない）。

▌面接テスト （保護者のみで考査当日におこなわれる。約10分）

😊 父親へ

志望理由をお聞かせください。

志望理由の中で、1番ポイントになったのは何ですか。

この幼稚園を知ったきっかけをお聞かせください。

行事に参加した感想をお聞かせください。

聖学院小学校・中学校へは進学を希望されますか。

キリスト教教育にご理解いただけますか。

園までの通園経路をお聞かせください。

仕事についてお聞かせください。

お仕事が忙しいと思いますが、園の行事に参加できますか。

父親から見た母親の印象をお聞かせください。

父親の役割としてどのようなことをなさっていますか。

今、お子様が最も興味を持っていることは、どういうことですか。

お父様の趣味は何でしょうか。

お子様の将来への希望は何ですか。

将来どのような仕事につかせたいですか。

お子様の名前の由来をお教えください。

お子様のことを何とお呼びですか。

どんなお子様ですか。お子様のPRをしてください。

お子様のことで心配なことはありますか。

ふだんお子様とどのような遊びをしていますか。

他園の受験はされますか。

受験番号を取るために早朝より並んだのは、どうしてですか。

お父様が幼稚園に通っていた頃の思い出をお聞かせください。

お子様は、はじめての場所では慎重なほうですか。それとも積極的に入っていけるほうですか。

面接室略図

😊 母親へ

志望理由をお聞かせください。

なぜ本園を選ばれましたか。

本園をどのように思われますか。

お子様のしつけや教育方針について教えてください。

家庭教育で大切にしていることは何ですか。

しつけで気をつけていることは何ですか。

学院の行事に参加されましたか。何と何に参加されましたか。印象をお答えください。

年間行事は家族そろって参加できますか。園の行事に積極的に参加していただけますか。

キリスト教についてどう思われますか。…キリスト教教育にご理解いただけますか。

日曜日に近くの教会に行くことはできますか。

お子様のことを何とお呼びですか。

どのようなお子様ですか。お子様のよいところはどんなところですか。

どんな遊びが好きですか。

お子様は今どんなことに興味を持っていますか。

どのようにこれから育ってほしいですか。

公園へは連れていきますか。その際、けんかはしますか。どのように対応しますか。

現在通っている幼稚園での様子はいかがですか。楽しい幼稚園生活を送られているようですが、どうしてこちらをお受けになりましたか。

送迎はどなたがされますか。

下のお子様は送迎のとき、どうしますか。

ふだんお姉さんとどのような遊びをしていますか。

絵本は読みますか。

仕事をしていらっしゃいますか。…お仕事の経験はありますか。

現在のお母様の趣味は何でしょうか。

幼稚園入園後の心配事はありますか。

幼稚園が変わることを、お子様は理解されていますか。

受験のために幼児教室へ行かれたのですか。

お母様が幼稚園に通っていた頃の思い出をお聞かせください。

健康面で心配なことはありますか。

アレルギーなど、園のほうで気をつけておくことはありますか。

説明会レポート

●礼拝（午前 10 時開始）

●園長先生のお話

　・「神を仰ぎ、人に仕う」精神のもと、子どもたちが謙虚な心で神を礼拝し、生命の尊さを知り、感謝と奉仕の心を持てるように願う。

　・「あそび」と「ことば」を大切に、ひとりひとりの個性と能力を伸ばし、元気な子どもになるよう心がけている。

●園児募集について

　・考査番号は受付順になる。

　・面接の細かな時間帯は、受付時にお知らせする。

　・面接方法

　　幼児の面接……子どもだけグループになっておこなう。約 30 分。

　　両親の面接……あまり時間はかけません。

　・選考結果は郵送でお知らせする。

　・一貫教育を目標としているので、併設の小学校に入学を希望する方は幼稚園から推薦をしている。

●保育参観（午前 10 時半～午前 11 時）

　　自由に教室や園庭で子どもたちの様子を参観。

考査当日の進行例

～進行例 1 ～

　9：00　　受付。控え室で待つ。折り紙、絵本などが用意されている。

　9：30　　点呼。子どものみが呼ばれ番号順に並び、先生といっしょに 2 階にて集団テスト（10 名ずつ）。

　9：35　　両親のみの面接。番号順に面接をし、子どもがテスト終了後戻ってきてしまった場合のみ、親子面接になる。

　9：45　　両親面接終了。控え室で待つ。

　10：00　　子どもが戻ってくる。そのまま帰宅。

～進行例2～

　10：00　　受付。控え室で待つ。

　10：30　　1 人ずつ名前を呼ばれて子どもは 2 階へ、両親は面接が行われる。

　10：40　　面接終了。

　11：00　　子どもたちが戻ってきて終了。

【 **参考** 】

〜提出書類〜

※今年度のものは、必ずご確認ください。

面　接　資　料		聖学院幼稚園

※考査番号の欄は記入しないでください。

考査番号	※	ふりがな	生年月日	西暦　　年　　月　　日生
		志願者氏名		

現住所	〒	電話	（　　　）
		緊急連絡先または携帯電話	（　　　）

面接に来られる方の氏名	ふりがな　父		幼稚園までの通園時間	時間　　分
	ふりがな　母			
	ふりがな　その他	志願者との関係	通園方法（乗り物）	

家　族　関　係　※ごいっしょにお住まいになって生活を共にしておられる方を記入してください。なお、兄弟姉妹で他所にお住まいの方の分も記入（志願者本人を除く）。

氏　名	続柄	年齢	在園(学)児・卒園(業)生		備　考
			聖学院幼稚園(卒園年・在園クラス)	本法人(学校名・卒業年度・在学年)	

ご親戚等で本法人の学校に在校・卒業の方がおいででしたら、お書きください。

氏名＿＿＿＿＿続柄＿＿＿学校名＿＿＿＿　氏名＿＿＿＿＿＿続柄＿＿＿学校名＿＿＿＿

志望された動機をお書きください。

家庭教育で特に注意されている点についてお書きください。

ご家庭の宗教について該当するものに〇をつけてください。

イ．キリスト教(所属教会名＿＿＿＿＿信徒氏名＿＿＿＿＿＿)　　ロ．仏教(宗派＿＿＿＿)　　ハ．その他

※お書き頂いた内容は、入園考査業務以外には使用いたしません。

保護者の受験 memo　※過去数年の受験者アンケートより

（説明会）

● １年間の保育のカリキュラムの冊子をいただけたので、とてもわかりやすくよかったです。

● 説明会、聖学院フェア、運動会では、入園希望者の名前・住所を記入します。参加したほうがよいと思います。面接時の会話の中にも出てきます。

● ほとんどのお母様が紺またはグレーのスーツでした。

● お父様は数名でした。説明会の後に公開保育がありましたので、できればお父様も説明会には参加したたほうが、志望の動機の質問に答えやすいのではないかと思います。

● 皆さんとてもきちんとされていました。ほとんどの方が紺色の洋服でした。

● 園生活をオープンに見せていただきました。子どもたちはとても自由に行動しており、全体的に明るい感じがいたしました。

● とてもたくさんの方が来ていました。ほとんどの方は母親のみで紺のスーツでした。園長先生のお話では、「近くにもよい幼稚園があると思いますが、なぜ聖学院幼稚園を志望されるのか、どこが違うのか」、その辺をお知りになりたいようでした。

● 朝早くから願書提出で並ばないようにと注意がありました。

（面接）

● 受付をすませ、ホールでみなさんといっしょに１家族ごとのテーブルについて待ちました。30 分ほどすると子どもが呼ばれ、10 人くらいのお友達といっしょに２階へ行きました。それから 15 分ほどたって両親面接が始まりました。

● 10 組くらいが控え室で待っていました。３組ずつ 10 〜 15 分おきに面接に呼ばれました。

● 子どもの考査中に、保護者面接が３室に分かれておこなわれます。面接が後半になる場合、子どもが戻ってきていっしょに面接を受けますが、子どもへの質問はありませんでした。

● 面接は終始なごやかな雰囲気でした。

● 面接では、園長先生の手元に出願書類が置かれていましたが、メモなどを取っている様子はありませんでした。

● 質問の数は多くなく 10 分程度の短い時間でした。今後もずっと聖学院に通うつもりかどうかが重要なことのように思いました。

● 父親、母親にすべて同じ質問をされました。行事に参加した感想を聞かれるので、父親もすべての行事に参加しておいてよかったと思いました。

● 出願時に提出する面接資料は、家族構成、通園方法、志望理由、教育方針などです。

● 私どもは無宗教でしたが、「キリスト教徒でなくてもかまいません。ご理解していただければ」と先生がおっしゃっていたのが印象的でした。

● 学校・園の年間行事に両親ともに参加できるかということが大切だと思います。

● 小学校への進学希望があるかないかの質問には、一貫教育なので進学希望と答えたほうがよいと思います。

● 母親は子どもの長所のみを質問されましたが、キリスト教を通してこのように育てたいなど志望理由を具体的にお話しするとよいと思います。

● 母親よりも父親への質問が多かったようです。ふだん、父親がどのように子どもと接しているかを知りたいようです。

● 桐杏学園で面接テストを受けました。その時のアドバイスがとても役立ちました（両親に対しても、子どもに対しても）。面接ではおどおどせず、ゆったりと落ちついている様子が父親にも出ると良いと思いました。

● 荷物は、面接する部屋の入口の椅子の上に置いて入室との指示がありました。

● 昨年も受けましたが、３つ並んでいる部屋の左が園長先生、真ん中が副園長先生、右が保育主任の先生で今年も同じでした。

- 宗教の先生ですので、なごやかな雰囲気で笑顔のある面接でした。
- 左から順番に面接ですので、番号でどの先生にあたるかだいたいわかります。
- テーブルを挟んで先生と相対して座るので、落ち着いて話をすることができるように思います。
- 面接を受けているというより、先生とお話をしているという印象でした。こちらが質問に答えたあと、先生がその事柄に対して体験談や園の方針を話してくださったからだと思います。
- 終始にこやかに落ち着いて話のできる雰囲気でした。
- 基本的な質問でなごやかな雰囲気なので、あまり難しく考えなくてよいと思いました。
- 面接は、特に父親の考えや人柄などを見ているように感じました。

(考査・その他)
- 受付には子ども用の記名ワッペンが用意されていて、左肩につけるように指示がありました。
- 受付を済ませホールで待っていると先生が子どもの名前を呼び、2階の教室へ移動しました。
- 控え室には、折り紙、絵本が用意されており、自由に読むことができました。
- 講堂で家族単位で待っていると、子どもの名前が呼ばれ、揃った時点で別の部屋へ行きます。「行かない」と母親に抱きつき、泣いて離れないお子さんもいました。離れられるように練習をしておくと、親も動揺せずに済むと思います。
- 考査の前にトイレに行くときに「お名前を呼ばれたら、ここからお2階に行って先生と遊んでくるのよ」と階段の位置を教えました。名前を呼ばれたら大きな声で返事をすることも教えました。
- 10人ずつの集団テストなので、最初の10人に入ると時間通りに進みます。
- 受験される幼稚園のフェア・運動会などにはすべて両親で行かれたほうがよいと思います。先生方に顔を覚えていただくことも大切です。また、聖学院では両親揃っての行事参加を希望しています。
- 願書提出日受付には園長先生と他に3名の方がいらっしゃいました。
- スリッパは持参し、補助バッグに入れたほうがいいです。
- カバンなど面接にも全部持って歩きました。スリッパはどの行事のときにも用意してくださっていました。
- 靴を脱いだ時は揃える、ということを身につけておくと良いと思います。
- 考査の時にずっと泣いていたお子さんも合格しているので、両親の面接が大切だと思いました。
- 聖学院は、とてものびのびして開放的な印象通り、試験当日も子どもたちが緊張しないよう細やかな配慮がなされていました。先生方もとても温かく子どもへ接してくださいました。折り紙や絵本が用意されており、自由に遊んで待てるようになっていました。泣いてしまって親から離れられないお子さんもいましたが、先生が何度も足を運んで優しくことばがけされている様子がとても印象的でした。
- 最初から泣いて親から離れられず、テストを受けられなかったお子さんも合格していらっしゃいました。両親面接にいっしょについていったので、その時、笑顔で受け答えしていらっしゃったので、それが合格した理由かもしれません。お子さんが泣いていても、あわてず対処していたご両親の姿も好印象でした。
- 先生方はとても前向きに物事をとらえてくださるようでしたので、まず子どもを信じて試験に臨んでください。先生方は、母親から離れられないお子さんには何度もお声をかけていらっしゃいましたし、面接のときにはこちらが落ち着いて話せるように進めてくださいました。
- りんごとか、みかんで問題を出すことは家でもやりますが、季節のもの（栗や柿など）での練習もしておくとよいと思いました。
- 服装は説明会の時点から8・9割の人が紺・黒・グレーのスーツでした。
- 全体でとても温かさを感じる幼稚園でした。とても落ち着いて受験できました。

星美学園幼稚園

- ■**園　長**　見城　澄枝
- ■**園児数**　172名
- ■**制　服**　あり
- ■**通園バス**　なし
- ■**昼　食**　①毎日給食
  　　　　②給食（月・水・金）、弁当（火・木）
  　　　　③毎日弁当
  　　　　※３形態より学期ごとに選択
- ■**保育時間**　[年中・年少] 午前９時〜午後２時
  　　　　[年長] 午前９時〜午後２時15分
  　　　　※土曜日は休園

- ■**所在地**　〒115-8524
  　　　　東京都北区赤羽台4-2-14
  　　　　☎ 03（3906）0052
  　　　　https://www.seibi.ac.jp/ki/
- ■**併設校**　星美学園小学校（共学）
  　　　　サレジアン国際学園中学校（共学）
  　　　　サレジアン国際学園高等学校（共学）
  　　　　星美学園短期大学（共学）

★指導方針

　宗教教育を土台とし、幼児の一人ひとりの特性を生かし、心身の健康、自然、社会、人との交わりのなかに感性と表現を伸ばすことに力を注いでいます。神と人とに開かれた善良で誠実な子どもの育成をめざしています。
－教育目標：きれいなこころ／あかるいこども－
- ● 明るく素直で困難にくじけないがまん強い子
- ● 自分で考え判断し、最後までやりとげる子
- ● 創造性と意欲にあふれて物事に取り組む子

★特　色

　1953(昭和28)年に開設されたカトリックミッションスクールで、創立者ドン・ボスコの教育理念にもとづいて、家庭的な雰囲気の中で園生活をおくっています。本学園の教育母体はサレジアン・シスターズとよばれる女子修道会で、全世界に支部をもつ国際的学園です。日本においては東京、静岡、大阪、大分、長崎の各地で教育事業をおこなっています。

★進学状況

■ 併設小学校への進学状況

〈男女〉星美学園小学校への進学希望者は優先入学の資格はあるが、「内部生のためのテスト」で最終決定となる。

≡ 2025年度入試データ ≡

※幼稚園公表分。
※ 2025年度の要項は、幼稚園配布のもので必ずご確認ください。

- ■**募集要項**　※2024年実施予定
- ◇**募集人員**　＜3年保育＞男女計72名
  　　　　＜2年保育＞男女　若干名
- ◇**要項販売**　10月15日〜（窓口）
- ◇**願書受付**　11月1日（窓口）
- ◇**考査料**　5,000円
- ◇**考査・面接日**　11月1日
- ◇**結果発表**　11月1日（手渡し）
- ◇**入園手続**　11月1日

- ■**入試状況**
  非公表
- ■**考査の順番**
  願書提出順

- ■**付　記**
  面接・考査の時間は、願書受付時に通知。両親揃っての面接に支障がある場合、どちらか1人でかまわない。
- ■**行事日程**（予定）
- ◇**入園説明会**／10月15日
- ◇**見学説明会**／9月10日〜10月25日（1日6組限定）
- ■**インフォメーション**
- ◇**早朝預かり保育**／8時〜8時半
- ◇**預かり保育**／保育終了〜18時
- ◇**未就園児星の子会**／6月7日、7月1日
- 2022年4月より併設の中学・高等学校が共学となり、「サレジアン国際学園中学校」「サレジアン国際学園高等学校」に校名変更となりました。

3年保育	入試出題例	※桐杏学園調査を含む過去数年の内容

【小集団テスト（1 グループ 10 名〜20 名、20 〜 30 分）

◆行動観察
● 積み木、ままごとセット、ぬいぐるみなどで遊ぶ。
● 手遊びなど。
● 平均台を渡る。
● すべり台をすべる。
● お人形遊び。
● 片付け。
◆個別に質問
● 名前、年齢、この幼稚園は好きか、朝食の内容について、お父さんと何をして遊ぶか、色の名前について。

【面接テスト（親子同伴で、考査当日におこなわれる。約 10 分）

別の教室で 5 組同時進行でおこなわれる。

父親へ
志望理由をお聞かせください。
どのようにして本園をお知りになりましたか。
教育方針についてお聞かせください。
通園方法についてお聞かせください。
お子様とはどのように接していらっしゃいますか。
園と家庭の教育方針の違いがあった場合どうしますか。
お子様の長所と短所をお聞かせください。
名前の由来をお聞かせください。
最近 10 代の犯罪をよく耳にしますが、どう思いますか。
最近世の中で気になることは何ですか。
宗教は何ですか。本校はキリスト教ですが、よろしいですか。
墓地の宗派は何ですか。
仕事内容についてお聞かせください。
1 週間でどれくらい夕食を共にされますか。
お子様と接する時間はありますか。
お忙しい中どのようにお子様と接するように心がけていますか。
お子様は、何をして遊ぶと喜びますか。
お子様には、どんな人になってほしいですか。
幼稚園の生活の中で怪我などあると思いますが、それについてどうお考えですか。
最後に、お父様がお子様を精一杯アピールしてください。

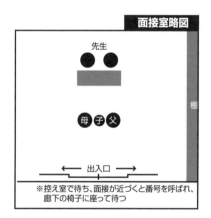

面接室略図

先生

母 子 父

← 出入口 →

※控え室で待ち、面接が近づくと番号を呼ばれ、廊下の椅子に座って待つ

母親へ
お子様の健康状態はいかがですか。
園でケガをした場合どうしますか。
本園をお知りになったきっかけは何ですか。
家族とは何ですか。
通園方法をお聞かせください。

車での通園は考えていますか。

教育方針をお聞かせください。その中でこれだけは守らせるという家庭内のルールがありましたらお話しください。

お父様と教育方針の違いが出てきたときはどうしますか。

お子様の長所と短所をお話しください。

今、お母様が関心のあることは何ですか。

幼児教室に行かれたことはありますか。それはどうしてですか。

習い事はしていますか。

ご家庭で大切にしている行事は何ですか。

おトイレはどうですか。

ふだんの夕食風景をお話ください。

お子様は洋服は自分で着られますか。

3歳児検診は受けましたか。

健康診断で健康面で問題はないですか。

お子様は人見知りをしますか。

将来はどんな人になってほしいですか。

最後に特に話しておきたいことはありますか。

👶 子どもへ

お名前とお歳を教えてください。

何をして遊ぶのが好きですか。

お父様とは何をして遊びますか。

お父様は好きですか。

お友達はたくさんいますか。

お友達の名前を教えてください。

お友達と何をして遊びますか。

好きなテレビ（番組）は何ですか。

今日は誰といっしょに来ましたか。

今日はどうやって来ましたか。（電車と答えて）電車から何が見えましたか。

朝ご飯は何を食べましたか。

何をして遊ぶのが好きですか。

【 考査当日の進行例 】

～進行例1～

13：10	受付。1階控え室で待つ。
13：25	2階へ移動（81～90番は面接を先に実施。91～100番は考査を先に実施）父母は控え室で待機。
13：55	子どもが考査から戻ってくる。
14：10	親子面接。
14：25	考査終了。

～進行例2～

9：00	受付。控え室で待つ（受験番号により受付時間は異なる）。
9：30	点呼をうけて2階へ移動。小集団テスト（父母は控え室で待つ）。
10：00	面接のため控え室で待つ。
10：15	面接。
10：25	受付で確認を受けて終了。

～進行例3～

9：45	受付。番号札を着け控え室で待つ。
10：05	小集団テスト。親は別室で待つ。
10：30	子どもが考査から戻ってくる。
10：35	受付で番号札を返却し、終了。

【参考】

～提出書類～※今年度のものは、必ずご確認ください。

家族写真／家族状況（名前、年齢のみ）／志望理由／通園方法、所要時間

家庭調査書

幼児氏名 ┃ 受験番号 ※ ┃ 性別

ここに「家族写真」を貼付してください（同居人含）

①カラー写真でサービス判程度のもの
②最近3ヵ月以内のもの
③自宅玄関前か家の中で撮影したもの

家族状況 および 同居人	氏　名	幼児との続柄	年　齢

志望理由

通園方法 ┃ 現住所 ／ 自宅 ┃ 所要時間・約　　　分

保護者の受験 memo ※過去数年の受験者アンケートより

（説明会）

● 園長先生の話の中では、教育方針が強く打ち出されており、本当に星美の教育方針を理解された方に入園してもらいたいようでした。

● 園長先生より園の教育方針についてお話があり、園の方針と家庭の方針が一致している方のみに来ていただきたいとのことでした。小学校進学については内部生のテストがあり、その結果落ちる方もいるということ、幼稚園から小学校にストレートに進学できるとは考えないでくださいとお話がありました。

● なごやかな雰囲気の中で、子どもが楽しんでいってくれることを願っているようでした。教育方針を理解してくれる方、家庭環境で差別をしない方に来てほしいと強くおっしゃっていました。

● 命の大切さ、社会生活を幼児期から学ばせる教育方針であることを強調されていました。

● スライドによる幼稚園の説明がありました。紺のスーツの方が多いようでしたが、そうでない方もけっこういらっしゃいました。子ども連れで来られていらっしゃる方も多いようでしたが、子どもが騒ぎ出すと室外へ連れ出す方もいらして、ゆっくりお話を聞けないような状態の方もいらっしゃいました。

● 園長先生のご挨拶→スライドによる園の1日、年間行事等の説明→園長先生のお話→事務の先生による出願の際の注意→終了という流れでした。

● 園長先生のお話の中には、「この幼稚園だったら、○○○をやってくれるというお考えはお捨てください」と厳しい内容もありました。

● 2階のホールでおこなわれました。受付で記名票に記入し着席しました。開始15分前に着きましたが、席の1/3がうまっていました。開始直前には満席になり、立っている方もいらっしゃいました。

● ほとんどの方が紺のスーツで約1/5の方が子ども同伴でした。

（控え室）

● 控え室では子どもの考査の間、ほとんどの方が必要最小限の会話をするか、宗教雑誌を読んでいました。ボードとペンを持った先生が1人、教室内を歩き保護者の様子をチェックしておられました。

● 考査当日の控え室には、子ども用の机・椅子が用意され、机の上に絵本、宗教の本が置いてありました。

● 親の控え室はホールの隣のさくら組の教室で、椅子が6個並べてあり、机の上にはキリスト教の月刊誌が4冊ずつ置いてありました。

（面接）

● 面接後に合否を判定しているような感じではありませんでした。形式だけの面接という印象でした。時間も10分もなく、あっという間に終了しました。

● にこやかな対応で普通に話をしている感じでいられました。

● 父親に対しての質問が多かったです。

● 入園してからのことも多く聞かれました。

● 面接では決められた質問事項があるようで、1つの質問に答え、一呼吸おいて話を続けようとすると、すぐに次の質問をされてしまいました。

● 縦長の狭い部屋で、ドアと椅子の間が狭く、入室する際に親子3人で並べませんでした。

● 椅子はすべて子ども用でしたがわりあい大型のもので、大人は座りやすかったです。子どもが座るときは椅子が動かないように手で椅子を押さえました。

● 戸惑いや緊張をほぐしてくださるかのように、先生方が常に笑顔で穏やかに質問してくださいました。

● なごやかな雰囲気の中、丁寧に話を聞いてくださいました。昨年と違い、次々と質問がくることもなかったので、もっと内容をふくらませて話をすればよかったと思いました。

（考査・その他）

● 考査ではとても自然に子どもたちを誘導し、考査室へ移動してくれました。子どもは、1番に先生のところへ行き入室したのでほっとしました。なかには先生に抱っこして入室する子どももいました。考査

終了後は、みんなニコニコしながら出てきました。

● リラックスした雰囲気でした。控え室の入口に先生が1人いらっしゃいました。考査、面接で1時間くらいでした。201番から210番までの方が面接→考査、211番から220番までが考査→面接でした。

● 提出書類には、志望理由を書く欄が狭いので、要点をうまくまとめる必要があります。

● 健康診断書については、すべての項目を埋める必要はなくわかる範囲でいいそうです。

● 「写真はわざわざ写真館に行かなくても結構です。デジタルカメラのものでも可能ですが、自然な明るさになるように気をつけてください」とお話がありました。

● 提出書類に印を忘れないように気をつけましょう。忘れた方がいらして、受験番号がかなり遅かったようです。

● 願書受付は午前9時からですが、先頭のほうでは午前8時頃並ばれたらしい、とお聞きしました。先着50名まで丸い番号札が用意され、以降は順に並んでいたそうです。

● 受験番号は願書提出順です。そのため、私どもは後半でしたが、比較的毎日の生活リズムから大きくはずれずに登園し、試験に臨むことができました。

● 受験番号により面接→考査の人と、考査→面接の人とに分かれます。

● トイレが少ないので早めに行くことをすすめます。

● 考査当日は、10人ずつ、面接が先のグループと考査が先のグループとに分かれます。どちらが先になるかは、受験番号の下1桁の数字で決まり、当日指示されます。

● 子どもの考査中、両親の控え室にも試験官が1人いて、両親の様子を観察し、何かメモを取っている様子でした。

● 小集団テストはホールでおこなわれました。先生がお二人で考査をしておられるようでした。

● 親子が別れる際、お子様のひとりが泣き始めると残りのほぼ全員が泣き出してしまい、控え室まで泣き声が響いてきて心配になりましたが、先生方が上手にホールへ誘ってくださり、入室後は泣き声が聞こえなくなりました。

● 幼稚園の教育方針を、本当に素晴らしいと感じることが必要だと思いました。受験前の行事にも、その気持ちで参加されたほうがいいと思いました。面接のときもそこのところを1番力を入れて話されていたと思います。

● 受験の子どもたちについては服装はラフな感じでした。親のほうも紺にはこだわらない人が多かったです。

● 各行事や見学へ伺うときは、よく観察し、志望理由や面接でのネタを見つけるつもりで臨みました。実際、願書に書いた志望理由はオリジナルのものになりました。

淑徳幼稚園

■園　長　　菊地　悦子
■園児数　　105 名
■制　服　　あり
■通園バス　あり（無料）
■昼　食　　給食（月～金）
　　　　　　※園の厨房で調理して提供
■保育時間　午前 9 時～午後 1 時半
　　　　　　※預かり保育：保育終了～午後 5 時まで
　　　　　　　（春・夏・冬休みも実施。ただし休園日あり）
　　　　　　※土曜日は休園

■所在地　　〒174-0063
　　　　　　東京都板橋区前野町 5-32-8
　　　　　　☎ 03（5392）8877
　　　　　　https://www.daijo.shukutoku.ac.jp/
　　　　　　kindergarten/index.html
■併設校　　淑徳小学校（共学）
　　　　　　淑徳中学校（共学）
　　　　　　淑徳高等学校（共学）
　　　　　　淑徳巣鴨中学校（共学）
　　　　　　淑徳巣鴨高等学校（共学）
　　　　　　淑徳与野中学校（女子）
　　　　　　淑徳与野高等学校（女子）
　　　　　　淑徳大学・大学院

★指導方針
● 子どもの旺盛な好奇心・興味・関心と、あふれるエネルギーを受け止め、さまざまな活動に子ども自身が自主的に参加してみたい、チャレンジしてみたいと思えるように導いていく。
● 毎日の日課活動を通して、子ども同士が同じことに向かって互いに心を通わせ、楽しく生き生きと集団生活を送ることによって、喜びや感動を共有できることを目指す。

★特　色
● 徳育－大乗仏教精神にもとづき仏教行事があるほか、日常保育のなかで「手を合わせる」ということを通して祖先に感謝する気持ちを育てます。
● 知育－知能遊び、暗唱、ことわざ、俳句、読み聞かせ、英語のことばあそび、視聴覚保育などを保育のなかに採り入れて脳の発達にあわせた知的活動を実施しています。
● 体育－毎日の体育ローテーションでは、体力にあわせたカリキュラムを作り、体力向上に努めています。

★進学状況
■ 併設小学校への進学状況
〈男女〉原則として全員進学できる。（単願に限る）

◤ 2025 年度入試データ ◢

※幼稚園公表分。
※ 2025 年度の要項は、幼稚園配布のもので必ずご確認ください。

■募集要項　※ 2024 年実施予定
◇募集人員　　＜3 年保育＞男女計 35 名
　　　　　　　（2 歳児クラスからの内部進学者を含む）
◇願書配布　　10 月 16 日～ 31 日（月～金曜日）
◇願書受付　　11 月 1 日（窓口）
◇考査料　　　10,000 円
◇考査・面接日　11 月 1 日
◇結果発表　　11 月 1 日（電話連絡）
◇入園手続　　11 月 2 日

■入試状況
非公表

■行事日程（予定）
◇入園説明会／ 6 月 13 日、7 月 11 日、9 月 26 日、
　　　　　　　10 月 22 日
◇夏まつり／ 7 月 6 日
◇運動会／ 10 月 12 日

■インフォメーション
● 2 歳児クラスがあります。
◇保育時間 / 9：00 ～ 13：30
◇延長保育 / 17：00 まで
○週 2 回コース　（月・木コース、火・金コース）
○週 5 回コース　（月～金）
● 月ごとにお弁当持参か給食の選択ができます。
● 詳しくはホームページをご覧ください。

３年保育　入試出題例　※桐杏学園調査を含む過去数年の内容

小集団テスト（１グループ５～20名、20～60分）

◆行動観察（集団遊び、自由遊び、言語、運動、巧緻性、ままごと、リトミック、紙芝居、歌等）

● 親子遊び。子どもといっしょに、おままごとセット・積み木・ブロックなどで自由に遊ぶ。（約15分）

● 親子並んで座り、「むすんでひらいて」の手遊び。

● 紙芝居を見る。（約10分）

● 子ども達だけで別室に行く。
　手洗い。粘土。

● 個別に質問
　・お名前は。
　・今、何を作っていますか。
　・今日は誰ときましたか。
　・この幼稚園までどうやって来ましたか。

◆口頭試問

● 話の理解　● 記憶　● 色の区別　● パズル　● 積み木　● 常識

面接テスト（親子同伴で考査日前におこなわれる。５～10分）

待合室の中におもちゃがあり、順番で呼ばれた人がおもちゃの隣の椅子に座って待つ。先生はその横でノートをとっている。

面接控え室で名前を呼ばれるまで絵本、粘土などで遊んで待つ。

名前を呼ばれたら、廊下の椅子に座って呼び出しを待つ。

面接では親はソファ、子どもは子どもの椅子に座る。

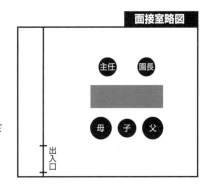

面接室略図

👨 父親へ

志望の動機をお聞かせください。

通園方法についてお聞かせください。

お仕事の内容をお聞かせください。

ふだんお子様と接する時間はありますか。

どのようにして園を知りましたか。それに対してお母様にはどうお話しされましたか。

休日はどのようにお子様と過ごされますか。

お子様はどのような性格ですか。

お子様の長所をお話しください。

子どもとの接し方についてお聞かせください。

ふだんお子様とはどのようなことに注意して接していますか。

お子様はどんな遊びが好きだと思いますか。その中で、お子様が１番喜ぶのは何ですか。

お子様の名前の由来についてお聞かせください。

お父様の子どもの頃の夢は何でしたか。

お子様には将来どのような人になってほしいですか。

👩 母親へ

志望理由をお聞かせください。

お子様には将来どのような人間になってほしいですか。

お子様を教育する際、気をつけていることは何ですか。

お子様はどのような性格をしていますか。

ご兄弟はいらっしゃいますか。

上のお子様はまだ幼稚園ですね。もし、入園されたら通園は、どのようにされますか。そして、時間が重なってしまったら、どうしますか。

どうして同じ幼稚園に行かないのですか。幼稚園が違ってしまうことについて、どう思われますか。

姉妹で何をして遊びますか。

習い事はしていますか。

他に受験しているところはありますか。

お子様の長所をお話しください。

通園方法お聞かせください。

近所にお友達はいますか。

どのようにしてふだん遊んでいますか。

お子様のことで問題が起きたときは、どなたに相談されますか。

ご兄弟でけんかをされたときは、どのように対処されますか。

もし入園されて、役員を引き受けてもらいたいと言われたらどうなさいますか。

子どもへ

お名前を教えてください。

お歳はいくつですか。

今日は誰とどうやってきましたか。

好きな食べ物は何ですか。

【考査当日の進行例】

～進行例1～

    10：00　受付。
    10：05　行動観察控え室。親子でお遊戯、紙芝居を見る。
    10：25　行動観察室へ移動。控え室で待つ。
    10：40　終了。

～進行例2～

・両親のうち1人が子どもといっしょに控え室から別室へ移動する。残った親は、2階の控え室に移動して待つように指示がある。

・子どもといっしょに行動テストに参加した親は、まず、子どもといっしょに用意してあるおもちゃで遊ぶように指示がある。（15分ほど）

・次に、うさぎやたぬき、ぞうなどのお面をつけた先生が、順に「大きな太鼓」の歌を歌ってお遊戯の仕方を教え、親子でペアになって歌う。（10分ほど）

・先生方と子どもは「電車」になり、別室に移動する。「おもちゃの部屋に行きましょう」と、子ども達に楽しげに話しかけてくださる。

・子どもといっしょにテストに参加していた親も2階の控え室に行き、子どもが来るまで待つ（親と別れる際、泣いてしまう子が何人もいた。別室で子ども達だけのテストがおこなわれる）。

・子ども達だけになってからのテストでは、おままごとなど、みんなで仲良く遊んだ様子（その途中で「名前」「誰と、どうやってここへ来たか」などを聞かれる）。

    10：30　　子どもが帰ってくる。

淑徳幼稚園

～進行例3～

8:40 受付を済ませる。
　　　 コースの指示表と子どもの名札を受け取る。
9:00 4月から6月生まれの考査が始まるという放送が流れる。
　　　 （考査は生年月日順におこなわれる）
9:05 行動観察控え室に移動（面接が先のグループは、面接控え室に移動）。
　　　 親子でブロックなどで遊んでいるよう指示がある。

9:10 子どものみ行動観察室に移動する。
　　　 うさぎとくまのお面をかぶった先生が現われ、不安がらせないように、「おもちゃのお部屋へ行こう」
　　　 と誘う。それでも泣いてしまう子がいる。

9:10　親は、面接控え室に移動し、子どもが来るのを待つ。
　　　　子どもが泣いていないかと、すべての親が耳をすます。

9:30　子どもの行動観察が終了し、面接控え室に引率される。
　　　　呼ばれるまでブロック、積み木、粘土などで遊んで待つ。トイレへ行ったり、お茶を頂く。

9:40　名前を呼ばれ、面接室前の廊下の椅子に座って待つように指示がある。
　　　　荷物の置き場所に困る。貴重品のない限り、控え室に置いたほうがよい。

9:45　面接室に通される。
　　　　子どもの名札に2つのシールが貼ってあるか確認する。

9:50　終了

保護者の受験 memo　※過去数年の受験者アンケートより

（説明会）

- 幼稚園の教育方針が詳しくわかり、園についてよく知ることができました。先生方のご熱心さが感じられました（仏教の教えに対してなども）。
- 最後に園児達の様子を見たり、園内を見学することができました。
- ほとんどの方が紺のスーツでしたが、普段着の方も数名いらっしゃいました。子どもは、先生方が別室で見ていてくださいますが、親と離れられず泣いてしまったお子さんはいっしょに説明会に参加させていただくことができました。話の後、園内を見学させていただけました。
- 早めにでかけられたほうが良いと思います。父親もたくさん出席していました。お話が終わると園内見学をし、その後、いっしょに連れていった子どもとともに、1年間の行事をスライドにして見ることもでき、園生活の内容を細かく説明してくださり、質問などをして終わりました。感想や先生の述べたことなどメモに取っておくと良いと思いました。
- 園長先生自らが門の入り口で出迎えてくださり、説明会が終わった後もすぐに門の前に待機し、一人ひとりお見送りされていたのが印象的でした。「けじめ」の上にある個性という言葉に共感しました。
- 保育も公開され、幼児体育・パソコン・英語の授業を見ることができました。

（面接）

- 面接では、先生との距離がとても近かったです。園長先生が質問され主任の先生がメモをしていました。
- 子どもへの質問があると思っていたのですが、父親への質問が始まったので少しびっくりしました。先生方は優しくにこやかに私どもの話を聞いてくださいましたので、落ち着いて答えることができました。
- 主人もいたせいか、子どもはいつになく素直で、おとなしくしていました。主人のまねをし、おじぎをし、主人が座るのを見て座り、主人が立つと立ち、すべて順調で、本当に主人と子どもはよくできていたように思います。肝心の母（私）が、かなりあがってしまい、次から次の質問に順序よく話せず、思い出したかのように、継ぎ足しながら話していたように感じます。1番心配していた子どもと主人が逆にしっかりしていました。
- 面接のとき、先生と話している間、椅子に座って待つことのできないお子さんが、前のほうでガラスの陰から動いているのが見えました。やはり落ちていました。
- 両親（特に父親）がどれくらい子どものことを知っているかを問われました。

（考査・その他）

- すべての行事に参加し記名しましたが、まったく参加せず合格された方もいらっしゃいました。
- 生まれた月数で4つのグループに分れており、それぞれ時間も決まっていました。4〜6月は9時から、7〜9月は10時から、10〜12月は12時から、1月〜3月は1時から。昼食も時間の都合でとって大丈夫でした。
- 生まれた月数プラス受付順に受験番号もあるので、同じ月の中でも受験番号が早いほうが面接の場合でも早く呼ばれました。
- 願書受付時に徹夜組が若干いらっしゃいました。朝6時整理券配布、9時受付開始で副園長自ら6時に来園し、整理券を配っていらっしゃいました。
- バザーや説明会だけでなく、願書をいただく時もスリッパを持参すると良いと思います。
- バザー、運動会、説明会、すべてに名前の記入がありましたので、すべて出席したほうが良いと思います。受験するかどうか決めていなくても、一応すべて出席し、準備だけでもしたほうが良いと思いました。
- 控え室にはおもちゃが用意されていましたが、ほとんどの方がご両親といっしょに座り、それぞれ持参したもので遊んでいました（絵本やお絵かきなど）。
- 面接するまで待ち時間のあるに方は、粘土、折り紙、ブロック、紙とクレヨンが置いてありましたが、

遊んだら片付けることが大切です。ステージに上って騒がしくしていたお子さんはチェックをされていたように思います。先生が隅のほうに2人いて、紙のついたボードを持って見ていました。"仲良く遊び、静かに待つ"難しいことですが、そう思いました。

● 1日目は少し眠かったようで少し落ち着きがなく、内心あきらめる気持ちもありましたが、2日目にきちんと話をすると本人にも自覚が出てきた様子で、最後まで頑張ることができました。あきらめないことが大切だと改めて感じました。

● 子どもは2月生まれで、午後1時からテストでした。お腹もいっぱいで、いつも眠くなって、ぐずってしまう時間帯です。前の日から、午後1時ごろが1番機嫌のよい時間にするため、時間をずらして10時ごろ朝食を食べ、お昼を2時ごろにしました。いけないこととは思いますが、試験でマイナスとならないようにそのようにしました。

● 入りたいという熱意を見せる気持ちが大事だと思いました。

聖徳幼稚園

■**園 長** 和田 知之
■**園児数** 165 名
■**制 服** あり
■**通園バス** あり
■**昼 食** 弁当（月）
給食（火～金）
■**登園時間** 午前 8 時 45 分～ 9 時 30 分
■**保育時間** 午前 9 時 30 分～午後 2 時
（水曜日は午後 1 時半まで）
※土曜日は休園

■**所在地** 〒 180-8601
東京都武蔵野市境南町 2-11-8
☎ 0422（31）3839
https://kg.shotoku.ed.jp
■**併設校** 聖徳学園小学校
聖徳学園中学校
聖徳学園高等学校

★指導方針

基本的なことは教えたうえで、のびのびとした環境のもと、子どもと教師の触れ合いを大切にしながら、
1. 一人ひとりの子どもの個性を育てる
2. 知能を伸ばし、創造性豊かな子どもを育てる
3. 正しい心、優しい心、たくましい心を育てる
ことをねらって幼稚園と小学校の教育内容の連携を図り、個性的で創造性豊かな子どもの育成をめざしています。

★特 色

「自由あそび」と専門のスタッフによる選択制の「カリキュラム遊び」を実施しています。カリキュラムの内容は、「知能」・「造形」・「体育」・「リトミック」の 4 つがあり、このなかから子どもたちが自由に選択して遊べるようにし、自主的な活動と興味・関心を大切に伸ばすよう努めています。平成 28 年度より、年中・年長組において英語あそびを、また、年長児において理科あそびを実施しています。

★進学状況

■ 併設小学校への進学状況

〈男女〉卒園生の約 5 割が聖徳学園小学校へ進学。内部推薦入学考査の成績により進学判定。内部生の優先扱いあり。

2025 年度入試データ

※幼稚園公表分。
※ 2025 年度の要項は、幼稚園配布のもので必ずご確認ください。

■**募集要項** ※ 2024 年実施予定
◇**募集人員** ＜3 年保育＞男女計約 56 名
＜1 年・2 年保育＞男女計約 10 名
◇**要項配布** 5 月 19 日～
◇**出願** 10 月 31 日・11 月 1 日（Web）
◇**考査料** 20,000 円
◇**考査・面接日** 11 月 1 日
◇**結果発表** 11 月 1 日
◇**入園手続** 11 月 1 日・2 日

■**入試状況**
非公表

■**考査の順番**
願書提出順

■**行事日程**（予定）
◇園庭開放／ 6 月 19 日、9 月 25 日、10 月 23 日
◇体験入園・説明会／ 6 月 29 日、9 月 7 日
◇保育参観・説明会／ 10 月 17 日

■**インフォメーション**
◇**朝保育** 午前 7 時 45 分～午前 8 時 45 分
◇**延長保育** 午後 6 時 30 分まで
春・夏・冬、長期休業中保育あり（両親就労のご家庭）。

聖徳幼稚園

| 2年保育 | **入試出題例** | ※桐杏学園調査を含む過去数年の内容 |

小集団テスト

● 自由遊び（おもちゃの電車、ブロック、すべり台、ままごと、おにごっこなど）。
● 平均台、ジャンプ。
● 紙芝居を見る。
● ケンケン。
● マット（おいもころころ）

個別テスト

● 知能構造診断テスト
● 面接（受験児）

面接テスト（保護者のみで考査当日におこなわれる。約10分）

父親へ

志望理由を具体的に詳しくお願いします。
どのようにして本園をお知りになりましたか。
園の教育方針をどう思われましたか。
公開保育や夏のセミナーは、いかがでしたか。
父親としてどんなことに気をつけて子どもに接していますか。

母親へ

家ではお子様とどのように遊びますか。
本園の教育の中で、賛同されるのはどのような点ですか。
大変知能の高いお子様ですが、知能を伸ばすために何か気をつけてきたことはありますか。
子育てで注意してこられたことは何ですか。
お子様の性格を教えてください。
お子様は今、何に熱中していますか。

面接室略図

副園長先生　　　園長先生

係の先生　　　母　父

ソファ

入口

考査当日の進行例

　9：50　　受付。控え室で待機。
10：00　　個別テスト
11：00　　小集団テスト
12：00　　終了

| 3年保育 | 入試出題例 | ※桐杏学園調査を含む過去数年の内容 |

【小集団テスト】（約25分）

●自由遊び（平均台・積み木・ままごと・すべり台・粘土・おにごっこ、おもちゃなど好きなもので遊ぶ）。

【個別テスト】

●知能構造診断テスト。

【面接テスト】（保護者のみで考査当日におこなわれる。約5〜10分）

面接を待つ間に子どもの考査が終わった場合、子どももいっしょに面接室に入る。

父親へ

志望理由をお聞かせください。
ご家庭の教育方針を教えてください。
子育てで注意していることはどんなことですか。
どのように育ってほしいですか。
ふだんお子様とどのような遊びをされていますか。

母親へ

志望理由をお聞かせください。
本園をどのようにして知りましたか。
お父様も本園の教育目標に賛同していらっしゃいますか。
説明会の印象をお聞かせください。
体験入園、保育参観はいかがでしたか。
子育てをして、うれしかったことは何ですか。
お子様の個性的なところ、または良いところはどんなところですか。
ふだんお子様とどのような遊びをされていますか。
お子様は食べ物の好き嫌いがありますか。

面接室略図

先生　先生

荷物置場

母　父

入口

【考査当日の進行例】

〜進行例1〜

10：45	受付。控え室で待つ。
11：05	点呼。小集団テスト、両親は控え室で待つ。
11：30	おみやげ（折り紙とクレヨン）をもらい、テストから戻ってくる。控え室で待つ。
11：45	面接テスト、親子で面接室へ入る。
11：52	終了。

〜進行例2〜

10：30	受付。控え室で待つ。
11：05	集団テスト、両親は控え室で待つ。
11：10	集団テストから帰ってくる（おもちゃをいただく）。
11：20	親子3人で面接。
11：30	終了。

【参考】

~提出書類~

※今年度のものは、必ずご確認ください。

入 園 願 書

聖徳幼稚園長殿

下記の者、聖徳幼稚園に入園を希望いたします。
　　　　年　　月　　日 **(A票)**

	受付番号	※

3年保育・2年保育	㊟どちらかに○印	これまでの教育歴	

志願者	ふりがな			（生年月日）	
	氏　名		男／女	年　　月　　日生	
	本籍地	（都・道・府・県）			
	現住所	（〒　　　）　　　　（電話）　　　（　　　）			

保護者	ふりがな			
	氏　名	㊞	志願者との続柄	
	現住所	（〒　　　）　　　（電話）　　　（　　　）		

家族欄（志願者は除く）	続柄	氏　　　名	続柄	氏　　　名
	父			
	母			

※印のある欄は3票とも記入しないこと。

聖 徳 幼 稚 園 面 接 票

【注意】　・該当事項は○でかこみ、記入事項はできるだけ詳しくお書き下さい。
　　　　　・出来るだけ早く（　　月　　日まで）受付に提出して下さい。（郵送可）
　　　　　　　　　記入者名（　　　　　　　　　）　　年　　月　　日記入

志願者	ふりがな 氏　名		性別	年　　月　　日生	
	現住所	〒（　　　　）	Tel.　（　　　）		

保護者	氏　名	［続柄］	緊急連絡先	［名称］	
	住　所			Tel.　（　　　）	
	備　考				
	氏　名	［続柄］	緊急連絡先	［名称］	
	住　所			Tel.　（　　　）	
	備　考				

家族の状況（同居人も含む）	続柄	氏　名	年齢	在学校（在園）名及び学年	備　考
	本　人				

家庭の教育方針		本園志望の理由	

本人の健康状況	健康状態		本人の家庭の様子	遊びの傾向	外遊び・内遊びが多い
				熱中している遊び	
				遊びの持続時間	（　　時間位）
	その他特記事項			友達の数	多い（　　人位）・少ない
				本（読み聞かせ）	好き・普通・嫌い
				手先の巧緻性	器用・普通・不器用

知能検査を受けた事がありますか	ない・ある（いつ　　　　どこで　　　　）（結果　　　）

保護者の受験 memo ※過去数年の受験者アンケートより

（説明会）

● 幼稚園併設の英才教室の説明会や体験入園などが数多く実施されています。内容は毎回同じですが、子どもを場慣れさせるのによいと思います。堅苦しい雰囲気もありませんでした。

● 体験入園のあとにおこなわれましたが、子どもたちは先生方が紙芝居などを見せて遊んでくださったので、保護者のみの参加になりました。説明会のあとに個別に質問を受け付けてくださいました。明るく活発で自分から遊びを見つけられる好奇心旺盛な子どもを望んでいるようでした。

● 先生方がとても温かい感じで堅苦しくなく、質問者もさまざまなことを気軽に聞いていました。

● 説明会の内容はすべて同じということでしたが、園の様子もわかり、最後の質問の時にいろいろと話を聞けるので、都合がつくならすべて参加したほうが良いと思います。

（控え室）

● テーブルに絵本が置いてありました。

● 小集団テストでいただいた折り紙とクレヨンで遊んでいるお子さんが多かったです。

● 初めに大きな教室に受験者全員が通されました。その後、子どもたちが小集団テストに行っている間に両親は 20 組ずつくらいに分かれ、それぞれの控え室へ通されました。母親のみの方は 2・3 人で、ほとんどの方は両親で来ていました。控え室での様子を先生方がチェックしているということはありませんでした。

（面接）

● 面接は両親のみでしたが、子どもの考査が早く終わってしまった場合はいっしょに面接室に行くことになり、子どもに対しても1つ2つ質問されることもあります。

● テーブルの上に飾ってあった百合の花を娘が「この百合きれいね」と言ったところ、園長先生がとてもほめてくださいました。草花などの自然に目を向けられる感性の豊かな子どもを好まれるようでした。

（考査・その他）

● 願書提出日の朝は早い方は 5 時くらいから並んでいたようです。

● 願書を早く出したほうが、親の面接が早く終わります。願書受付当日は、朝 6 時過ぎに並びました。

● 試験当日は、ほとんどの親子が紺のスーツやワンピースでした。

● 受験者は男の子が多く、女の子は全体の 3 分の 1 くらいではないかと思います。

● 小集団テストや面接テストの順番は受験番号や五十音とはまったく関係ないようでした。

● 付属の英才教室在籍者で一定の基準が満たされていれば、優先的に入園できるとのことでした。

● 英才教室で IQ テストをしており、結果が良かったので個別テストは受けなくてもよいと言われました。

● 家柄、家族の職業、学歴など細かいことは気にされないようです。

● 本人重視で、静かな子どもより、ハキハキした子どもが好かれるところもあるようです。

● 聖徳幼稚園への入園を希望される方は、付属の英才教室主催の夏期セミナーにはぜひとも参加されるべきだと思います。ただ、定員がありますので、早めに園に問い合わせをされたほうがよいでしょう。

● 公開保育には参加されるとよいと思います。

● 説明会や体験には、できるだけ参加されたほうがよいと思います。

桐朋幼稚園

■園　長　中村　博
■園児数　78 名
■制　服　なし（制帽のみ指定あり）
■通園バス　なし
■昼　食　弁当（火・木・金）
■保育時間　午前 9 時～午後 2 時
　　　　　（月・水曜日は午前 11 時半まで）
　　　　　※土曜日は休園
　　　　　※預かり保育（2022 年度より実施）

■所在地　〒 182-8510
　　　　　東京都調布市若葉町 1-41-1
　　　　　☎ 03（3300）2111（代）
　　　　　https://yochien.toho.ac.jp/
■併設校　桐朋小学校（共学）
　　　　　桐朋学園小学校（共学）
　　　　　桐朋中学校（男子）
　　　　　桐朋女子中学校
　　　　　桐朋高等学校（男子）
　　　　　桐朋女子高等学校
　　　　　桐朋学園芸術短期大学（共学）
　　　　　桐朋学園大学・大学院（共学）

★指導方針

　生活、遊び、題材による活動を通して、心身の健康・人との関わり・身近な環境との関わり・生活のことばの獲得・豊かな受容と表現を育てていきます。

★特　色

　常に子どもを原点において考え、子どもが生きていくために必要な基礎的生活力を経験を通して獲得できるようにしています。園生活を子ども自身の「生活の場」にすることは、不安・緊張を消すことが出発点であるとし、「教師が子どもを温かく受容すること」を生活の土台にし、その生活の場で積極的に仲間とともに生活する心と行動力を育てる活動をおこないます。

★進学状況

■ 併設小学校への進学状況

〈男女〉推薦制度があります。卒園生はほぼ全員進学。

2024 年度入試データ

※ 2023 年実施済み。
※幼稚園公表分と桐杏学園調査を併せたものです。
※ 2025 年度の要項は、幼稚園配布のもので必ずご確認ください。

■募集要項　※ 2023 年実施済み
◇募集人員　＜ 3 歳児＞　男女計 26 名
◇要項配布　6 月上旬～ 10 月 5 日
◇出願　　　10 月 1 日～ 4 日（Web）
◇書類送付　10 月 5 日まで（郵送必着）
◇考査料　　20,000 円
◇面接・考査日　11 月 1 日～ 3 日のうち 1 日
◇結果発表　11 月 4 日（郵送）
◇入園手続　11 月 7 日

■入試状況
非公表
■考査の順番
願書提出順

■付　記
考査・面接日時などについての選考日程書類が、考査日前に配布される。

●通園条件は次の 3 点を満たすこと。
1. 次の各市・各区に住んでいること。
渋谷区、新宿区、杉並区、世田谷区、中野区、目黒区、稲城市、国立市、小金井市、狛江市、多摩市、調布市、日野市、府中市、三鷹市、武蔵野市、川崎市麻生区、川崎市多摩区
2. 利用する交通機関（電車またはバス）は、2 系統まで（乗り換えは 1 回）とする。
3. 通学に要する時間は、60 分以内とする。（交通機関は、各駅停車を利用するものとし、乗車時間は 40 分までとする）

■インフォメーション
☆預かり保育（2022 年度より実施）
　（定員）14 名　16 時まで

2年保育	入試出題例	※桐杏学園調査を含む過去数年の内容

小集団テスト（約1時間）

● 紙芝居を見る。
● 絵本を読む。
● 自由遊び（積み木、ままごとなど。／プーさんにはちみつを食べさせる。プーさんのお家に入り、はちみつのお礼に
　お菓子をいただく。→かごにマシュマロとおせんべいが入っていて、「1つどうぞ」と言われる）
● 遊んでいる間に質問。
　「幼稚園に行っていますか」「何という幼稚園ですか」
　「今日は誰と来ましたか」「何に乗って来ましたか」
　「お父さんの仕事は何ですか」「いつも何をして遊ぶの」

面接テスト（親子同伴で、考査日以後におこなわれる。約5分。）

 父親へ

教育理念について、お考えをお聞かせください。
このような時代ですが、子どもを育てるにあたって、どのような点に留意していますか。
どのようなお仕事ですか。
引っ越しされるようですが。

母親へ

なぜ本園を選びましたか。
子どもと接するにあたって、留意していることは何ですか。

子どもへ

いつも何をして遊んでいますか。
お友達の名前は。
今日は何が1番楽しかったですか。
お家ではどんな動物を飼っていますか。

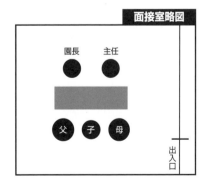

面接室略図

園長　主任

父　子　母

出入口

【 考査当日の進行例 】

```
8:15    受付。控え室で待機。
8:40    先生方が別室へ子ども達を連れて行く。
10:00   テストから戻ってくる。
```

●**考査当日の流れ**（配布プリントより抜粋）
（ 受付 ）
◇志願票を提出してください。
◇胸票を受け取り、受験番号・名前を確かめてください。
◇胸票は、お子様の左胸の上の方につけてください。
◇荷物・履物等は、考査終了まで保護者の方がお持ちください。

（控え室）
◇お子様のトイレをすませてください。
◇書架の図書をお読みの方は、必ず元に戻してください。

（移動）
◇お子様だけプレイルームに移動し、遊びの活動に入ります。
◇保護者は、プレイルームの入り口や中に入ることはできませんので、ご承知おきください。

（遊び終了）
◇自由な遊び・課題による遊びを終えたお子様は、プレイルームから保護者控え室にもどります。
　・戻る順番は、遊びの状況により受付番号順とは限りません。

（面接）
◇係の指示で、保護者、お子様共に、荷物・履物等をお持ちになり面接室前に移動してください。
◇面接室へは、保護者、お子様共にお入りください。
◇保護者の方が、受付番号とお子様の名前を言ってください。

（面接終了）
◇面接が終了しましたら、校舎沿いの道を通っておかえりください。
◇胸票はお持ち帰りください。

【 説明会レポート 】

●桐朋の教育について
・その年齢に大切なことを教育している。
・自分で考え、自分でやっていく力を養う→知的な教育
　（例）「さがす」…なくなった物をすぐにみつけてやるのではなく、ヒントを与えていっしょにさがす。
　　　自分のやり方、やろうとすることが大切。
　　　さがし方を教えるのが大人の役割。
　　　人間として生きていくために大事なことを年齢相応に理解してほしい。
・音楽部があるが、入園に関して音楽ができることを第一には考えていない。
　　　子どもにとっての音楽とは何かを考えている。感性を大切にしている。
　　　よいもの、よい音を与える→本物
・今の子どもの時期に大切なことを考えて、園の行事を決めている。
　　　子どものことをよく理解していただくために、行事を通して親にも動いていただくことが多い。
・桐朋小学校への推薦制度がある。

園の考えに賛同し、子どもの生活をいっしょに考えていける家庭かどうかを考慮。

●募集要項について

・男女同じ数にしたい。

・日程

願書提出の2日後に面接・考査の日時を知らせる書類を受け取りに行く。

日時変更はできない。ただし、病気・けがの場合はまず電話をして、指定された期間に医師の診断書を受付に持っていく。その時に考査の指示を受ける。

・考査

イ．生年月日によるハンディキャップは補正を行う。平等である。

ロ．塾やおけいこごとが試験に有利にならないよう、ごく普通の3、4歳児の子どもの力が発揮できるように行う。

ハ．行動の遅い子どもが損をしないように、じっくりとつきあう。

ニ．おしゃまな子ども、大人の気に入るような答えをする子どもが有利にならないようにおこなう。

ホ．やり直しができるように配慮する。

ヘ．障害を持っている子も平等に扱う。

ト．当日は、園で麦茶程度は用意している。時間帯によってごく少量の軽食は可。（お菓子はダメ）本来の姿を見たいので、動きやすい服装で。合否は当日のテストで決めるので、実力を発揮できるよう機嫌よく来てほしい。

・面接の際は保護者は父母どちらか一方でもよい。

過去に、お父さんだけが同伴された場合、子どもさんが不安になって泣き出すことがあった。

・願書の審査

イ．子どもが体力的に通園できる範囲か。

ロ．一時的な仮住所は認めない。

ハ．本当に転居場所が決まっている場合、願書の裏面にその住所を書くこと。

・合格発表

すべて郵送。補欠はない。欠員が生じた場合、直接電話する。

保護者の受験 memo ※過去数年の受験者アンケートより

（説明会）

● 平日のため、ほとんどがお母様でした。服装は驚くほどバラエティに富み、とてもなごやかな雰囲気でした。

（考査・その他）

● あまり細かい点は、チェックしていないようでした。

● 胸票に8つの空欄があり、1つ終わると1つハンコを押してもらい、全部終わった子どもから帰って来ます。はやい子で1時間位でした。

● 控え室からプレイルームに移動する際、10名程の先生方が、「さあ、○○君、向こうのお部屋で紙芝居を見ましょう」と言いながら、上手に連れ出して行きます。

● 服装はさまざまでした。子どもは普段着で動きやすいものがよいと思います。

● 子どもにとっては考査はとても楽しかったようです。

● 子どもらしい子どもを望んでいるように感じました。

晃華学園マリアの園幼稚園

- ■園　長　　須崎　奈穂美
- ■園児数　　149 名
- ■制　服　　あり
- ■通園バス　あり
- ■昼　食　　弁当（月・火・木・金）
- ■保育時間　午前 9 時半〜午後 1 時 40 分
  - （水曜日は午前 11 時半まで）
  - ※土曜日に行事が入る場合あり

- ■所在地　　〒 182-8550
  - 東京都調布市佐須町 5-28-1
  - ☎ 042（485）0040
  - https://maria.kokagakuen.ac.jp/
- ■併設校　　晃華学園小学校（共学）
  - 晃華学園中学校（女子）
  - 晃華学園高等学校（女子）

◇早朝保育「めざめの園」午前 8 時〜 8 時 40 分 [有料]
◇延長保育「にこにこクラブ」午後 1 時 40 分〜 6 時（月〜金）[有料]
◇体操教室「スポーツクラブ」午後 2 時〜 3 時（月・火）[有料]
　　　　　「サッカークラブ」午後 12 時 45 分〜 1 時 45 分（水）[有料]

★指導方針

　キリストの教えに基づき、豊かな心・考える力・たくましく生きる人間性の基礎を育成していきます。園のめざす幼児像は、感謝でき、良心の声に従い、自ら行動でき、よく見よく考えてやり抜くことができ、誰とでも仲よく遊べ、明るく生き生きとした子どもです。

★特　色

- ● 晃華学園は汚れなきマリア修道会が母体となっており、男子マリア会が母体の暁星学園（千代田区）は姉妹校です。
- ● 各学年 2 クラスずつあり、男の子はクラス内で 3 分の 1 の割合です。
- ● 校名と校章の由来
  - 校名…晃華の"晃"とは、ヒカリ、カガヤクなどの意味を持ち、"華"は"花"である。したがって、"晃華"とは、"光り輝く花"の意味ですが、これをもってキリストの母、"聖母マリア"が象徴されています。
  - 校章…学園の校章は、大小 2 つの星で織りなされています。中央の小さな星はイエズス・キリストを、外側の大きな星は聖母マリアを表し、これによって、"マリアによってイエズスへ"という学園の理想をしめしています。
- ● 宗教教育・蔵書 1 万冊を超える園絵本文庫・体育指導・縦割り保育、世界のお話（英語）、モンテッソーリの流れをくむお仕事コーナーなどがある。

★進学状況

■ 併設小学校への進学状況

〈男女〉卒園生は希望により晃華学園小学校に進学することができるが、幼稚園の推薦制になっている。

▶ 2025 年度入試データ

※幼稚園公表分。
※ 2025 年度の要項は、幼稚園配布のもので必ずご確認ください。

■募集要項 ※ 2024 年実施予定

- ◇募集人員　＜ 3 年保育＞男女 約 50 名
  - ＜ 2 年保育＞男女 約 10 名
- ◇要項配布　6 月 13 日〜
- ◇出願　　　10 月 15 日〜 30 日（Web）
- ◇考査料　　6,000 円
- ◇考査・面接日　11 月 1 日
- ◇結果発表　11 月 1 日（Web）
- ◇入園手続　11 月 6 日

■考査の順番

面接資料提出順

■行事日程（予定）

- ◇入園説明会／ 6 月 13 日、9 月 17 日、
- ◇園庭開放／ 6 月 10 日・11 日・24 日・25 日、7 月 8 日・9 日、9 月 9 日・10 日、12 月 2 日・3 日、2025 年 1 月 20 日・21 日、3 月 3 日・4 日（9 時〜 9 時 45 分）
- ◇夏まつり／ 7 月 20 日
- ◇運動会／ 10 月 13 日
- ◇クリスマス会／ 12 月 11 日
- ◇こどもまつり／ 2025 年 2 月 15 日・17 日

※日程が変更になる場合があります。ホームページなどでご確認ください。

2年保育	入試出題例	※桐杏学園調査を含む過去数年の内容

【小集団テスト・個別テスト】

◆行動観察
● 紙芝居を見る。
● 本を読んでもらう。
● 好きなおもちゃで自由に遊ぶ。
● 線の上をはずれないように歩く。
● 平均台を歩く。
● 自由遊び。

3年保育	入試出題例	※桐杏学園調査を含む過去数年の内容

【小集団テスト・親子活動】（約25分）

汽車ポッポで会場に向かう。帰りも汽車ポッポで帰ってくる。
● 自由遊び。　　● 歌を歌う。　● ままごとをして遊ぶ。　● 先生と遊ぶ。　● 買い物ごっこ。
● 絵本の読み聞かせ。　● 手遊び（ひげじいさん）。

晃華学園マリアの園幼稚園

【面接テスト】（親子同伴で約10分）

考査当日に親子同伴面接があります。

👨 父親へ

志望理由についてお聞かせください。
お仕事についてお聞かせください。
お子様とはどんな遊びをしますか。

👩 母親へ

通園方法についてお聞かせください。
志望理由についてお聞かせください。
本園の印象をお聞かせください。
お子様の健康面はいかがですか。

👦 子どもへ

お名前とお歳を教えてください。
好きな食べ物は何ですか。

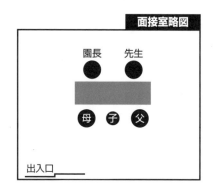

面接室略図

園長　先生

母　子　父

出入口

【アンケート】

通園方法／長所・短所／子どもの長所・短所／家庭におけるしつけについて／着替えやトイレはできるか／健康状態／
習い事／好き嫌い／

【考査日当日の進行例】

8：15	受付。控え室で待つ。		9：00	控え室（図書室）に移動。
8：30	親子遊び。		9：40	面接。
8：50	小集団テスト。（先生と遊ぶ。読み聞かせなど）			

保護者の受験 memo　※過去数年の受験者アンケートより

（説明会）
- ご両親で来ている方が多かったです。

（考査・その他）
- 控え室は絵本が置いてあり、自由に読めるようになっていました。
- 控え室入り口にシスターがおられ、親子の様子をご覧になり記録されていました。
- 面接では、とてもリラックスした雰囲気で、面接というよりも普通に会話をしているような感じでした。
- 名前は本人に聞かれます。
- 母子分離はできていなくても大丈夫ですが、椅子には座れるようにしておいたほうがよいです。
- 面接で、主人が「かくれんぼをして遊びます」と答えたら、「良いことですね」と大変気に入っていただきました。きどったありきたりの答えではなく、日々していることを述べたのが良かったように思いました。
- 受験の時期、子どもの体調が万全なことが1番だと思いました。

玉川学園幼稚部

■**園　長**	小原　芳明	■**所在地**	〒194-8610
■**園児数**	109名		東京都町田市玉川学園6-1-1
■**制　服**	なし（夏は白、冬は紺色の制帽を着用。リュック型指定カバン有り）		☎ 042（739）8931
■**通園バス**	なし		https://www.tamagawa.jp/academy/
■**昼　食**	弁当（月～金）	■**併設校**	玉川学園小学部・中学部・高等部

■**保育時間**　[年少・年中]
　　　　　　午前9時30分～午後1時45分
　　　　　　※年少：1学期の水曜日は12時まで
　　　　　　[年長]
　　　　　　(1学期)午前9時30分～午後2時
　　　　　　(2学期)午前9時30分～午後2時30分
　　　　　　※年長：金曜日は13時45分まで
　　　　　　※土曜日は休園

併設校　玉川学園小学部・中学部・高等部
　　　　玉川大学・大学院

★指導方針
全人教育の理念のもとに「きれいな心」「よい頭」「つよい体」の調和のとれた人格を育成します。

★特　色
● 玉川の自然環境を十分活用し、たくましく健全な心身をもてるよう、子どもの自発性を重視した保育をおこなっています。
● 礼拝、生活指導を通して神仏に素直に感謝できる心情を育て、動植物の飼育栽培や四季の変化等の事象観察を通して生命の大切さをまなびます。
● 日常の保育活動では、自分で遊びが発見できるように、人的環境も含めて教育環境が整えられています。自然な異年齢交流（幼小連携も含む）がはかれるよう意図し、のびのびと育つよう配慮されています。
● 幼児らしく天真爛漫で素直な心の持主であると同時に、将来有為な社会人となるために必要な生活の基礎的習慣を年齢に応じて確実に習得させます。
● 子どもと保護者と教員が三位一体の教育を実践しています。保護者が保育活動にかかわるチャンスが多くあります。
● 日本語と英語のバイリンガルプログラム、および希望者を対象に放課後の延長教育プログラム（有料）を実施しています。

★進学状況
■ 併設小学校への進学状況
　　卒園生は原則として全員進学できる。

◀≡ 2025年度入試データ ≡▶

※幼稚園公表分。
※ 2025年度の要項は、幼稚園配布のもので必ずご確認ください。

■**募集要項**　※2024年実施予定
◇**募集人員**　＜3年保育＞35名
　　　　　　　＜2年保育＞若干名
◇**要項配布**　4月15日～
◇**出願**　　　10月8日～18日（郵送）
◇**考査料**　　30,000円
◇**考査・面接日**　11月1日・2日のうち1日
◇**結果発表**　11月2日（Web）
◇**入園手続**　11月3日～7日
■**入試状況**
非公表
■**考査の順番**
願書提出順

■**付　記**
試験当日の詳細については、受験票といっしょに返送される「入学試験実施要領」を参照。受験希望日を指定できる。

■**行事日程**（予定）
◇**オンライン説明会**／9月14日
◇**幼稚部見学会**／5月16日～6月27日、
　　　　　　　　　　9月17日～10月3日

玉川学園幼稚部

2年保育　入試出題例　※桐杏学園調査を含む過去数年の内容

小集団テスト（1グループ約5名、約15分）

● 自分の名前を答える。
● 紙芝居を見て、紙芝居のお姫さまをみんなで
　探しに行く。（ストーリーに従ってみんなで遊
　ぶ）
● 積み木。
　「みんなでうさぎのおうちをつくりましょう」
　お手本が黒板に貼ってあり、それを見ながら
　協力してつくる。
　「もっと楽しいおうちをつくりましょう」
　ひとりひとり好きな家をつくる。
　あと片付け（かごに戻す）。

● ボール遊び。
　ひとりずつ順番に先生から子どもへ、子どもから先生へ（ころがす、投げる）。
● ケンパー。
● ネックレスをつくる。終わったら指定された所で体操座りで待つ。
◆ 体操組…平均台
　「手を広げて歩いてください」という指示で、1人ずつ順番に平均台を渡る。
◆ 粘土組
　粘土遊び。丸いかたまりをちぎって平らにのばし、くま、うさぎ、汽車、チューリップ、ちょうちょうなどの型を使
　って、型抜きする。
◆ 積み木組
　自由に積み木で遊ぶ。
　※テスト中に、名前、年齢、幼稚園に通っているかなどを聞かれる。

面接テスト（親子同伴で考査当日におこなわれる。約5分。子どもには特に質問はない）

父親へ

数ある幼稚園の中から玉川学園をお選びになった理由をお聞かせください。
本学園に対して期待することは何ですか。
学園までの交通はどうされますか。
最近、お子様のことで感動したことは何ですか。
入園された場合、いろいろ協力をお願いすることがありますが、協力して
いただけますか。
お父様から見てどのようなお子様ですか。

母親へ

志望理由につけ加えることはありますか。
ご家庭で気をつけていることは何でしょうか。
最寄りの駅まではどのくらいかかりますか。（通園経路・方法）
幼児教室に通われていますか。
ふだんどのようなことに気をつけて、お子様を育てていますか。
園に対して期待することは何ですか。

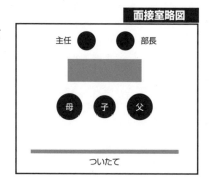

面接室略図

主任 ●　　● 部長

母　子　父

ついたて

【 考査当日の進行例 】

～進行例 1 ～

14：15	受付。控え室で待つ。
14：30	点呼。説明がある。
14：45	別の控え室へ移動する。
14：55	親子面接。
15：00	控え室で待つ。
15：10	子どものみテスト会場へ移動する。
15：20	テストから戻ってくる。
15：30	終了。

～進行例 2 ～

14：25	受付。控え室で待つ。
14：50	点呼。先生からの説明。
14：55	移動。次の控え室へ。
15：10	親子面接呼ばれる。
15：15	面接室外で待つ。
15：20	面接（約5分）。
15：30	廊下で先生が待っており、子どもは考査に。
15：50	子どもが戻り終了。

3 年保育　　入試出題例　　※桐杏学園調査を含む過去数年の内容

【 小集団テスト 】（1 グループ約5名、約15分）

◆指示行動
● 指定の所に指定されたものを置く。

◆運動
● マット（いもむしごろごろ）。

◆自由遊び
● ままごと。
● ブロック。
● 粘土。
● お絵かき。
● お買いものごっこ。「おさかなを買って、バッグの中に入れてください」
● テスト中に名前、年齢などをきかれる。

【**面接テスト**（親子同伴で考査当日におこなわれる。約5分。子どもには特に質問はない）

👨 父親へ

たくさんの幼稚園の中から玉川学園を選んだ理由をお聞かせください。
玉川学園に対して何を期待して志望されましたか。
（母親の回答を受けて）だいぶにぎやかな家庭のご様子ですね。
お父様から見て、どんなお子様ですか。
お仕事の内容についてお聞かせください。
本学園に対して期待することは何ですか。
入園された場合、いろいろ協力をお願いすることがありますが、協力していただけますか。

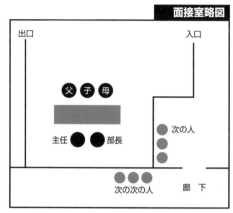

👩 母親へ

家庭で気をつけていることは何ですか。（祖父母との同居のことにふれる）
相当活発なお子様のようですが、手を焼くことはありませんか。ご家庭で気をつけていることは何ですか。
お子様に対して気をつけていることは何ですか。
（父親の園に期待することに対して）何か付け加えることはありますか。
どんな人間になってもらいたいですか。
お稽古事は何かしていますか。いやがりませんか。
子育てで気をつけていることは。
（玉川学園の）行事に何か参加しましたか。
ここまでどれくらい時間がかかりますか。

【**アンケート**（2年保育・3年保育共通、願書といっしょに提出）

- 受験生氏名／生年月日／現住所／保護者氏名／受験生との続柄／現住所／通園所要時間／家族（続柄・氏名／年齢／在学生は学校名と学年）
- 家族写真貼付（最近3か月以内に写したカラー写真、裏面には受験生氏名を記入）
- 健康（これまでにかかった病気・現在ある病気）
- 玉川学園を志望した理由／家庭教育での留意点
- お子様の性格について、長所／短所
- 子どもの現在の状態（該当するものに○をつける）
  - 食事…ひとりで食べられる・手伝ってもらう　箸で食べる・スプーンで食べる
    こぼさないで食べる・こぼす　好きな食物・嫌いな食物　量（多い　普通　少ない）
    食事にかかる時間（分）
  - 排便…大便（ひとりでできる　できない）／小便（ひとりでできる　できない）
  - 睡眠…ひとりで寝る／誰かといっしょに寝る／寝つき（良い　悪い）／就寝時間、起床時間
  - 着衣…ひとりで着られる／まだ不十分／ボタンかけができる／できない
  - ことば…よくしゃべる／普通に話す／幼児音がまじる／ことばがはっきりしない
  - 遊び…近所の友達と遊ぶ／兄弟と遊ぶ／ひとりで遊ぶ

考査当日の進行例

～進行例1～

8:00	受付。控え室で待つ。
8:45	点呼。別の控え室へ移動して待つ。
9:00	説明がある（約5分）。
9:30	点呼のあと親子面接。
9:35	控え室で待つ。
9:45	点呼。小集団テスト（保護者は控え室で待つ）。
10:00	終了。

～進行例2～

受験番号により登園時間は異なる。集団テストが先の組と親子面接が先の組がある。

8:30	受付。控え室で待つ。
8:45	点呼。別の控え室に全員で移動してテストの注意・説明がある。
9:00	親子面接の控え室へ移動（2組ずつ）。
9:05	親子面接。
9:10	面接から戻り、控え室で待つ。
9:15	小集団テスト。
9:40	終了。

説明会レポート

● 8:20～ 入口で書類、入学案内等を受け取り、講堂の中へ入る。
※ 8:30の時点では、前1、2列にちらちら30人程いる程度。夫婦での参加が目立つ。
※ 入口でアンケート用紙を受け取り、帰るときに提出。

アンケートの内容
1. 住まい　2. 最寄り駅　3. 子どもの数　4. 受験を考える時期　5. 学園を何で知ったか
6. 入学先の選択をする際の重視する点　7. 進学教室に通っているかどうか　8. 感想・質問

1. 幼稚部長のお話
・ 玉川学園の教育理念
・ 幼稚部の教育内容
→ 自由保育（自由遊び）を大変重視しているので環境の教育、自然とのふれあいを大切にしている。
→ 園内の遊具についても、創造力、表現力を磨くため、不必要なものは置いていない。これも、自由に頭を使い、自己表現のできる喜びを与えている要素の一つである。
・ 礼拝としつけ
→ 「きれいな心」「よい頭」「強い体」が小学部の教育目標。小学部の土台となるのが幼稚部である。
→ 宗教的な体験を通じた徳育が目的であり、特定宗教の宗教教育を行うものとはちがう。学校教育の範疇における内容であるということ。
→ 本人にやらせてみることでのしつけをおこなっている。自分にできることは自分でする。
・ 学園生活について

2. 玉川学園の映画・スライド
・ 「全人教育」の理念のもとでの総合学園
・ 幼稚部、小学部、中学部、高等部の学校生活について
・ 細かい年間行事など

3. 入学試験要項
・ 出願書類については郵送のみ。
・ 当日は子どもは、履き慣れた靴を履いてきてほしいということ。

- 面接資料の家族欄の備考部分は自由に（ほとんどの方が最終学歴や仕事名を書いているそうです）。
- 生年月日もしっかりみるので、4月生まれより3月生まれの方が不利だということはない。

◎どんな子に入園してもらいたいか

　よく動く子、よく歩く子、よく食べる子、よく話す子、よく歌う子、そしてよく遊ぶ子。

◎どんな親がいいか

　何か小さな事件などあった時でも、いっしょに学び、いっしょに悩める人、共感できる人。親と子と先生の三位一体をめざしている。

4．その他・公開行事

- こどものアトリエ（幼稚部にて）
- 夏まつり（幼稚部にて）
- 体育祭（記念グラウンドにて）
- 日常保育参観　9月から。予約を取って10名程ずつの参観ができる。

～創立者小原國芳の書籍～

　玉川学園は創立以来60年余を数え、その教育活動の基盤となっている建学の精神、教育理念、創立者・小原國芳の生涯と思想は数々の書籍に残されている。『全人教育論』（全人教育をめざす玉川学園の教育方針を解説）、『教育一路』（創立者・小原國芳の生いたち、思想が情熱をもって語られている）、『教育とわが生涯』（小原國芳の波乱に富んだ生涯を綴った書）など。いずれも玉川大学出版部刊行。

参考

～提出書類～

　※今年度のものは、必ずご確認ください。

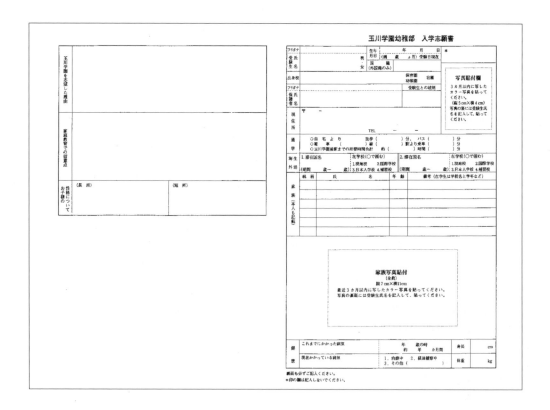

保護者の受験 memo ※過去数年の受験者アンケートより

（説明会）

- 説明会には両親揃っての出席が多く、子ども同伴の人はほとんどいませんでした。幼稚部長の話30分、学園紹介の映画20分、書類説明15分。質問は終了後に個々におこなっていました。園内見学もできます。

- 子どもの考えや気持ちを大切にした教育であること、自発性を引き出すために自由保育を実践されていることがよくわかりました。

- ほとんどの方がご夫婦で、紺のスーツを着用していらっしゃいました。初めに幼稚部長先生からの説明があり、玉川学園についての映画を見ましたが、どちらもとてもわかりやすかったように思います。その後、願書など提出書類についての説明があります。後でわからなくなったり、間違えやすい点もありますので、メモをとりながらしっかり聞いておきましょう。筆記用具は必要です。

- 多くの方が出席していました。夫婦での参加が目立ち、みなさんたくさんメモを取りながら、お話を聞いていました。説明会の後は、保育参観を自由にできることになっていて、ほとんどの方が幼稚部の参観をしていました。とても暑い日でしたが、しっかり紺のスーツを着ている人が多かったです。

（面接）

- 面接はとてもあたたかい感じで、雑談を交えながらの質問でしたので、あまり緊張せず、笑顔で話すことができました。

- 面接では入口から先生が迎えに来てくださって、アットホームな感じがしました。先生方はリラックスさせてくれるような接し方をしてくださいました。あまり固くならずに自然な態度で受け答えをすればよいと思いました。

- 父親が1番緊張してしまい、父親の面接練習も回数が必要だと思いました。

（考査・その他）

- 願書を含めて提出書類は多く、まとめるのに時間がかかりました。

- 志望理由、家庭教育での留意点については父母で何度も話し合い、面接での回答と一致するようにしました。写真は家族6人だったため、少し大変でしたが、写真館できちんと撮ってよかったと思いました。

- 考査当日、受付のとき、靴を入れるビニール袋をいただきましたが、3足分入るものではありませんでした。大きなビニール袋、それを入れる大きめの布のバッグを用意されるとよいと思います。控え室で下に置くときも、移動のときも便利です。

- 服装はみなさん多種多様でした。紺だけではなく、グレーのパンツスーツの方やチェックのスカートの方もいらっしゃいました。面接が先の方、考査が先の方とさまざまでした。

- 各テーブルの上に本が2冊ずつ用意されていましたが、立って本棚のところへ行き、勝手に別の本を見ている子どもが何人かいました。その他に金魚を見に行く子などフラフラと立ち歩いている子が目立ちました。親同士も話をしたりして、多少ざわざわしていました。服装は、ベージュありグレーあり背広ではなくジャケットありで、さまざまでした。

- 控え室には机は8つ、1つの机に6つずついすがありました。机の上には絵本が3冊ずつ置かれていました。受付をすませ、別の控え室に移動しましたが、まったく同じでした。園舎の窓、ドアはすべて開けてあり、外に2人の先生が椅子に座り、面接や考査の呼び出しをしていました。

- 控え室では、少し待ち時間ができてしまいました。本にもあきてしまい、子どもは早く考査に行きたがり、このままではぐずり出しそうな気配がしましたので、親子3人で手遊びをしたところ、機嫌よく待つことができました。先生が呼びに来たときには、息子は嬉しくてスキップをしながら先生と手をつないで行きました。控え室での子どもの状態が考査でのびのびできることにつながるのではと思います。

- 考査では、例年通りぬいぐるみを手にはめた先生が迎えに来てくださって「かわいいミッキーさんがい

るよ」というと喜んでついて行き、帰りもにこにこして帰ってきました。

● 行動観察については、一人ひとり何かで遊ぶのではなく、グループによる共同作業で、協調性やお友達といっしょにいかに楽しく仲良くできるかを見られたのだと思います。本人はとても楽しかったようです。

● 子どもが緊張しないように、なるべく明るく笑顔で話をしました。面接の前にも、「誰が1番大きな声でごあいさつできるかな」と話して、そのためか元気よくあいさつできました。部長先生からも、「元気なお子さんですね」とお声をかけていただきました。姿勢は少し崩れてしまいましたが、「ちゃんとしなさい」等あまりいわず、笑顔で、「もうちょっとだからがんばろうね」といいました。子どもにはあいさつだけはきちんとできるように、日頃から心がけていたつもりなのでよかったです。

● 控え室には絵本が用意されていましたが、子どもが興味のあるものとは限りませんので、好きな絵本など準備されていくほうがよいと思います。

● 子どもには試験に向けてというよりも、いろいろな経験をさせてあげることがとても大切のように思われます。玉川学園では明るく素直で活発な子を望まれていると思いますので、知能を高めることも大切とは思いますが、まずはたくさんの経験から豊かな心を育てていかれるとよいと思います。

● 公開行事にはどんどん参加して、子どもが慣れていることが大切だと思いました。

国立学園附属かたばみ幼稚園

■園　長	佐藤　純一		■所在地	〒186-0004
■園児数	76 名			東京都国立市中 2-6
■制　服	あり			☎ 042（572）4776
■通園バス	なし			http://www.kunigaku.ac.jp/
■昼　食	弁当（月～金）		■併設校	国立学園小学校
	給食（月～金）※希望制			
■保育時間	午前 9 時～午後 2 時			
	（水曜日は 12 時半まで）			
	※土曜日は休園			

★指導目標

「豊かな人間性を培う」ことを究極の目標とし、この目標の具体的な行動目標として、下記のことを掲げています。
　1. 個性的で創造的な行動ができる子ども（自分らしさや主体性に満ちていることなど）
　2. 協調的で愛情のある行動ができる子ども（自分や相手を尊重し、助け合いができることなど）

★特　色

　園舎は教室の間仕切りがなく、全体がオープンスペースで広く楽しい空間となっています。ここには、いくつかの活動コーナーが設定してあり、豊富な教材教具が用意されています。コーナー活動は異年齢で遊び、園の伝統である全職員が全園児をみるという指導体制のもと全職員が指導・助言してあたります。

★進学状況

■ 併設小学校への進学状況
〈男女〉原則として国立学園小学校へ進学できます。

2025 年度入試データ

※幼稚園公表分。
※ 2025 年度の要項は、幼稚園配布のもので必ずご確認ください。

■募集要項　※ 2024 年実施予定
◇募集人員　＜3 年保育＞男女 約 24 名
　　　　　　＜2 年保育＞男女 約 5 名
　　　　　　＜1 年保育＞男女 約 5 名
◇出願情報登録　9 月 1 日～
◇出願　　10 月 5 日～ 24 日（Web）
◇考査料　15,000 円
◇考査日　11 月 1 日・2 日のうち 1 日
◇面接日　10 月 28 日、29 日のうち 1 日
◇結果発表　11 月 3 日（Web）
◇入園手続　11 月 3 日

■入試状況
非公表

■考査の順番
願書提出順

■行事日程（予定）
◇入園説明会・体験保育／ 6 月 1 日、9 月 7 日
◇見学会／ 6 月 4 日・6 日・7 日・10 日・11 日
　　　　　10 月 9 日～ 16 日（土・日を除く）
◇運動会／ 10 月 5 日
◇作品展／ 2025 年 2 月 22 日

■インフォメーション
かたばみ幼稚園は、2024 年 4 月に創立 70 周年を迎えました。これまでに 3924 名の学園生を輩出している歴史ある幼稚園です。また、附属の国立学園小学校は 2026 年 4 月に創立 100 周年を迎えます。幼小連携の教育実践をこれからも行っていきます。

2年保育 入試出題例 ※桐杏学園調査を含む過去数年の内容

小集団テスト（1グループ約3名、約15分）

- パイロンをたててスラロームのケンケン。
- ねずみの紙芝居を聞き、それについて質問される。
- 「先生のをよく見て同じものをつくってね」積み木・色パズルなど。
- 紙芝居を見たあと「クマさんが持っていたものは何でしたか」の質問に答える。
- 紙に描かれた渦巻き状の線に沿ってはさみで切る。
- ケンケンで行ってカードを裏返し、ケンケンで戻ってくる。（タイムを計る）
  3人の子どもが1組になり15分間おこなわれ、生徒1人につき先生1人がつく。
- アンパンマンのパズル。
- すべり台のようなお山からジャンプ。
- 丸い白いお皿のようなものを裏返す。
- 歌を歌う。

面接テスト（約10分）

父親へ

志望理由についてお聞かせください。
お子様の性格を教えてください。
一言で言うとどんなお子様ですか。
学園に何か伝えておきたいことがあればどうぞ。

母親へ

子育てで気をつけていることは何ですか。
トイレの間隔は3〜4時間くらいですか。
下のお子様がまだ小さいようですが通園は大丈夫ですか。
送迎はどなたがしますか。

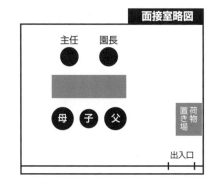

子どもへ

お名前とお歳を教えてください。
お友達はいますか。
好き嫌いはありますか。
ひとりで食事はできますか。
ひとりで着替えはできますか。
好きなテレビ番組は何ですか。
好きな遊びは何ですか。
誰と遊びますか
お外で遊ぶのは好きですか。
お砂遊びは好きですか。
ひとりでトイレに行けますか。
立って靴の履き替えができますか。
お箸を使ってご飯を食べられますか。

【 考査当日の進行例 】

～進行例1～

12:50	受付（20分ごとに3組ずつ）。
13:10	先生に子どもが1人ずつ呼ばれ考査へ。
13:30	親子面接。
13:40	終了。

～進行例2～

12:45	受付。ゼッケンをつけて控え室で待つ。
12:55	指定の13:00より少し早いが考査を始めるということで、名前を呼ばれシスターが一人ひとりについて子どもを連れて行く。
13:10	子どもが戻ってくる。面接控え室へ移動。すぐに名前が呼ばれ面接室へ。
13:20	終了。

3年保育	入試出題例	※桐杏学園調査を含む過去数年の内容

【 小集団・個別テスト 】（1グループ3名、約15分）

- 黄色いお花（ひまわり）を持ってくる。
- 電話機を使って先生とお話しをする。
- ボタン付きの洋服を着る。
- ぶどうが描かれた絵をハサミで切る。のりづけし、お皿に乗せて先生のところに持っていく。そこで数量について質問される。
- ひげじいさんを歌う。
- 紙芝居を見る。お話に出てくる動物の名前を答える。
- 跳び箱。階段を数段のぼり、その後跳び箱からジャンプ。
- 鉄棒ぶらさがり。
- サッカーボールを投げる。
- スモックの着脱。（ボタンあり）
- ゴミを拾い、ゴミ箱に捨てる。
- 「グーチョキパーでなにつくろ」
- 積み木。
- 電車、ブロックなどで遊ぶ。
- アンパンマンの絵本を読む。

【 面接テスト 】（約10分）

父親へ

志望理由をお聞かせください。
一言で言うとどんなお子様ですか。
幼稚園に対して何か言っておきたいことがあれば、おっしゃってください。
何かしつけで注意なさっていることはありますか。

母親へ

当園をどのようにしてお知りになりましたか。
お子様を育てるにあたり、気をつけていることがありますか。

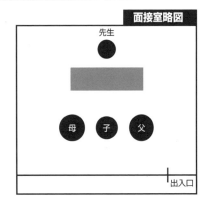

面接室略図
先生
母　子　父
出入口

国立学園附属かたばみ幼稚園

送り迎えはどなたがしますか。
着替え、トイレ、食事などはひとりでできますか。
箸は使えますか。
学園までどのように通園なさいますか。
下のお子様がまだ小さいようですが通園は大丈夫ですか。
ベビーカーは使いますか。…おむつはいかがですか。

子どもへ

お名前を教えてください。
好きな遊びは何ですか。誰といっしょに遊びますか。
好きなテレビは何ですか。
誰と来ましたか。
何で来ましたか。
好きな食べ物は何ですか。嫌いな食べ物はありますか。
ひとりでトイレに行けますか。
ひとりで洋服が着られますか。
ひとりでご飯を食べられますか。

考査当日の進行例

8：30　受付。第1控え室で待つ。
8：45　1人ずつ名前を呼ばれる。小集団テスト（3名ずつ）。
9：00　子どもが戻ってくる。第2控え室で待つ。
9：05　面接。
9：12　面接終了。玄関で折り紙を頂く。

参考

〜幼児調査表〜

※今年度のものは、必ずご確認ください。

入園前の履歴	育った所	（　　才から　　才まで）（　　才まで）（　　才まで）
	集団生活の経験	
健康状態	今までにかかった主な病気と年齢	
	かかりやすい病気	
	現在の病気や異常	
	活力	よく動く、普通、おとなしい
興味	特別に興味をもっていること	
性質	長所	
	短所	
家庭	しつけの方針と実際	
	主に指導に当たる人	
交友	友達	多い、普通、少ない、いない
	おもな遊びの内容	
入園希望の動機		

保護者の受験 memo　　※過去数年の受験者アンケートより

（説明会）

- 説明会には 200 名ほどの方が参加されていました。面接で志望理由や幼稚園の特徴を質問されたときに対応しやすいので説明会には参加された方がよいと思います。
- 園長先生が熱弁をふるわれ、教育に対する姿がとても良く伝わってきました。スライドを通して、園児達の活動の様子がわかりました。
- 園長先生の話が 1 時間、ビデオが 20 分、参観が 1 時間余りでした。お話上手の園長先生ですので楽しく聞けました。
- 公開保育は説明の後にあり、アンケート記入後に自由に帰るようになっていました。
- アンケートには好きなことが書けるよう欄が広くとってあります。事前に書くことを用意している方も見られました。
- 紺のスーツは少なめでした。父親も何人か見られました。

（控え室）

- 控え室は絵本などはなく、荷物置場と待機用のテーブルと椅子がありました。

（面接）

- オンラインでの面接でした。集合時間になるとミーティングルームで待機します。画面の切り替えと同時に面接が始まりました。
- 質問内容は過去のものとほぼ同じでしたので、特別な用意は不要と思われます。
- 面接では、チェック表があるようで、質問の回答を聞きながら何か書き込んでいらっしゃいました。
- 受付番号順に面接時間が決められ、それに従って受付をします。
- 子どもに 1 問、父親に 1 問、母親に 1 問、次に父親に 2 問目、子どもに対しての質問という順番でした。最後の子どもへの質問の途中で母親へ、2 問目、3 問目の質問があり、1 番最後の質問には父親が答えました。
- 子どもは足をブラブラし、手を机の上に乗せたりして練習のときのようにうまくできなかったのですが、合格しました。おそらく、子どもをよく見ていらっしゃる教頭先生は面接態度をそのまま見るのではなく、本当の性質、性格、家庭の様子などを見られていたのではないでしょうか。
- 毎年質問の内容は同じような気がしますので、あれもこれもと気を回しすぎる必要はないと思います。
- 面接官が穏やかに優しく問いかけてくださいますので、子どもは緊張してはいましたが、ふだん通りスムーズに答えられました。
- 面接では、子どもへの質問が多かったです。
- 子どもの様子を最初から最後までよく見ていらっしゃったと感じました。
- 面接は終始おだやかな雰囲気でした。
- 子どもが最後まで座って面接を受けられたことに「えらいね。よく頑張ったね」と声をかけていただきました。

（考査・その他）

- 各窓口の受付は、手際のよい早めの対応で良心的です。
- 入学申し込みのときに自転車で来られている方が多いので、ご近所の方が多く受験されているのだと思いました。
- 幼稚園とはいえ、かなり小学校的な保育をするところのような印象を受け、それに耐えられる人材かどうかを見極めるために、子どもへの質問が多く、子どもの資質をきちんと評価しようとしている気がしました。
- 考査のとき、母子分離が危うかったのですが、先生が上手に誘導してくださいました。
- 食事、着替え、トイレは入園までにできるようにとお話がありました。

森村学園幼稚園

■園　　長	武藤　深雪	■所在地		〒226-0026
■園児数	93名			神奈川県横浜市緑区長津田町2695
■制　　服	なし（通園ユニフォームあり）			☎ 045（984）0046
■通園バス	なし			https://www.morimura.ac.jp/youchien/
■昼　　食	弁当と給食の希望制（月～金）	■併設校		森村学園初等部
■保育時間	午前8時50分～午後2時			森村学園中高等部

　　　　　　（年少の1学期間：水曜日は午前11時30分まで）
　　　　　　※土曜日は休園。

★指導方針

　創立者の精神にのっとり、人間形成の基礎を培うことを目標に置いています。家庭的雰囲気のなかで、個性を尊重しながら個々の能力を伸ばし「知育・徳育・体育のバランスのとれた子ども」「知的好奇心の旺盛な子ども」「コミュニケーション能力の豊かな子ども」の育成に努めています。教育の柱は「主体性を重視したあそび」「豊かな自然の中でのびのびと遊ぶ」「ことばを育てる」の3つであり、15年一貫教育の中で、"社会で活躍する人"を育てていきます。

★特　色

　学園は幼稚園から高等部までの15年一貫教育です。その中で最初の教育の場が幼稚園であり、その役割は人間形成の面からも非常に重要です。「人を育てるのは樹を育てるのと同じで根がしっかりしていないと倒れてしまう」という信念で指導にあたっています。また、幼稚園から高等部までの15年を通して、「言語技術教育（ランゲージ・アーツ）」と「英語教育」に力を入れています。特に幼稚園では、言語技術教育による"絵本の読み聞かせ"や"発表"を通して、言葉の育ちを大切にしています。

★進学状況

■ 併設小学校への進学状況

〈男女〉卒園生のほとんどが森村学園初等部へ進学。

2024年度入試データ

※2023年実施済み。
※幼稚園公表分と桐杏学園調査を併せたものです。
※2025年度の要項は、幼稚園配布のもので必ずご確認ください。

■募集要項 ※2023年実施済み

◇募集人員　　＜3年保育＞男女約40名
　　　　　　　＜2年保育＞男女約20名
◇要項配布　　10月16日～20日（窓口）
◇出願　　　　10月18日～20日（窓口）
◇考査料　　　25,000円
◇考査日　　　＜3年保育＞11月2日・3日
　　　　　　　　　　　　　のいずれか1日
　　　　　　　＜2年保育＞11月1日
◇面接日　　　考査日に実施
◇結果発表　　11月1日、11月3日（郵送）
◇入園手続　　11月9日

■考査の順番
願書提出順

■行事日程（予定）

◇入園説明会/2024年6月29日、10月14日
◇公開見学会/2024年6月18日、9月10日・17日
◇親子で遊ぼう/2024年6月15日、9月7日・21日

■インフォメーション

・毎日、保育後から18時までの預かり「子どもの森」を開室しています。日本人の教員と外国人講師によるお預かりです。朝の預かりも8時から実施しています。
・また、2歳児保育「ひまわりぐみ」も実施し、入園前のお子様も幼稚園生活を体験することができます。

なんでもわかる**幼稚園受験の本** | 201

森村学園幼稚園

2年保育　入試出題例　※桐杏学園調査を含む過去数年の内容

【個別テスト】（約30分）

1グループ8人ほどで考査室に入り、順番にテストを受ける。
他の人が個別テスト受けているときは好きなおもちゃで自由に遊ぶ。

● 先生が言った言葉を復唱する。
● 先生の指のまね。
● 数の復唱。
● パズル。

◆運動
● 平均台。
● ケンパー。

◆指示行動
● 指示された物を（複数）、指示された
　場所に置く。

例1：
絵本とボールとうさぎの人形を持って、絵本は机の上、ボールは箱の中、人形は椅子の上へ置きなさい。

例2：
車を持って本の所に行き、本を持ってその場所に車を置きなさい。次に本をぬいぐるみの所に置いて、代わりにぬいぐるみを持ちなさい。

● 下の絵で足りないところはどこですか。

森村学園幼稚園

● 2枚の絵（公園で遊んでいる様子）を見せ、いけないことをしているのはどちらか問う。
「いけないことをしているのはどちらですか」

※絵の内容は実際の試験とは異なります。

【面接テスト】

👨 父親へ

お仕事についてお聞かせください。
お子様の性格についてお聞かせください。
土曜、日曜はお休みですか。

👩 母親へ

お子様の健康状態はいかがですか。
今まで子育てをしてきたなかで、大変だったことは何ですか。
通園方法と所要時間をお聞かせください。

👧 子どもへ

お名前を教えてください。
何歳ですか。
お兄さんは、今日どうしていますか。
お兄さんとは、どんなことをして遊びますか。

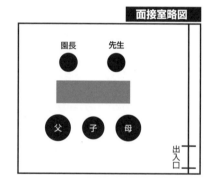

3年保育　入試出題例　※桐杏学園調査を含む過去数年の内容

【小集団テスト】（1グループ約8名、約30分）

● 積み木
● パズル
◆ 運動
● 平均台
● ケンパー
● 指の屈伸（グーパー、グーパー）

【面接テスト】(約5分)

👨 父親へ

今日はどうやって園まで来られましたか。…時間はどれくらいかかりましたか。

お子様の健康状態はどうですか。

自営業ということですが、どんなお仕事ですか。

👩 母親へ

今まで子育てをしてきた中で、大変だと思ったことは何ですか。また、お子様のどういうところに気をつけていますか。

牛乳は飲めますか。

お仕事をされていますか。…どんなお仕事ですか。

送迎はどなたがされますか。

👧 子どもへ

今日は、ごくろうさまでした。シールをはりましょう。（胸の番号札にシールをはる）さようなら。

【考査当日の進行例】

受験番号により登園時刻が異なる

9：00　受付。1階の控え室へ。

9：15　2階の控え室へ移動。

9：20　小集団テスト（30～40分、子どものみ）テストから戻った家族から面接、終わり次第帰る。

保護者の受験 memo　※過去数年の受験者アンケートより

（説明会）

● 説明会は堅苦しい雰囲気はなく、園長先生のお話では「健康第一で、伸び伸びした学園の中、人間関係の土台である幼稚園で、遊びを通した、人生の大切な人間との触れ合い方を学んでほしい」というところにとても共感しました。

（考査・その他）

● 出願のとき、朝早く行って並んで早い受験番号をとると誠意あるように思われるとか、3年保育のある幼稚園は、2年保育のときから受験しても合格しないという話を耳にしますが、そういうことはないと思います。森村学園の先生も本人の実力で決まりますと、おっしゃっています。とかく幼稚園、小学校の受験にはいろいろなウワサが出ていますが、それに左右されてはいけません。

● 子どもは考査のときに名前や歳など聞かれたようなので、親子面接はおもに親に関しての質問で、後半は通園の時間や方法などについてでした。世間話のようになごやかムードでリラックスできました。

● 同じグループで、母子分離で泣いてしまったお子様は不合格でした。

● 集団テストから全員同時に戻りました。その後、受験番号順に呼ばれ、面接を受けて終了でした。

桐蔭学園幼稚園

■園　　長　　田中　淳一朗
■園児数　　86名（2024年4月現在）
■制　　服　　あり
■通園バス　　あり
■昼　　食　　給食（月・火・木・金）
　　　　　　　弁当（水）
■保育時間　　午前9時半～午後2時10分
　　　　　　　※土曜日、日曜日は休園。
　　　　　　　※預かり保育は、保育終了後～最長午後6時まで。
　　　　　　　　時間については今後変更の可能性があります。
　　　　　　　　最新情報を学園公式Webサイトにてご確認ください。

■所在地　　〒225-8502
　　　　　　神奈川県横浜市青葉区鉄町1614
　　　　　　☎ 045（972）2223
　　　　　　https://toin.ac.jp/knd/
■併設校　　桐蔭学園小学校（共学）
　　　　　　桐蔭学園中等教育学校（共学）
　　　　　　桐蔭学園高等学校（共学）
　　　　　　桐蔭横浜大学・大学院（共学）

★指導方針

　幼稚園では幼児期ならではの経験を大切にし、「チャレンジする力」を育むことを中心において子どもたちの成長をサポートしています。一人ひとりが、やってみたい、やってみようかな、と一歩踏み出した思いに寄り添います。

　絵本環境、異学年交流、スピーチ活動、四季折々の自然に触れる活動、主体的な遊びの場面を大切にしています。それぞれの場面で、自分で選び、夢中になり、自分の思いを形にしていく「チャレンジする力」、おともだちと励まし合い、認め合う「ともだちとつながる力」、話を聴いて取り組んだり、新しいことに興味を持ったりする「まなびに向かう力」の3つの力を育みます。

★特　色

- 【挑戦する】一人ひとりの「やってみよう」のきっかけを大事にして「チャレンジする力」を育みます。「やってみる」と一歩踏み出した子どもたちを認め、頑張るプロセスを励まし、やり抜いたことを褒めていきます。
- 【主体的に遊ぶ】自分で遊びたい遊びを見つけ、選択し、思う存分に遊び込むことを大切にします。試行錯誤を繰り返し、自分でやりとげた達成感を味わうことができる環境を整え、幼児期ならではの遊びをサポートします。
- 【異学年交流】たくさんの異学年交流があります。2学年や3学年での活動をとおして、お兄さん、お姉さんの姿は憧れのロールモデルに、小さい子との関わりをとおして、社会的承認、自尊感情の芽生えにつながります。
- 【絵本に触れる】絵本コーナーや園舎内のちょっとした場所に、自分で手にとりやすいようにレイアウトし、日常的に絵本に触れることができる環境を整えています。「絵本の世界を楽しんでほしい」願いがあります。
- 【スピーチ活動】となりのおともだちに、クラスのおともだちに、その日のできごとや自分の気持ちを伝えることを大切にしています。人前で話す機会を設定し、言葉で伝える、話を聴いて理解する力を養います。
- 【自然を感じる】園舎のまわりは自然に溢れ、四季折々に姿を変えています。発見、驚き、不思議など心動かされる体験がたくさんあり、季節ごとに変化する自然は子どもたちの好奇心を刺激し、豊かな感性が育まれていきます。

★進学状況

■ 併設小学校への進学状況

〈男女〉本園年長児の桐蔭学園小学校への内部進学については、ご家庭からの希望に対し、在園中の記録に基づいて幼稚園が推薦を行います。その推薦内容を基に、小学校が入学の可否を判定します。

◢◣ 2024年度入試データ

※2025年度の要項は、ホームページよりダウンロードのもので必ずご確認ください。

■募集要項　※2023年実施済み
◇募集人員　　＜3年保育＞男女約30名
◇出願期間　　11月1日0:00～15:00（Web）
◇考査料　　　15,000円（クレジットカード決済のみ）
◇考査・面接日　11月2日
◇結果発表　　11月2日（インターネットによる個別合否照会システムにてお知らせ）
◇入園手続　　11月7日

■行事日程（2024年実施予定）
◇公開保育・説明会／6月3日・4日
◇個別見学会/6月13日・27日、9月12日・26日
◇園庭開放／6月19日、9月4日・18日
◇ようちえんであそぼう・個別相談会/6月22日、8月31日
◇プレ幼稚園デー/7月6日
◇幼稚園見学会/9月19日
◇入園説明会・入試体験会／10月15日
※日程や内容を変更する場合もあります。その際は、本学園公式Webサイトにてお知らせいたします。

| 2年保育 | 入試出題例 | ※桐杏学園調査を含む過去数年の内容 |

【個別テスト】(約10分)

● 知能テスト。
● 積み木（お手本と同じ形をつくる）。
● ことば（しりとり）。
● 自分の名前、年齢、誕生日を答える。

◆ 話の聞きとり（テープ）
「うさぎさんがお買い物に行きました。きつねさんがうさぎさんにエプロンを買ってきてね、とたのみました。うさぎ
　さんは、自分のマフラーと手袋ときつねさんにたのまれたエプロンを買いました」

・うさぎさんは、お買い物を誰にたのまれましたか。○をつけてください。

・きつねさんは、何を買うようにたのみましたか。○をつけてください。
・うさぎさんのために買ったものは何ですか。○をつけてください。

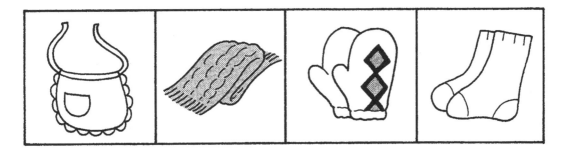

● うさぎおかあさんは子うさぎに、「りんごを買ってきて」といいました。「……バナナを3つ、いちごを3つ買って、
　お花屋さんでチューリップを1本買ってきてね」といいました。……子うさぎは、りんごを買うのを忘れてしまいま
　した。

・忘れて買わなかったものはどれですか。○をつけてください。

・バナナを買った数だけ○をつけなさい。
・いちごを買った数だけ○をつけなさい。
・チューリップを買った数だけ○をつけなさい。

● はなれた机の上から指示されたものを持ってくる。
「青いおはじき××個と、うさぎのぬいぐるみを持ってきなさい」

◆面接
・お名前を教えてください。
・いつも何をして遊んでいますか。
・好きな食べ物、果物はなんですか。

◆パズル
● 指定された形をつくる。

● 黄色い丸のまわりを赤色の丸７枚でかこんでください。

面接テスト（保護者のみで考査当日におこなわれる。5〜10分）

父親へ

志望理由をお聞かせください。
園へはどうやってこられますか。
お子様と接するときに心がけていることは何ですか。
お子様の性格で、特に優れていると思う点は何ですか。
将来どのような人間になってほしいですか。
最近、いじめが社会的に問題になっていますが、もしも、お子様がいじめにあったらどうなさいますか。
学校内でもごみをごみ箱へ捨てない子がいますが、どう思われますか。
当学園では中学からスポーツを奨励していますが、それについてどう思われますか。
こちらには何回いらっしゃいましたか。
何か当学園にご質問はありますか。
受験のために準備したことはありますか。
子どものしつけについて、日頃、注意していることをお父様、お母様、一言ずつお話しください。
運動会は見に来ましたか。

母親へ

志望理由でお父様につけ加えることはありますか。
お子様と接するときに心がけていることは何ですか。
しつけで特に気をつけていることは何ですか。
いじめについてはどうお考えですか。
最寄り駅までの所要時間はどのくらいですか。

通学には支障はないですね。

受験をするのに何か準備をなさいましたか。

幼児教室に通っていますか。（教室名、場所、週何回か）

子育てで気をつけていることは、具体的にどんなことですか。

兄弟仲は良いですか。

お子様の将来についてどうお考えですか。

学園にいらした回数は。どのような感想を持たれましたか。

誘導しているのは小学部の生徒ですが、感想をお聞かせください。

※いくつかの部屋で同時に進行。

参考

〜説明会配付資料から〜　※今年度のものは、必ずご確認ください。

幼稚部・小学部受験希望の父母の皆さまへ

1. 桐蔭は本当の意味での一貫教育をおこなっています。

    私学はどこも建学の精神を持ち、独自の教育をおこなっていますが、それが日常の教育でおこなわれていなければなりません。桐蔭では、社会的に責任のある「自由」を身につけることを目標とし、まず、学校は勉強するところですから「究学」、人間としてしっかりするということで「道義」、生まれたところを大事にし、家庭・社会・国を愛し、それを他国にも及ぼすということで「愛国」の四つを建学の精神とし、毎日の教育に生かしています。しっかりとした、勉強の好きな、自分と他人を大事にする子を育てる教育をしています。

2. 一貫教育の実態

    桐蔭には、幼・小から中・高・大学まであります。一度入学すると高校まで行けます。希望者は桐蔭の大学へ行けるのはもちろん、東大をはじめ、希望するどこの大学にも行ける力をつけています。

    こういう実績を持っているところは外にありません。しかも、幼・小の教育は、幼・小だけでなく、中・高から大学の先生までが直接・間接に指導しています。高いレベルの広い視野に立った分かりやすい教育です。だれでもついていける教育、すべての子を伸ばす教育です。

3. 五日制について

    現在、幼から小３まで完全五日制を実施しています。小４から中・高までは六日制となります。小３までは、親や家庭とのつながりを深くするために五日制、小４以上は、１週間を勉強だけでなく、クラブや学校行事をするという「責任教育」を果たすために「六日制」をとります。

4. カリキュラムについて

    算数・国語を中心とし、理科・社会などをそこへ融合させた新しいカリキュラムを、９年度から実施しています。重複やむだを省き、児童が大事なことにじっくりと取り組むことができるような内容になっています。英語・コンピュータは１年生から始まります。少人数で、基礎から楽しく学習することができます。

5. 中学入試について

    外進生とは別枠で実施。国・算・社・理の４教科につき、平素の授業で学習した内容についての到達度を確認します。従って、受験のための特別な勉強は不要、ゆとりある学校生活を送ることができます。

6. 環境について

    桐蔭学園はゆとりある園地・校地を持ち、自然環境にもきわめて恵まれています。田や畑、山・林などを、遊び・実習の場として大いに活用しています。幼から大学までの校舎は、丹下健三氏・稲塚二郎氏設計によるもので、日本のみならず世界でもトップを誇る建築です。メモリアルホールでは、内外の一流の芸術に接することができます。保護者の方も自由に参加できます。

保護者の受験 memo ※過去数年の受験者アンケートより

（説明会）

● 教室の中まで見せてくださり、質問コーナーも設けてくださって、充実した内容でした。子どもはホールや園庭で遊び、親は列を作って先生に質問する順を待っていました。私も通園バスのルートを尋ねました。

● 説明会には昨年も参加しておりましたので、全体の感じはつかめていました。オープンスクールもありましたので、実際の様子を拝見し、年少さんがとてもしっかりとしていて、静かに先生の指示を待っているのにびっくりしました。

● 2回の説明会は内容の違うもので、1回目はオープンスクールが目的で、2回目は園の様子をビデオやスライドで紹介し、内容も盛りだくさんでした。特に鼓笛隊（小学部）の演奏は息子も印象深かったようで、受験する気持ちを高めてくれました。

（面接）

● 両親面接では、どちらが答えてもよいようでした。

● 都合により、母のみの面接でした。母のみの方は数人くらいでしたが、決して不利ではありません。要は答え方と態度だと思います。

（考査・その他）

● 志望理由の欄の行数が少ないので、まとめるのが大変でした。

● 控え室（体育館）には入口に職員が1人立っているのみで、特に行動観察されている様子はなかったです。体育館内では、面接の自習をしている子、絵本を見ている子、お茶を飲んでいる子などさまざまでした。我が息子も途中でお腹がすいたと言いだしたので、おにぎりを半分食べさせました。

● 控え室（体育館）では、みなさん緊張感もなく自由に知り合いの方とあいさつされたり、家族で自由に会話したりしていました。

● 控え室では泣いている子、走り回っている子、本を読んだり折り紙を折ったりしている子、とさまざまでした。一度部屋を出たら戻れないという説明を受けましたが、両親面接が終わってもテストができずに泣いている子もいて、両親が戻られた方が何組かありました。早朝ですので、おにぎりとお茶を準備して行きました。

● 当日は、小学校の体育館に待たされるのですが、受験番号によっては親のほうが先に面接に行き、子どもが1人残されて試験を待つ、ということがあります。帰りは3階の柔道場で親子が待ち合わせとなるため、体育館には戻れないので、絵本などを子どもにおいていくこともできません。子どもには前もって、よく話をして動揺しないよう配慮が必要です。

● 当日、控え室まで小学生が迎えに来てくれるのですが、その引き渡しのときにスムーズにいくかどうかが、テストでふだんの力が出せるかどうかのポイントだと感じました。また、案内されるとすぐにお教室に入るのではなく、廊下の椅子で待ったとのことです。そのときは、小学生が本を読んでくれたそうです。控え室では1時間くらい待つことを考え、ゲーム・絵本と読んでいない新しい本を持っていきました。

● 試験開始と同時に、親と子それぞれが呼ばれ、20分後にはすべてが終わっていました。

● 受付を済ませて入る控え室と面接が終わって入る待機室は別の場所でした。要するに、試験、面接と親子ともに席を立ったら2度と控え室には戻れないよう工夫してありました。移動するので手荷物は少ないほうが良いと思います。

湘南白百合学園幼稚園

■園　長	長谷川　京子	■所在地	〒 251-0035
■園児数	125 名		神奈川県藤沢市片瀬海岸 2-10-1
■制　服	あり		☎ 0466（22）4432
■通園バス	なし		https://www.youchien.shonan-shirayuri.ac.jp/
■昼　食	弁当（月・火・木・金）	■併設校	湘南白百合学園小学校（女子）
■保育時間	午前 9 時〜午後 2 時		湘南白百合学園中学校（女子）
	（水曜日は午前 11 時まで）		湘南白百合学園高等学校（女子）
	※土曜日は休園		白百合女子大学・大学院

★指導方針

　本園は、キリストの教えにもとづいた生活教育を通して、神から与えられた心身の能力を最大限に生かしながら、愛と責任のある人格形成の基礎づくりを目的としています。それぞれの発達に応じた自主活動を行い、楽しい関わりから豊かな人格形成ができるよう、適切な手助けと環境を提供いたします。

★特　色

● 個性豊かで主体的に行動できる人間をめざして、個々の発達段階に即した自発的な選択活動を重視するモンテッソーリ教育を取り入れています。
● クラスは、3 歳から 6 歳までの縦割編成です。そのなかでお互いの立場を尊重し合い、自由と責任、おもいやりと協調性を体得し、社会生活に必要な規律を身につけていきます。
● 子どもたちの尽きることのない探求心に応えながら、具体的な教具と教材を使って、地図、歴史、自然界、聖書の世界へ導き、知性、情緒性、良心の発達を高めていきます。一斉活動として、体育、リズム表現、絵画製作をとり入れています。

★進学状況

■ 併設小学校への進学状況

〈女子〉推薦入試制度あり。

◆ 2025 年度入試データ

※幼稚園公表分。
※ 2025 年度の要項は、幼稚園配布のもので必ずご確認ください。

■募集要項 ※ 2024 年実施予定

◇募集人員	（A日程）＜3年保育＞	男女計 60 名
	＜2年保育＞	男女計 10 名
	（B日程）＜3年保育＞	男女計若干名
	＜2年保育＞	男女計若干名
◇要項配布	ホームページに公開中	
◇登録受付	10 月 15 日〜 22 日	
◇出願	（A日程）11 月 1 日 （B日程）11 月 9 日	
◇考査料	20,000 円	
◇面接・考査日	（A日程）11 月 1 日 （B日程）11 月 9 日	
◇結果発表	（A日程）11 月 2 日 （B日程）11 月 10 日	
◇入園手続	（A日程）11 月 6 日 （B日程）11 月 13 日	

■考査の順番

インターネット出願後に発表

■行事日程（予定）

◇入園説明会	6 月 1 日
◇公開保育	6 月 24 日・27 日
◇体験保育	7 月 16 日・17 日
◇園庭開放	7 月 18 日・19 日
◇運動会	10 月 4 日

■インフォメーション

◇「未就園児クラス」あり。
◇早朝預かりは 7：30 〜 8：40（登園時刻）まで。
◇注文弁当あり。（月・火・木・金曜日）
◇自家用車、自転車での通園可。
◇英語アフタースクール
　「Little Lilies」 14：00 〜 17：00
◇その他の課外活動
　体操・絵画・スイミング・プログラミング（3 学期のみ）

3年保育　　入試出題例　　※桐杏学園調査を含む過去数年の内容

【小集団・個別テスト（1グループ約8名、約30分）

◆行動観察

● 好きな教材、おもちゃで自由に遊ぶ。母親は椅子に座って見ている。

● 15分程すると子どものみ "汽車ポッポ" で別室へ移動する（母親は控え室へ戻る）。

● おやつをいただく。食べる前に手を洗い、ハンカチでふく。

● 話の聞きとり（紙芝居）。お話の内容について聞かれる。

● 指示されたもの（色や数）を取ってくる。

● スモックの着脱。たたんで返す。

● 持参したお弁当を食べる。

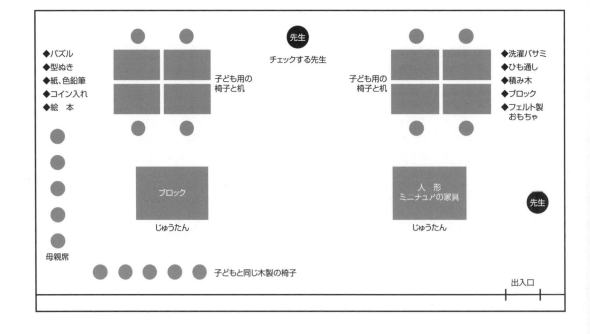

● 個別に質問を受ける。順番が来るまで椅子に座り、絵本を読んで待つ。
「どちらのりんごが大きいですか」
「ピーマンを2つください」
「動物がかくれんぼをしています。どんな動物がかくれていますか」

【 面接テスト 】(5～10分)

● 親子で自由遊び（平均台、鉄棒、フープ、ままごと、ブロックなど）。
「どうぞこちらで仲良く遊んでください。ご両親とお子様で自由に遊んでください」
● 時間になると親子面接の別室へ案内される。

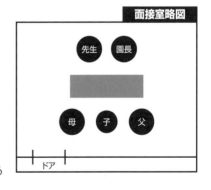

面接室略図

 父親へ
ご自身の出身大学と会社名を教えてください。
宗教教育についてのお考えをお聞かせください。
幼児教育についてのお考えをお聞かせください。
家庭における父親の役割についてどうお考えですか。
お子様の名前の由来を教えてください。
お子様の長所と短所を教えてください。
お子様の好きな本を教えてください。
お父様ご自身が育った時代と今の時代の社会生活をくらべて、感じられる
ことをお話しください。
本園に期待することはどのようなことですか。

母親へ
子どもの名前の由来についてお聞かせください。
ご自身はどんな家庭環境で育ちましたか。
どのような家庭を築いていきたいですか。
現代の食生活について思われることをお話しください。

ご家庭で食事について気をつけていることは何ですか。

おやつについてのお考えをお聞かせください。

しつけについてどのようなことに気をつけていますか。

お仕事をされていますが、通園には問題はございませんか。

説明会には、いらっしゃいましたか。どのような感想を持たれましたか。

幼児教室には通われましたか。

子どもへ

お名前とお歳を教えてください。

お家では何をして遊んでいますか。……誰といっしょに遊びますか。

お父様とはよく遊びますか。何をして遊びますか。

お母様にほめられるときはどんなときですか。しかられるときはどんなときですか。

好きなおもちゃは何ですか

好きなテレビ（番組）は何ですか。

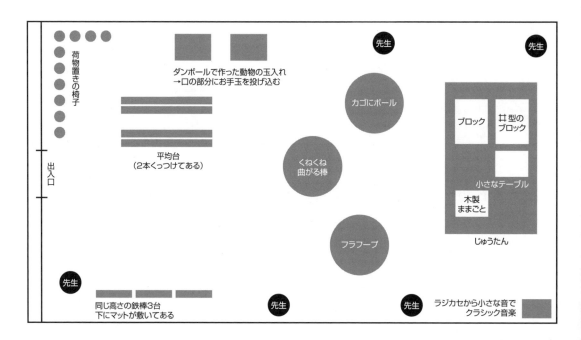

アンケート

● 宗教教育について

● 入園後、3か月以上経っても、お母さんと離れるとき、お子様が泣いていたらどうしますか。あてはまるものに○を
　つけてください（複数回答可）。

　1. 先生に幼稚園での様子をたずねる。

　2. 他の兄弟ばかりをかまっていないか、逆に手をかけすぎていないかなど、自分の姿勢を振り返ってみる。

　3. 子どもを観察して、泣いてしまう原因を考えてみる。

　4. うちの子は、そのようなことにはならないと思う。

● 他のお子様が同じ状況だった場合、どう思いますか（複数回答可）。

　1. うちの子でなくて良かったと思う。

　2. 自分なりに手助けできることはないか、考えてみる。

3. 直接関係ない子なので、なんとも思わない。

4. 先生がその子に手がかかりすぎて、気の毒だと思う。

● 家族構成

● これから初めてお子様は集団生活に入るわけですが、お子様が「お友達にたたかれたの」と言って帰って来たらどうされますか。あてはまるものに○をつけてください。

1. 先生に言う。　　2. その子の親に言う。　　3. 子どものことなので無視する。　　4. その他。

【 考査当日の進行例 】

※内容は過年度の一例です。

～進行例 1 ～

10：20	受付。子どもはチューリップの形をした名札、親は番号札をいただく。
	札を左胸につけるよう指示がある。
	控え室で待つ。親子で 2 階へ移動するよう案内される（7 ～ 8 組）。
10：30	集団テスト。
10：45	個別テスト。子どもだけ別室へ移動。母親は控え室に戻り、待つ。
11：00	先生といっしょに母親のところへ戻ってくる。
	受付にて番号札を返却して終了。

～進行例2～

10：30	受付。1F の控え室へ入室。
10：40	親子で 2 階へ移動。先生が絵本を読み聞かせてくれた後、
	子どものみ "汽車ポッポ" で考査へ移動。
	親は 1F の控え室へ戻る。
11：10	子どもたちが "汽車ポッポ" で控え室に戻ってきて終了。

～進行例3～

10：50	受付。控え室で待機。
11：00	母親といっしょに移動、2 階へ。
	自由遊び。
11：15	子どもだけ "汽車ポッポ" で別室へ移動。母親は控え室へ戻る。
	個別テスト。
11：30	子どもたちが "汽車ポッポ" で控え室に戻ってくる。
	終了。

～進行例4～

10：55	受付。子どもはチューリップの形をした名札、親は番号札をいただく。
	札を左胸につけるよう指示がある。
	控え室で待つ。その間、アンケートに記入するよう指示あり。
11：20	番号を呼ばれ、親子共に 2 階のホールへ移動（3 家族いっしょ）。
	その後、親子で自由に遊んでくださいとの指示で、ホール内で遊ぶ。
11：35	番号を呼ばれ、面接のため移動する（1 家族ずつ）。
11：40	面接（約 5 分）。受付に番号札を返却。
11：50	終了。帰りに在園児がつくったお面をいただく（どれがよいか子どもに聞く）。

湘南白百合学園幼稚園

参考

～提出書類～

※今年度のものは、必ずご確認ください。

（入園教育前の状況 用紙）

*指導の参考のためで部外にはだしませんから、ありのままにお書きください。

記入日	年 月 日	家庭、幼稚園名 保育園名 その他

入園教育前の状況	
家庭における教育方針〔心身両面について園で留意したことを具体的にお書きください〕	
学園志望の理由	
園に対する希望	
近所より学園に通学する園児、児童、生徒（幼・小・中・高　学年　組　氏名）	
家族写真	

幼児調査表

受付番号		
ふりがな 幼児氏名（戸籍通りに書く）	生 年 月 日生	男・女
本籍地	都・道・府・県	
現住所	（〒　　　） 電話　自宅（　　　）不在の場合（　　　）勤務先（　　　）	
ふりがな 保護者氏名	幼児との関係	
出生地	生育地	
発育状況	良好・普通・不良（　　　）	
体質	普通・特異体質（アレルギー体質）その他（　　　）	
歩行	治歩期（　　ヶ月）	
ことば	正しく発音できる　幼児語が残っている　よく話す　あまり話さない	
今までにかかった大きな病気	その後の経過	
今までにした大きなけが	その後の経過	
その他	難聴・弱視・近視・右きき・左きき	

保護者の受験 memo ※過去数年の受験者アンケートより

（説明会）

- 両親で出席されている方が多数でした。どのような行事も早めに行く必要があるようです。20分位前でも後ろの方の席でした。説明会、施設見学会ともに受付で名刺サイズのカードをいただき、帰りの際に子どもの名前を記入して提出しました。裏面に感想やお礼の言葉を書いている方もおりました。
- 平日にもかかわらず、お父様、お母様2人で参加という方が大勢いました。5分前に到着しましたが、後ろから2列目だったのに驚きました。子どもは同伴しないでということでしたが、連れて来てしまった方は会場には入れず、声のみ聞くことができたようでした。親子面接の際、説明会に参加した感想を聞かれたので、そのことを踏まえ、メモを取ったり、周りの様子を観察するとよいと思います。
- 少し早めに到着したつもりでしたが、すでにたくさんの方が来られていて、大人用の椅子が足りず、子ども用の椅子を追加して多くの方が座れるといった状態でした。
- 施設見学会があります。事前に親子で園内に入れる唯一の機会です。

（控え室）

- 控え室には机が2つあり、椅子が親子分の3脚あって、子どものところには絵本が2冊置いてありました。
- 控え室では教室の外から案内の先生が様子を見ています。すべての先生がメモを持っていて、たびたび記入されていました。

（面接）

- アンケートを記入する時間が短かく、提出順に呼ばれるので少しあわてました。

（考査・その他）

- アンケート記入は、父親が記入して、母親が子どもに絵本を読み聞かせるといったご家族がほとんどでした。記入内容を用意してきて、それを書き写す人もいました。私どもはその場で考えて書きましたので、子どもに構っている余裕はありませんでしたが、自分で大きな声を出しながら絵本を読んでいました。先生方が何かをチェックをしているようなようすも見受けられたので、記入時の振る舞いも評価の対象になっているのかも知れません。
- 4月生まれだったからなのか、子どもに対しての質問がやや難しかったように思います。どんな質問に対しても、黙ることなく何かしら応えることができるように練習しておいたほうがいいと思います。
- 受付や廊下などでたびたび先生が応対してくださるので、子どももきちんとごあいさつできるようにしておくといいと思います。また、帰りにお面をいただいたのですが、その際、「どの動物さんがよいですか」「今日は楽しかったですか」「また来たいですか」と子どもに問われましたので、しっかりした受け答えが求められるようです。
- 願書提出の日は、午前4時20分頃で、2、3年保育合わせて約50人ほど並んでいました。また、並ぶ際は紺のスーツの方が多数いました。
- 考査の時間は願書受付順に決まるので、どうしても午前中に子どもの考査を済ませたかったら、提出日当日の始発電車では間に合わないので、深夜に並ぶ必要があります。

カリタス幼稚園

■**園 長** 木田 まゆみ
■**園児数** 154 名
■**制 服** あり
■**通園バス** あり
■**昼 食** 弁当（月・火・木・金）
■**保育時間** 午前 9 時～午後 2 時
　　　　　　（水曜日は午前 11 時 40 分まで）
　　　　　　※土曜日は休園

■**所在地** 〒 214-0012
　　　　　　神奈川県川崎市多摩区中野島 4-6-1
　　　　　　☎ 044（922）2526
　　　　　　https://caritas.or.jp/kd/
■**併設校** カリタス小学校（共学）
　　　　　　カリタス女子中学校
　　　　　　カリタス女子高等学校

★指導方針

　「自分が大事にされている」と実感することで、人への愛情と信頼を育み、他者を思いやり、助け合う心を日々の遊びや活動のなかで養います。また、モンテッソーリ教育の理念にもとづき、一人ひとりにまかれた宝を開花されるよう、内からの育ちを援助します。

★特　色

　ケベック・カリタス修道女会を母体とする学校法人カリタス学園によって、1962（昭和 37）年に設立されました。創立当初より真に国際的な人間の教育をめざして、キリスト教的世界観・人間観に則り、神と人とを愛する心の教育とみがかれた知性の育成、正しい良心と堅固な意志の錬磨を教育の主眼としています。

　2022 年 4 月、新園舎が完成。モンテッソーリ教育にふさわしい園舎で、子どもたちの自立（自律）を支援します。

★進学状況

■ **併設小学校への進学状況**

〈男女〉卒園生の約 80％がカリタス小学校へ進学。内部試験の成績を考慮。

◆◆◆ 2025 年度入試データ ◆◆◆

※幼稚園公表分。
※ 2025 年度の要項は、幼稚園配布のもので必ずご確認ください。

■**募集要項** ※ 2024 年実施予定
◇**募集人員** ＜ 3 年保育＞男女計 60 名
　　　　　　＜ 2 年保育＞男女計 10 名程度
◇**出願** 10 月 15 日～ 27 日（Web）
◇**考査料** 20,000 円
◇**面接・考査日** 11 月 1 日
◇**結果発表** 11 月 1 日（Web）
◇**入園手続** 11 月 2 日

■**入試状況**
非公表

■**考査の順番**
生年月日でのグループ分け後、無作為におこなわれる。

■**行事日程**（予定）
◇**公開保育**/6 月 1 日、9 月 7 日

◇**幼稚園説明会**/9 月 2 日、10 月 15 日
◇**保育見学・体験会**/9 月 10 日・12 日・13 日、
　　11 月 6 日・7 日、2025 年 1 月 20 日・21 日・
　　23 日・24 日、2 月 18 日～ 20 日
◇**未就園男児保護者説明会**/6 月 14 日
◇**子育て支援講演会**/6 月 26 日、9 月 18 日、
　　　　　　2025 年 1 月 22 日
◇**保護者のためのモンテッソーリ勉強会**/
　　　　5 月～ 1 月 年 6 回
◇**夏期モンテッソーリ体験会**/
　　　　7 月 29 日～ 31 日、8 月 19 日～ 21 日
◇**子育て相談カリタスおひさまひろば**/
　　　　4 月～ 3 月 月 2 回月曜日
◇**運動会**/10 月 5 日
◇**クリスマス会**/12 月 7 日
※日程が変更になる場合があります。ホームページなどで必ずご確認ください。

2年保育	入試出題例	※桐杏学園調査を含む過去数年の内容

【小集団テスト】（1グループ約10名、約40分）

2人ずつ手をつないで2列になって考査会場へ行く。
- 自由遊び（ままごと、パズル、すべり台など）。
- 工作（折り紙の三角形を3枚、長方形を1枚、正方形を1枚、先生の指示に従ってのりをつけ、台紙に貼ってクリスマスツリーを作り、それに飾りつけをする）。
- 平均台を渡って、本を3冊とってきて、先生に渡す。
- 指の屈伸（グーパーなど）。
- ボール遊び（まりつき20回・遠くに投げて、走って拾いに行き、戻ってくる・上に高く投げて、両手で受けとめる）。
- ままごと（役割を決めて、お友達と遊ぶ）。
- 音楽に合わせて、椅子の周りを歩く。音楽が止まったら座る。

【個別テスト】（集団テスト中に1人ずつ名前を呼ばれ先生のところへ行く）

- 話の聞き取り（どんな動物が出てきたか）。
- 数をかぞえる。
- お話を聞いて、どんな動物が出てきたか答える。
- 絵を見て、足りないところを言う。

- 絵を見て、先生の質問に答える。
  「この絵は何をしているところですか」
  「この絵では、どうして男の子が泣いているのだと思いますか」

面接テスト（約10分）

父親へ

パンフレットを見たご感想をお聞かせください。
願書に書いた志望理由につけたすことはありますか。
子育てで気をつけている点は何ですか。
行事には参加していただけますか。
お子様とどのように接していますか。

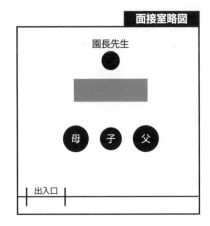

面接室略図

園長先生

母　子　父

出入口

母親へ

志望理由についてお聞かせください。
通園の送り迎えは大丈夫ですか。
どこか幼児教室へ通われていますか。
なぜ、本園を選ばれたのですか。
説明会の感想をお聞かせください。
最近、お子様が成長されたと思うことはどんなことですか。
お子様は健康ですか。
子どもどうしのけんかについてどう思いますか。
子育てで困ったことはありますか。
幼児教室に通っていらっしゃいますか。
この1年、何に気をつけて育てていらしゃいましたか。
送り迎えは、お母様が最後までしていただけますか。

子どもへ

お名前とお歳を教えてください。
幼稚園では何をして遊びますか。
今、通っている幼稚園は楽しいですか。……どんなことをしますか。
好きな食べ物は何ですか
誰とままごとをしますか。○○ちゃんのつくったものを誰が食べますか。
お友達はいますか。
お友達とは何をして遊びますか。
お友達と家でも仲良く遊べますか。
お友達の名前を教えてください。
妹さんと仲良く遊びますか。

| 3年保育 | 入試出題例 | ※桐杏学園調査を含む過去数年の内容 |

【 小集団テスト（1グループ5～10名、約30分）

2人ずつ手をつないで2列になって考査の会場へ行く。
● 自由遊び（ままごと、積み木など）。
● 手遊び歌。

【 個別テスト（集団テスト中）

● 折り紙を折る。
● 絵を見て、名前と用途を答える。

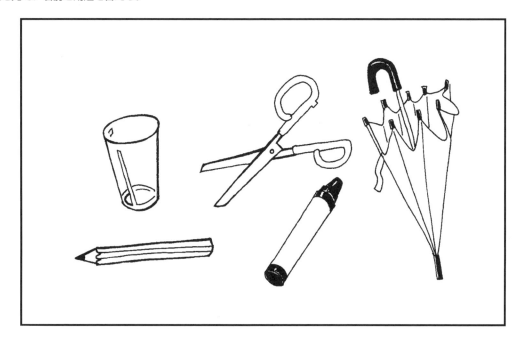

◆指示行動
● りんごを持って来てください、など。

【 面接テスト（約10分）

 父親へ
　どのような子に育てたいですか。
　（父母に）宗教教育について、どう思われますか。
　家庭に宗教を持ち込むことになりますが、どうお考えですか。
　お家では、お父様、お母様を何と呼んでいらっしゃいますか。
　家庭で気をつけていることは何ですか。
　名前の由来をお聞かせください。

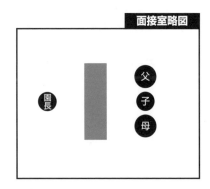

面接室略図

母親へ

お迎えはお母様がされますか。大丈夫ですか。
病気のとき、迎えに来られますか。
子どもを育てていて、困ったことはありますか。
幼児教室へ通いましたか。
お子様にアレルギーはありますか。

子どもへ

お名前とお歳を教えてください。
お友達はたくさんいますか。
お友達と何をして遊びますか。
お母様とは何をして遊びますか。
お手伝いはしますか。何をしますか。
好きな食べ物は何ですか。
この幼稚園に来たいですか。
お母様とは、離れて遊べますか。
ひとりで着替えができますか。
お父様は忙しいですか。遊んでくれますか。何をして遊びますか。
動物は好きですか。幼稚園にアヒルとウサギがいますが、掃除や食事の世話はできますか。

【アンケート（面接資料、2年保育・3年保育共通）

家族及び同居人（年齢・職業又は学校名）／志望小学校／子どもの性格（長所・短所）
家庭教育で特に注意されている点／志望理由／通学経路／時間／健康状態

~提出書類~

※今年度のものは、必ずご確認ください。

カリタス幼稚園面接資料書

受験番号	
本人	ふりがな／氏名 生年月日　年　月　日生（満　歳　カ月）　男・女 本人の写真（白黒・カラーいずれも可）サイズ 5.5×5
保護者	ふりがな／氏名 現住所 〒 連絡先（現住所以外）TEL（　）　－ 本人との続柄

家族及び同居人	本人との続柄	氏名	年齢	備考
	父			
	母			

志望小学校

お子様の性格について	（長所） （短所）
家庭教育で特に注意されている点	
カリタス学園を選ばれた理由	
健康状態	
通学について	○自宅より　徒歩（　）分、バス（　）分 ○電車（　）線（　）駅より乗車（　）分 ○本園までの所要時間の合計　約（　）時間（　）分 ※本園より　駅より幼稚園までは徒歩約 {登戸}20分 {中野島}10分

カリタス幼稚園

保護者の受験 memo ※過去数年の受験者アンケートより

（説明会）

● 説明会では、園長先生のお話、募集要項について、幼稚園の生活（スライド）、質疑応答があり、その後園内を見学できました。

＜小学校説明会でのお話＞

● 集団生活に積極的に入っていける。人の話を聞ける。いきいきと表現し、積極的に話ができるか。身の回りの動植物に関心を持って自然な子どもらしい姿が見られるかどうか。基本的な生活習慣が身についているか（公の場でのルールなど）。

● 宗教は親も新たに学ぶつもりで。

● 通学時間は、習いたいお稽古の時間も十分考慮して決めてください。

（面接）

● 園長先生はとてもやさしい口調でお話しされたので、なごやかな雰囲気でした。

● 面接は終始にこやかに笑顔で対応してくださいました。

● 面接当日は予定より15分早く始まりました。前の番号の方が来ていなかったり、早めに終わって空き時間があると早く始まってしまいます。余裕を持っていったつもりでしたが、ロビーに着くとまもなく園長先生が出迎えてくださいました。

● 面接時間の20分前について、ロビーで待ちました（控え室はなし）。早めに前の方が終わったので、15分ほど早かったのですが始まりました。シスター（園長）がひとりでロビーまでお出迎え、お見送りをしてくださいました。親も子も大人の椅子でした。子・父・母の順に質問がありました。とてもシスターが優しく、穏やかに質問してくださったので、落ち着いて、素直に自分の気持ちが伝えられたと思います。子どもにもお友達のようにお話しくださるので、子どもも「うん」「ね」と答えてしまいました。

（考査・その他）

● 先生方はとても感じがよく、丁寧に接していただけました。子どもは1人ずつ名前を呼ばれ、「汽車」になって考査の部屋へ行き、楽しそうに戻ってきました。

● 明るく、お友達と楽しく遊べる子であれば・幼稚園側も受け入れてくれるような気がいたしました。

● 控え室では本を持っていったので、本を読んであげたり、持っていったらくがき帳に絵を描いたりして順番を待ちました。控え室には何も用意されていませんでした。

● 子どもの考査中、親は控え室で作文を書かされました。題は、「小さい頃心に残った童話」でした。辞書を持っていったのですが、使わないでくださいとのことでした。

● 行事は2月の作品展（幼稚園）、5月の小学校の運動会、10月の幼稚園の運動会に参加しました。運動会は革靴で校庭に入らないように注意がありました。幼稚園の運動会には未就園児のプログラム（プレゼント付き）がありました。スーツの方もいらっしゃいましたが、私は説明会以外はすべて普段着で行きました。

日出学園幼稚園

■**園　長**　鍜治　礼子
■**園児数**　90 名
■**制　服**　あり（エプロン・制帽）
■**通園バス**　なし
■**昼　食**　弁当（火・木・金）
　　　　　※金曜日は 5 月から専用サイトより注文弁当可。
　　　　　給食［わくドキらんち］（月・水）
■**保育時間**　年長：9：00 〜 14：00（第 2 水曜日は 11：40 まで）
　　　　　年中：9：00 〜 13：50（第 2 水曜日は 11：30 まで）
　　　　　年少：9：00 〜 13：40（第 2 水曜日は 11：20 まで）
　　　　　※土曜日は休園

■**所在地**　〒 272-0824
　　　　　千葉県市川市菅野 2-21-12
　　　　　☎ 047（322）4012
　　　　　http://kinder.hinode.ed.jp/
■**併設校**　日出学園小学校
　　　　　日出学園中学校
　　　　　日出学園高等学校

★指導方針
1．自分から進んで遊びに取り組み、工夫して発展させる子ども。
2．じょうぶで、いきいきした子ども。
3．友だちと力を合わせて活動できる子ども。
4．物事を素直に感受し、喜びや悲しみを共感できる子ども。

★特　色
　日出学園は高校までの総合学園です。本園では、広い砂地の園庭や木をふんだんに使用した平屋の園舎で友だちと伸びやかに生活できる環境を整え、一人ひとりの育ちや発想を大切にしたきめ細かい教育を行っています。また、子ども達がさまざまな形で豊かな体験ができるようにと、わくドキプロジェクトを行っています。
　小学校とは連携を密に、幼小連携カリキュラムなどさまざまな形で交流を持っています。小学校への進学は外部受験者に優先し内部進学制度があります。

★進学状況
■ 併設小学校への進学状況
〈男女〉園長推薦による内部進学制度あり。一般の園児と同日に試験。内部生は優先扱い。

2025 年度入試データ

※幼稚園公表分。
※ 2025 年度の要項は、幼稚園配布のもので必ずご確認ください。

■**募集要項**　※ 2024 年実施予定
◇**募集人員**　＜3 年保育＞男女約 45 名
　　　　　＜2 年保育＞男女約 10 名
◇**願書入力**　10 月 1 日〜 23 日（Web）
◇**出願**　10 月 15 日〜 23 日（Web）
◇**考査料**　5,000 円
◇**考査・面接日**　10 月 25 日・26 日
◇**結果発表**　10 月 28 日（Web）
◇**入園手続**　10 月 31 日

■**入試状況**
非公表

■**考査の順番**
願書提出順

■**行事日程**（予定）
◇**入園説明会**　6 月 26 日、9 月 7 日・11 日
◇**夏の親子お楽しみ会**／ 7 月 20 日
◇**未就園児親子対象　園庭開放**
　　6 月 13 日、8 月 29 日、9 月 4 日、
　　10 月 3 日、11 月 29 日、12 月 24 日、
　　2025 年 1 月 22 日、2 月 25 日、3 月 19 日
※日程が変更になる場合があります。ホームページでご確認ください。

■**インフォメーション**
◇預かり保育は朝 7 時 30 分から、保育後 19 時まで。（年末年始以外）
◇保護者の手作り弁当（火・木・金）を大切にしています。現在、週 2 回（月・水）わくドキらんちです。（金曜は注文弁当可）
◇幼小連携カリキュラムにより、幼→小へスムーズな学びのつながりができております。

日出学園幼稚園

| 2年保育 | 入試出題例 | ※桐杏学園調査を含む過去数年の内容 |

小集団テスト (1グループ5名、約30分)

◆指示行動
- 先生といっしょにままごとをし、ブロックで遊んだあと片付ける。
- ピアノの音に合わせて「お散歩に行きましょう（行進）」「とんぼになってお空を飛びましょう」「片足ゆらゆら、片足ケンケン」
- 先生と短いひもで綱引きをする。
- 平均台を歩いてジャンプで着地し、とび箱の上に登ってジャンプする。
- グー・チョキ・パーの歌を歌いながら、先生といっしょに手を動かす。
- 歌を歌いながら指を1本ずつ動かす。
- 指定のものを指定した数だけ取ってくる。「赤い○○を3枚と黄色い○○を4枚取ってください」。

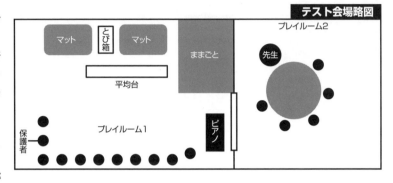

◆母子遊び
- 母親の腕にぶら下がる。
- おんぶ→だっこ→おんぶ（足をつかない）

◆運動
- スキップ、ジャンプ、ボールを投げる・受け取る、うさぎとび

個別テスト

小集団テスト終了後、別室へ移動する。
- 「まるくて赤いものは何？」などの質問をされる。
- 手を洗ってヤクルトを飲む。
- エプロンのボタンをはめる。

面接テスト (約10分)

👨 父親へ

志望理由をお聞かせください。
どのようにこの幼稚園を知りましたか。
お子様の好きな食べ物は何ですか。
休みの日は、お子様とどのように過ごしていますか。

👩 母親へ

どのようにして日出学園をお知りになりましたか。
集団生活の経験はありますか。
どんな行事に参加しましたか。
お子様が顔にけがをして帰ってきたらどうしますか。
通っている幼稚園、お教室についてお聞かせください。

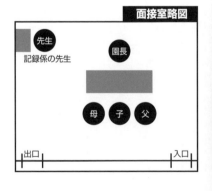

🧒 子どもへ

お名前とお歳を教えてください。

今、隣の教室で何してきたの？

お友達の名前を教えてください。

お母さんが作ってくれるお弁当で、何が好きですか。

いつも朝ご飯は何を食べていますか。

【考査当日の進行例】

14：45	受付 ……………………………	控え室で待つ。
15：00	点呼・集団テスト…………	両親もいっしょに移動、考査の進行状況を見ながら順次面接に呼ばれる。
16：15	終了…………………………	アンケートが終わり次第終了。

３年保育	入試出題例	※桐杏学園調査を含む過去数年の内容

【小集団テスト】

※順番を待っている間は体操座り。

◆親子遊び

● 親子で器具を使って自由に遊ぶ。

● ピアノに合わせてジャンプ。円になって歩く。

● 大きな積み木を上り下り。

● 跳び箱の上からジャンプ。

● 親子でおいかけっこ。→ボール遊び →足の間をくぐる。

● 首にぶらさがったり、だっこ、おんぶ。

● 音楽に合わせて母子みんなで輪になり走る。アリやうさぎになり、小さくなったり大きくなったりする→子どもを母親がおんぶして親が両手を開いて飛行機になり、みんなで輪になり回る→フープの中を親から子の順でクマ歩きでくぐる。

● 親がフープを転がして、子どもがキャッチする。

● お絵かき（クレヨンと画用紙）、ブロック、ままごとの中から選んで遊ぶ。

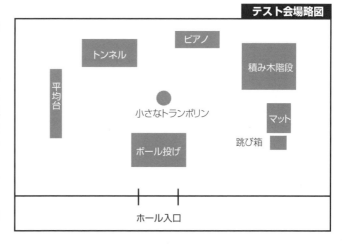

テスト会場略図

平均台　トンネル　ピアノ　積み木階段　小さなトランポリン　マット　跳び箱　ボール投げ　ホール入口

◆運動（先生の指示）

● 緑のテープの上をまっすぐ歩く。

● 先生が見本を見せる。階段３段の上り下り。

● 跳び箱に登りマットの上に飛び降りる。

● ３段の階段を昇り降り。→ １番高い所からジャンプ（マットの上へ）。

● うさぎのまねをしてはねる。くまのまね

をして歩く。さるのまねをしてだっこする。
- マットの上でジャンプ（手足を広げて）。→ 体を小さくして着地。
- フラフープを立ったまま頭からくぐり、転がす。
- 跳び箱に上って両手を広げて飛び降りる。
- 平均台を渡る（先生が手を引く）。
- 先生とボールの受け渡し。
- 先生と綱引きをする。
- ◆自由遊び（プレイマットにはくつをぬいであがる）
- プレイルームで自由におもちゃを使って遊ぶ（ままごとセット・ブロック・積み木・お絵描きセットなど）。
- ◆指示行動
- 「先生のように歩きます」先生の後ろをついて、円陣になって左回りで子どもと母親が並んで手を振って歩く。→「駆け足します」走る。→「先生の持ったフープをくぐります」番号順に呼ばれ、フープを1回クマ歩きでくぐる。→「うさぎさんがぴょんぴょん跳びます」先生の模倣でうさぎになる。→「クマさんになってのしのし歩きます」クマ歩き。→ 子どもを母親がおんぶして飛行機をする。→ 大きい積み木の上を歩いて下りるときにジャンプする。

個別テスト（約5分）

- 木製のパズルを選んで遊ぶ。
- 磁石のパズルを提示され、「○をとってください」「△をとってください」「□をとってください」と先生から問いかけられ、言われたとおりにとる。
- 与えられた図形パズルで好きなものをつくる。できた人から「これはなに？」と先生に聞かれる。
- 好きな本を選んで自分でページをめくる。
- おやつの時間
  ①先生からおしぼりが1人ずつ手渡される。
  ②ヤクルト・おせんべいを食べる。
  ③食べ終わったら自由遊びに移り、園長先生との面接を待つ。

- 上履きを脱いで椅子に座り、先生がリンゴ・バナナ・アイスなどの名称を聞く。リンゴの数を聞かれる。上履きを履く。
- 先生が小さい円形の積み木を大きいものから小さいものへと積んでいく。それと同じものをつくる。
- 3人が順番に色を聞かれる。
- 歌をみんなで歌う。その後一人ひとりに「みんなよく知っているけど、誰から教えてもらったの」と聞かれる。
- 先生に呼ばれ、ヤクルトを飲むために席に着く。おしぼりを渡され手を拭き、たたむ。「いただきます」を言い、ヤクルトにストローを刺して飲む。「ごちそうさまでした」を言い、片付けて、両親の待っている椅子に戻ってくる。
- 絵本2冊（動物編、乗り物編）を使い、先生が1ページずつめくり、子どもの様子を見ている。
- ハンカチをたたんでかごに入れる。
- コップを巾着袋の中にしまう。再び、出す。
- 大きさの比較（おままごと用のお皿で）。
- 絵本（動物）を見て名前を答える。
- タオルを4つにたたむ。
- 大きいうさぎのぬいぐるみを持って来てください。
- 手遊び。先生といっしょに「げんこつ山のたぬきさん」をする。
- 先生と「トントントントンひげじいさん」をする。
- 日出のエプロンのボタンかけ（床に置いたまま）、エプロンをたたむ。
- 数を数える。
- 本を見て絵の説明をする。その本を巾着袋にしまう。
- 早く済んだ子どもから遊び場での行動観察。玩具は大ぶりのブロック積み木とおままごとセット（台所付き）のみ。親が座って待っている側へ来て目前で行う。

面接テスト(約10分)

父親へ

志望理由をお聞かせください。
本園を知ったきっかけについてお聞かせください。
日出学園とのご縁はおありですか。
父親の役割についてお聞かせください。
通園方法についてお聞かせください。
お子様の名前の由来を教えてください。
どのようなお子様ですか。
お子様とはいつもどのように接していますか。
休日はお子様とどのように遊びますか。
幼稚園でお子様がケガをされたらどうされますか。
本園に希望することはありますか。
本園の行事に参加されましたか。その感想はいかがですか。
お母様の育児はいかがですか。
お子様が1番うれしそうな顔をするのはどんなときですか。

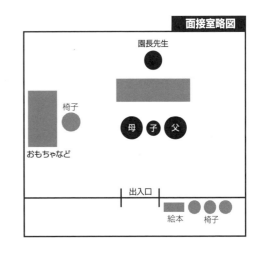

面接室略図

母親へ

志望理由をお聞かせください。
日出学園小学校への進学を希望しますか。
ご家庭での教育方針を教えてください。
健康状態についてお聞かせください。
母親としてしつけで気をつけてきたことは何ですか。
お子様の起床時間と就寝時間を教えてください
お子様はお昼寝をしますか。
お子様が幸せそうな顔をしているときはどんなときですか。
衣服の着脱、トイレはひとりでできますか。
お子様は好き嫌いはありますか。
食べ物のアレルギーはありますか。
通園方法と通園時間についてお聞かせください。
習い事はしていますか。
お子様がお腹にいたときのエピソードはありますか。
子育てをしてきて、感動されたことは何かありますか。
子育てをしてきて、困ったことはありますか。
子育てが終わってから、何かしたいと思うことはありますか。
上のお子様と違う園になりますが、どのようにお考えですか。
お子様の性格で家庭とは違うことを指摘されたらどうしますか。
お子様の送り迎えはできますか。
父母の会には参加できますか。参加するにあたり、お子様を預かってくれるところはありますか。
どのようなお子様ですか。
ご自身はどんなお子様でしたか。
幼児教室に通っていらっしゃいますね。
お子様がケンカをして帰ってきたらどうしますか。
お子様がケガをさせてしまったときはどうしますか。
幼稚園でお子様がけがをされたらどうされますか。
幼稚園に入ってから、幼稚園のことで悩んだときはどうしますか。

👧 子どもへ

お名前を教えてください。…お歳はいくつですか。

今日は誰と来ましたか。

今日は何をして遊びましたか。

お友達の名前を教えてください。

妹さんの名前を教えてください。

果物の名前を2つ教えてください。

好きな色は何色ですか。

好きな食べ物は何ですか。嫌いな食べ物は何ですか。それはなぜですか。

お母さんのつくるものでは何が好きですか。

（立って後ろを向くように言われる）そこに何がありますか。（プーさんのお人形がある）ではあなたは後ろに行って遊んでいてください。

おままごと用の野菜やくだものを示し、「これは何？」と質問される。「どれを食べたことがありますか」、「好きなものと嫌いなものはどれですか」などの質問に答える。

【 アンケートの内容 】

※内容は過年度の一例です。

園のホームページをはじめて見たのはいつ頃か。きっかけは何か。

日出学園幼稚園の特徴は何か。

幼稚園でケンカやケガをしたらどうするか。

健康状態について

日出学園小学校への進学を希望するか。

子育てで大切にしていること。

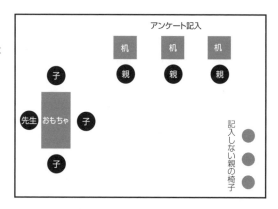

【 考査当日の進行例 】

～進行例1～

9:10	受付。控え室で待つ。親はアンケートを記入。
9:30	小集団テスト、個別テスト。ヤクルトを飲む。
10:05	廊下で椅子に座って待つ。
10:10	親子面接。
10:30	控え室に戻り親はアンケートの続きを記入　済んだ人から終了。
10:45	終了。

～進行例2～

10:00	受付。控え室でアンケートを記入。
10:15	小集団テスト（リトミック・自由遊び・体操）。
10:25	個別テスト（パズル・絵本・おやつ）。
10:30	自由遊び。順次園長先生との面接。
11:00	終了。

～提出書類～
　※今年度のものは、必ずご確認ください。

入 園 願 書

受験番号

日出学園幼稚園 園長　様

貴園 3年保育に入園許可願います。

年　月　日

本人写真貼付欄
（のり付けのこと）
無帽・半身
（タテ4cm×ヨコ3cm）

志願者		
ふりがな		
氏名		男・女
生年月日	年　月　日生	歳
国籍		
現住所	（〒　　）	電話

幼稚園 幼児園 ルーム 保育歴	有　無	所在地（〒　　）　園名
		出身（在）学校

家族状況	本人との続柄	氏名	年令	職業
	父			
	母			

保護者		
ふりがな		
氏名		本人との続柄
職業	（業種・会社名・役職）	
現住所	（〒　　　本人と異なる場合のみ記入）	電話

日出学園幼稚園

個人情報の取扱いについて
＊願書受付時に知り得えた受験者およびその家族の個人情報は、入試業務に限定して使用します。
＊上記利用目的のため、必要な範囲内で業務を委託する場合及び法律等に基づく要請による場合を
除き、受験者及びその家族の個人情報を第三者には提供いたしません。
＊またその個人情報は入試業務終了後、適宜、適切に破棄いたします。

就 園 時 健 康 診 断 書

受験番号

日出学園幼稚園 園長　様

氏名		性別	男　女
生年月日	年　月　日	住所	
		保護者名	

栄養	状態			
脊柱	性状			

胸部	心臓病		既往症	年　月
	腎臓病			年　月
	川崎病			年　月

皮膚	備考	喘息		年　月
		小児結核		年　月

身体	運動機能障害	有（　）無	けいれん体質	有　無
	視力障害	有（　）無	交通事故等による頭部外傷等	年　月
	聴力障害	有（　）無		
異常	言語障害	有（　）無		
常	その他		その他	

※該当しない欄は斜線を引いてください。　　※ご家族の方にもご記入ご記入はご遠慮ください。

上記の通り診断いたします。

年　月　日

住所

医師氏名　　　　　　㊞

個人情報の取り扱いについて
＊願書受付時に知り得えた受験者およびその家族の個人情報は、入試業務に限定して使用します。
＊上記利用目的のため、必要な範囲内で業務を委託する場合及び法律等に基づく場合を除き、受験者及び
その家族の個人情報を第三者には使用しません。
＊またその個人情報は入試業務終了後、適宜、適切に破棄いたします。

保護者の受験 memo ※過去数年の受験者アンケートより

（説明会）

● 見学会・説明会ともにスーツやアンサンブルの方がほとんどでした。

● 説明会はピリピリした雰囲気はなく、なごやかな感じでした。

● 行事や1日の保育風景を撮ったビデオを見ました。とても参考になりました。

● 説明会や学園祭などの行事に、父親が参加したかどうか聞かれました。できるだけ参加されたほうがよいと思います。

● 園長先生のお話にもありますが、保護者の服装については特に黒や紺のスーツにこだわる必要はないと思います。

● 説明会などは名前の記入がありました。行事はできるだけ参加するとよいと思います。

● ほとんどの方がきちんとしたお受験らしい服装でした。

● 上の子が在園児で、先生方のお顔も知っているので緊張はしませんでした。父兄の服装もお受験服の方から、ブラウスにスカート程度の方までさまざまでした。

● 出願者の親が医者という家庭が多いが、公平を期するため同一親族が健康診断書を書かずに、他の病院で記入するよう説明会で園長先生より注意がありました。

● 参加人数が多く、満席で学園生活のフィルムを見ました。年長のお子さんの歌を聴きましたが素晴らしかったです。

● ほとんどの方が母親のみできちんとした服装でした。終了後、ゆっくりと自由に園内を見学できました。

● 園長先生から「お父様はお仕事が忙しいでしょうから、わざわざいらしていただかないで結構です」とのお話がありました。

（控え室）

● アンケートは考査当日の記入で、資料などの持込は認められていません。記入が間に合わなくても、すべての考査が終了したあとでも記入ができます。

● アンケート記入がありますので、あらかじめ自分の考えをまとめておいたほうがよいと思います。

● 控え室で母親がアンケートを記入し、子どもは父親と持参したお絵かきをしながら待ちました。

● 控え室は皆さんそれぞれが各テーブルにて、アンケート記入をしているためとても静かです。

● 受付時にアンケート用紙を渡されたので、親は一生懸命記入していました。1人でぬいぐるみや本で遊んだり、何もせずおとなしく座っている子もいました。

● 控え室で待つ時間を利用してアンケートの記入をします。あまり待ち時間はないので、考査と面接が終わってから再び控え室へ戻り、アンケートを記入して終わり次第終了します。

（面接）

● 面接は園長先生がドアを開けて迎えていただきました。とてもなごやかな雰囲気でした。子どもが緊張していたのがわかったのか、子どもへの質問の後に無理に親から離さずに最後までいっしょに座らせていただきました。

● 緊張して部屋に入りましたが、園長先生との距離が意外と近く、思ったより緊張しませんでした。園長先生と記録の先生がとても感じがよく、優しく話を聞いてくださいました。

● 娘が手をひざに置いて座ると、園長先生に「あら、あなたずいぶんお行儀よく座っているわね。どこで教わったの」と聞かれ、娘が「お母さんと約束したの」と言うと「お約束守れるの。えらいわね」と言われ、部屋に入って座ったとたん冷や汗が出ました。その後、母親へ通っている幼稚園、お教室の質問がありました。

● 親の面接も始終にこやかで「面接」というより、お話をしに行ったという感じでした。

● 椅子は1組分しか用意されておらず（1組しか待てないようになっている）、近くには絵本が用意されていましたが、さほど待たないうちに入室になりました。

● 子どもが面接の終わりまできちんと座っていると、園長先生が「しかし君はよく我慢が続くね」とおっ

しゃいました。

● 入室し挨拶をすると、園長先生が入り口近くまで来てくださり娘の前でしゃがんで、その場で「お名前は？」「何歳ですか」と尋ねられました。娘が緊張していると「かわいそうにこんなに緊張して」と言っておもちゃが置いてある椅子のところに連れていき、ミッキーマウスのぬいぐるみを取って「これ知ってる？」と尋ね、娘が「ミッキー」と答えると、園長先生の椅子に戻られて、母親への質問になりました。娘は面接中おとなしく遊んでいました。退室時に娘が「さようなら」と挨拶できたので「きちんとご挨拶できましたね」とほめてくださいました。

● 父親が欠席しましたが、やはり両親揃ってのほうがよいと思いました。

● 親の面接の間、子どもはおもちゃのところで遊んでくださいと言われ、1人で遊んでいました。

（考査・その他）

● 未就園児クラスに入っていると、園のことをよく知ることができると同時に、こちらのことも先生方に理解していただけるので、入試では有利だと思います。

● 未就園児「ふたば」に通園の方は、ほとんど合格されていたように思います。

● 考査内容の判定を、先生方は細かく1人ずつチェックされているように思いました。

● リトミックで、子どもはクマ歩きができませんでしたが、面接の順番待ちのとき「もう一度やってごらん」と再チャレンジさせていただきました。できるまで見てくださり、とてもありがたかったです。

● 試験当日、子どもが風邪をひいてしまい体調不良で心配しましたが、泣かずに最後まで前向きに考査に向かったことがよかったと思いました。

● 全体的にとてもリラックスした雰囲気でした。考査のときに両親が同じ部屋にいるので、離れられなかったり、戻ってきてしまったりするお子さんもいましたが、決して無理に連れて行くことはなく、ゆっくりと時間をかけてくださいました。

● 「母子ともに体を動かすことが多いので動きやすい服装で」と指示がありました。親子ともに普段着の方が数組いました。

● 集団テスト終了後、1組は面接、1組は教室、1組は廊下で用意された机と椅子で待機するのですが、どの場所も常に先生がそばで見ています。

● 最初から最後まで自然な会話の中で先生が子ども達と話していた感じがします。

● 何ひとつ難しいことはできる必要がなく、普通にお友達とおもちゃの貸し借りができて、先生とお話ができればいいと思いました。

● 先生がやる動作に興味を示して、楽しんで参加できる子どもらしさがあるといいと思います。

● 考査の控え室では先生がお2人で子どもたちと遊んでくださっていました。お絵かき用の道具、おままごとの道具、ブロック、絵本、積み木、ぬいぐるみなどが用意されていました。

● 考査の間の親の様子もチェックされていたようでした。

● 考査では何ができて何ができないというのは、あまり気にしなくてよいと思います。自然にごあいさつができ、みんなの中で楽しく遊んでいたのがよかったのではと思います。

● 考査は、子どもをプレイマットの上で自由に遊ばせながら、指示行動や質問をさりげなく出していくというものでした。そのためか、子どもも緊張せずに楽しみながらできたようです。

● アンサンブルスーツを着ての子どものおんぶはたいへんでした。セパレートスーツのほうが動きやすかったと思いました。

● アンケートの内容が、面接で尋ねられるのではと思い用意していた内容だったのでよかったと思います。ただアンケートを記入しながら子どもにも気配りしなくてはならないので、その点がたいへんでした。

● 子どもの表情、靴を揃えて脱いでいるのか、「いただきます」の挨拶などを特に観察されているような気がしました。

昭和学院幼稚園

■**園　長**　鈴木　祐子
■**園児数**　136 名
■**制　服**　あり
■**通園バス**　なし
■**昼　食**　給食（月・水・木・金）
　　　　　※水曜日は給食か弁当の選択制
■**保育時間**　午前 9 時〜午後 2 時
　　　　　※土曜日は午前 11 時半まで（年中・年長のみ）
　　　　　※第 2・第 4 土曜日は休園

■**所在地**　〒 272-0822
　　　　　千葉県市川市宮久保 1-3-8
　　　　　☎ 047（374）8300
　　　　　http://www.showagakuin-kg.jp/
■**併設校**　昭和学院小学校
　　　　　昭和学院中学校
　　　　　昭和学院秀英中学校
　　　　　昭和学院高等学校
　　　　　昭和学院秀英高等学校
　　　　　昭和学院短期大学

★指導方針

　良い環境を与え、日常の正しい生活習慣を身につけ、集団生活への理解と態度を育てるとともに、豊かな情操と創造力を養い心身の発達を助長することを目標にしています。特に子どもをのびのび育て、体力を高めること、また「やるべきこと」「やってはならないこと」をはっきり判断できる道徳心を養うことにつとめています。

★特　色

● 平成 25 年度より、話せる英語が身につくことを目指して、1 日 40 分ネイティブの講師による英語教室（正課：年中・年長は週 5 回。年少は週 2 回。課外：年少・年中・年長・小学生対象）をおこなっています。
● 特別指導として体育教室（正課・課外）がそれぞれ週 1 回設けられています。
● 系列の小学校・中学校・高等学校・短期大学に隣接しており、諸設備は充実しています。
● 図書コーナーは、園児に図書を貸し出し、読みきかせや読書を奨めています。
● 健康と道徳心を高める教育、絵画、音楽の特性をのばす教育につとめています。
● 預かり保育（午前 7 時 30 分〜 9 時、降園〜午後 6 時 30 分）を実施しています。

★進学状況

■ 併設小学校への進学状況

〈男女〉卒園生約 40％が昭和学院小学校へ進学。優先制度あり。

2025 年度入試データ

※幼稚園公表分。
※ 2025 年度の要項は、幼稚園配布のもので必ずご確認ください。

■**募集要項**　※ 2024 年実施予定
◇**募集人員**　＜ 3 年保育＞男女約 60 名
　　　　　　＜ 2 年保育＞男女若干名
◇**要項配布**　9 月 7 日〜
◇**出願**　10 月 1 日〜 7 日（窓口・郵送）
◇**考査料**　5000 円
◇**考査・面接日**　10 月 19 日
◇**結果発表**　10 月 22 日（郵送）
◇**入園手続**　10 月 25 日
■**入試状況**
非公表
■**考査の順番**
願書提出順

■**行事日程**（予定）
◇**見学会**／ 6 月 7 日・22 日
◇**入園説明会**／ 9 月 7 日・13 日
◇**運動会**／ 10 月 12 日
※日程が変更になる場合があります。最新の情報はホームページでご確認ください。

■**インフォメーション**
朝は 7：30 から、夕方は 18：30 まで預かり保育を延長し実施しています。詳しくはホームページをご覧ください。

| 2年保育 | 入試出題例 | ※桐杏学園調査を含む過去数年の内容 |

個別テスト（約10分）

◆知覚・構成
● ○、△、□のカードをそれぞれ赤・黄・緑の計9枚渡され、色・形を聞かれる。
　カードで先生がお手本をつくり、それと同じものをつくる（家、ヨット）。
◆知識・常識
● 絵が描いてあるカードを見せられる。

    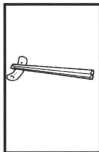

「食事をするときに使うものはどれですか。何と言いますか」
「寒いときに使うものはどれですか。何と言いますか」
「雨の日に使うものはどれですか。何と言いますか」

● 女の子が食事をしている絵を見せられる。
「女の子は何をしていますか」
「ご飯を食べる前に何と言ったと思いますか」
「食べ終わったら何と言うと思いますか」

◆数
● 指を出して、1から5まで数え、指を減らしながら5から1まで数える。
◆運動
● とび箱をのぼってジャンプ。
● うさぎの真似をしてぴょんぴょんはねる。
● 先生とボール遊び（投げる、受ける）。
● ケンケン。

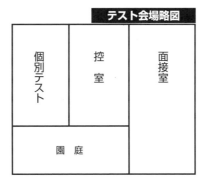

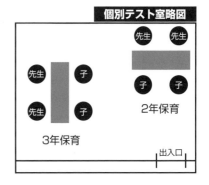

【面接テスト】(5～10分)

👨 母親へ

志望理由をお聞かせください。

ご家庭の教育方針をお聞かせください。

お父様の仕事の内容についてお聞かせください。

お子様を褒めるとき、叱るときはどんなときですか。

お父様はどのように教育に参加されていますか。

通園方法について。

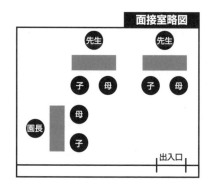

面接室略図

👧 子どもへ

朝ご飯は何を食べてきましたか。

食べ物の好き嫌いはありますか。

お父さんの帰りは遅いですか。早く帰った日は遊んでくれますか。

（近所に）お友達はいますか。

お父さん（お母さん）とは何をして遊びますか。

お家では何をして遊びますか。

トイレ、着替えはひとりでできますか。

3年保育 入試出題例　※桐杏学園調査を含む過去数年の内容

【個別テスト】(10～20分)

● カードを見て答える。(動物の名前、顔の名称など)
「これは何ですか」

● 数を数える。
● 本を見ながら顔の部分の名称を答える。
● 図形の指示問題。
● 色を答える。
● 色・形の識別（三角形、四角形、赤、青など）。
● 先生とボール遊び（投げる、受ける）。
● 白い線の上を踏みはずさないようにバランスをとって歩く。
● うさぎの模倣。

面接テスト (5〜10分)

母親へ

お子様の性格についてお聞かせください。
お子様の長所と短所を教えてください。
食べ物の好き嫌いはありますか。
弟さんとケンカをしませんか。
しつけについて、どんなところに気をつけていますか。
子育てで気をつけていることは何ですか。
育児で苦労していることは何ですか。
お父様は育児をしていますか。…具体的に何をしていますか。
どんなときにしかりますか。また、ほめますか。
説明会には何回来ましたか。
運動会には来ましたか。
お子様はどんな本が好きですか。

子どもへ

お名前を教えてください。
お歳はいくつですか。
ここには誰と来ましたか。
お家には誰がいますか。
お家では何をして遊びますか。
お父さん（お母さん）とは何をして遊びますか。
好きな食べ物は何ですか。
弟さんの名前は。
靴は自分ではけますか。
洋服は自分で着られますか。
運動会には来ましたか。
コップを先生のところまで持ってきてください。
イチゴを皿の上にのせて、お母さんに持っていってください。

【アンケート】

志望理由／教育方針／子どもの性格／健康について／知っておいてほしいこと／両親の出身校／仕事内容
推薦者／３年保育を選んだ理由

【説明会レポート】

●園長先生のお話

・ 子どもの特性を生かし、伸び伸び育てたい。
・ 集団の中での遊びを通し、子どもたちの持っているものを伸ばしたい。
・ 良いことと悪いこと、言って良いこと悪いことの区別をつけたい。
・ 朝、「おはようございます」とみずから言えるように。
・ ４月より１か月ごとに変わっていくのがわかる。集団での行動は大事である。
・ ちょっとしたケンカもしたことのない子どもが多い中、幼稚園でいろんな経験をして育っていく。
・ 学院のキャンパスは広いので、ひとまわりすることで虫を見たり、お兄さんお姉さんにふれたりして刺激
　を受けている。

●先生のお話

・ 考査は簡単なテストと母子の面接をおこなう。その年齢にふさわしい力があるかどうかを見るので、
　泣いてしまってもかまわない。
・ 文字、数など幼稚園では特に教えていないが、逆にそれが新鮮で、小学校では真剣に学習し、良い結果が
　でているようだ。
・ 自分の力を十分に出せるよう指導している。
・ 自分から主体性を持って、活動できるように心がけている。
・ 自由な雰囲気の中での活動を心がけているが、しつけも大切にしている。
・ 「ありがとう」が自然に出るようにしている。
・ 何でも興味をもっておこなう。楽しくさせることで、子どもが伸びていく。
・ お母さんとの信頼関係を大切にしている。

【参考】

～提出書類、他～

※今年度のものは、必ずご確認ください。

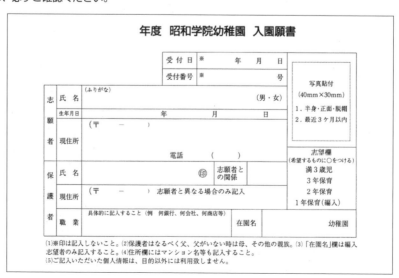

保護者の受験 memo ※過去数年の受験者アンケートより

（説明会）

● 説明会では体力をつけることと、しつけをしっかりしていることを強調されていました。説明会や体験保育に子どもを連れて行ったので、子どもも顔見知りの先生ができリラックスしてテストを受けることができました。

（面接）

● 先生との距離もなくあまり緊張しませんでした。副園長先生が担当でしたが、子どもに折り紙を渡して面接の間に退屈しないよう優しく接してくださいました。

● 先生が母親の顔を覚えていてくださり、「説明会に来られてましたね」と言われたのでびっくりしました。

（控え室）

● 控え室には絵本が置いてありました。

（考査・その他）

● 当日、アンケートの記入があります。かなり内容が多いアンケートですので、事前に準備しておいたほうがよいと思います。アンケート記入後に提出してから面接ですので、できるだけ短時間に記入するのがよいと思います。

● 当日は筆記用具の貸し出しはありません。必ずボールペン（記入はボールペンでと指示あり）は持参することが必要です。

● 午後からの試験でしたが1番目でしたので、待ち時間はありませんでした。

● アンケート記入中に子どもが退屈しないように、工夫したほうがよいと思います。

● 試験中に先生が「ハンカチは持っていますか？」と質問があったようです。子どもにはハンカチ、ティッシュを持たせたほうがよいと思います。

● 個別テストで、母親と離れられずに泣いているお子さんが何人かいました。

● 受付が済んでからアンケートを記入し、書き終わり次第、試験が始まります。アンケートの質問事項がたくさんありますので、子どもを飽きさせないようにするのが大変でした。

● 面接の順番を待つ間にアンケートの記入がありますが、時間がかかるものなので、その間子どもが飽きないような工夫をされるとよいと思います（本、折り紙、お絵描き帳など）。面接やテストも並んで待つので、みなさん子どもが飽きてしまって大変な様子でした。

● アンケートを書き終えた順に、母子面接、個別テストと進んで行きます。個別テストは1対1ですが、同じ教室内で1度に4組のテストをおこなっているので、子どもはとてもリラックスしていました。

● 個別テストで、親と離れられずに泣いているお子さんが結構見られました。

● 試験は、1教室で4～6名同時にするので、ガヤガヤしていて、子どもも緊張していなかったようです。

● 面接は1部屋で3組同時におこなうので、緊張しませんでした。

● 出願の場所は幼稚園ではなく、昭和学院の本部の事務受付でしたので、提出場所を間違えないように確認しておくといいと思います。

● 面接官は園長先生でした。話し方もとても優しく、あらたまった感じでもなく、子どももリラックスしていました。

● 昭和学院幼稚園は、英語プログラムの導入と預かり保育の充実で、ここのところ人気が上がっています。

暁星国際流山幼稚園

■園　長	岸井　慶子	■所在地	〒270-0152
■園児数	103名		千葉県流山市前平井 177-1
■制　服	あり		☎ 04（7150）2014
■昼　食	給食（月～金）		https://www.gikn.jp
■保育時間	午前9時～午後2時	■併設校	暁星君津幼稚園（共学）
	※土曜日は休園		暁星国際学園新浦安幼稚園（共学）
	※預かり保育：午後2時～午後6時まで		暁星国際小学校（共学）
			暁星国際流山小学校（共学）
			暁星国際中学校（共学）
			暁星国際高等学校（共学）

★指導方針

「真の国際人となるための適応」を建学の精神として、そのために①健全な精神　②身体的機能と精神の調和　③国際的感覚　を養います。

★特色

日本人と外国人の先生が協力しながら保育をすすめて、日常生活に密着した「日本語教育」と「英語教育」をします。社会性・協調性を養う「心の教育」をします。「チャレンジ教育」とし体育活動・絵画制作活動などに自ら挑戦するチャンスを与え指導します。「縦割り保育・全体保育」など、年齢の枠をはずした保育により、言葉の教育や心の教育に役立てます。

2024年度入試データ

※ 2023 年秋実施済み。
※幼稚園公表分と桐杏学園調査を併せたものです。
※ 2025 年度の要項は、幼稚園配布のもので必ずご確認ください。

■募集要項　※ 2023 年実施済み

◇**募集人員**　＜3年保育＞男女計 60 名
　　　　　　　＜2年保育＞男女計 10 名程度
　　　　　　　＜1年保育＞男女計若干名

◇**要項販売**　9月14日～
◇**願書受付**　10月2日～6日（窓口・郵送）
◇**考査料**　　5,500円
◇**面接日**　　10月17日～19日
◇**考査日**　　11月2日
◇**結果発表**　11月2日（郵送）
◇**入園手続**　11月7日
◇**入園説明会**　9月14日

■考査の順番

願書提出順

■インフォメーション

◇見学会／2024年6月12日
◇運動会／2024年9月28日
今年度の入園説明会は、日程が決まり次第、ホームページに掲載いたします。

1年・3年保育　入試出題例　※桐杏学園調査を含む過去数年の内容

《1年保育》

ゼッケンをつけて電車ごっこで考査室へ移動。

◆ペーパー
● 間違い探し　（ブタの鼻、キリンの首、象の鼻、カバの鼻）

◆運動
● カニ歩き（平均台）　　　　● 跳び箱
● ケンパー　　　　　　　　　● 英語でダンスと遊び

◆行動観察
● パズル（三角形合わせ）　　● 英語　（blue　yellow　red）
● ブロック遊び　　　　　　　● 家族と自分の絵を描く。
● 片付け

◆個別
●「ここまでどうやって来たの？」など質問される。

《3年保育》

◆行動観察
● みんなで歌を歌う。

◆運動
● アンパンマン体操。
● はいはい。
● カニ歩き。
● 転がったボールをキャッチする。
● 英語の歌に合させて踊る。

◆指示行動
● 箱にブロックを片づける。

◆絵画
● 塗り絵

面接テスト（約10分）

父親へ

志望理由をお聞かせください。
今の保育園を選ばれた理由は何ですか。
通園経路を教えてください。
園の特色に対する印象についてお聞かせください。
お仕事の内容を教えてください。
お仕事をする上でのモットーは何ですか？
園で英語を教えますが、大丈夫ですか。

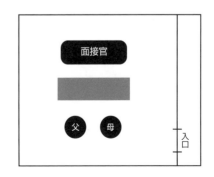

暁星国際流山幼稚園

👨 **母親へ**

志望理由をお聞かせください。

お仕事の内容についてお聞かせください。

お父様の職業について教えてください。

園の行事は土曜日が多いのですが、ご両親で参加できますか。

通園・送迎はどなたがしますか。

通学経路と通園時間はどれくらいかかりますか。

自分の両親から教えられたことで心に残っていることは何ですか。

お母様がご両親から学び、お子様へ伝えたいことは何ですか。

お子様にアレルギーはありますか。

休日の過ごし方を教えてください。

ご自身が大切にしていることは何ですか。

英語教育に力を入れていますが、ご理解いただいていますか。

お子様の英語のレベル、プリスクールの通園日数を教えてください。

お子様が生まれて、変わったことは何ですか。

家庭の教育で気をつけていることは何ですか。

コロナで気ををつけていることは何ですか。

本園に期待することは何ですか。

何か聞いておきたいことはありますか。

保護者の受験 memo ※過去数年の受験者アンケートより

（控え室）

● 控え室は2部屋ありました。

● 控え室で子どもにゼッケンの着用を指示されました。

（面接）

● 面接は、保護者どちらか1人でよいとのことでした。当日、私たちの前後はみなさん母親のみでした。

● 面接では、園長先生もなごやかな表情で質問してくださったので、こちらも緊張せず、なごやかな気持ちの中で応答できました。

● 面接に主人が出席できず1人で対応しましたが、お手紙を持参したのと、桐杏学園で面接の練習をさせて頂いたので、あまり緊張せず対応できました。

● 面接は形式的なものではなく、親の人間性などをよく見ているように感じました。

（考査・その他）

● 子どもたちの誘導は、先生方が1人ずつ名前を呼び、5〜6人1組で移動しました。

● 受付時間まで門が開いていなかったので、外で待っていました。

● 子どもの服装はボレロ、ジャンパースカートと半袖のポロシャツにしました

● 保護者はほとんど濃紺の服装でした。

お茶の水女子大学附属幼稚園

■園　長	小玉　亮子		■所在地	〒112-0012
■園児数	160 名			東京都文京区大塚 2-1-1
■制　服	なし			☎ 03（5978）5881
■通園バス	なし			https://www.fz.ocha.ac.jp/fy/
■昼　食	弁当（月・火・木・金）		■併設校	お茶の水女子大学附属小学校（共学）
	（年少週 2 回、年中週 3 回、年長週 4 回）			お茶の水女子大学附属中学校（共学）
	※学期により異なる			お茶の水女子大学附属高等学校（女子）
■保育時間	［年少］午前 9 時～午後 1 時			お茶の水女子大学
	［年中］午前 9 時～午後 1 時 15 分			
	［年長］午前 9 時～午後 1 時半			
	（お弁当のない日はそれぞれ 2 時間短縮）			
	※土曜日は休園			

★指導方針

　幼児期は生活を通してさまざまなことを体験し、人間形成の基礎を培う時期です。この時期に心豊かな経験をたくさん積むことは、子どもの健やかな成長にとってかけがえのないことです。幼児にとってはあそぶということが体験を積む場であり、大事な学習の場でもあります。あそびを通して、人としての大事なことを学びながら心豊かな経験を重ねていくことが、幼児期には何よりも重要であり必要なことであると本園は考えます。

　幼児期はまた、個人差の大きい時期でもあります。子どもたちは生活経験や発達など、かなりの面で違っていますが、その違いを個性としてとらえ尊重します。そしてそのときどきに、個別に一人ひとりに合わせた指導をおこなっています。したがって、同じことを同じときにどの子にも教えこむようなことはしていません。個々の子どもの興味をひきだし、自分からものごとに取り組み学びとる力を育てることをめざしています。

★特　色

　大学附属の研究・教育機関として、幼児教育の理論および実際に関する研究と学生の教育実習をおこない、わが国幼児教育の進歩向上のために貢献することを使命としています。

★進学状況

■ 併設小学校への進学状況

〈男女〉卒園生は原則としてお茶の水女子大学附属小学校に進学できる。

◆ 2024 年度入試データ

※ 2023 年実施済み。
※幼稚園公表分と桐杏学園調査を併せたものです。
※ 2025 年度の要項は、幼稚園配布のもので必ずご確認ください。

■募集要項　※ 2023 年実施済み

◇募集人員	＜2 年保育＞男女各約 10 名
	＜3 年保育＞男女各約 20 名
◇要項配布	10 月 18 日～ 25 日（Web）
◇出願	10 月 18 日～ 25 日（Web）
◇考査料	1,600 円（郵便為替）
◇1 次（抽選）	11 月 1 日
◇2 次	＜2 年＞ 11 月 15 日（女児）・16 日（男児）
（考査・面接）	＜3 年＞ 11 月 13 日（女児）・14 日（男児）
◇3 次（抽選）	11 月 17 日
◇結果発表	11 月 17 日

■入試状況

◇応募者数	＜3 年保育＞（女児）215 名（男児）140 名
	＜2 年保育＞（女児）172 名（男児）109 名

■付　記

出願資格…指定の地域（幼稚園から半径およそ 3km）に在住する者。徒歩または公共の乗り物を利用して通園する者。保護者と同居している者（入園後の在園資格ともなる）。

■ 2025 年度入試日程（予定）

◇幼稚園説明会　2024 年 9 月 21 日

2年保育　入試出題例　※桐杏学園調査を含む過去数年の内容

小集団テスト（1グループ約10名、20〜30分）

　子どものみ先に考査室に入り約15分、親（父母どちらか一方）が後から入室して親子で遊ぶ。最後にあと片付けをする。

◆自由遊び
- ままごと、積み木、ブロックなどがあり自由に遊ぶ。

◆親子遊び

- 積み木汽車。
- 人形。
- 電話。
- ボール。

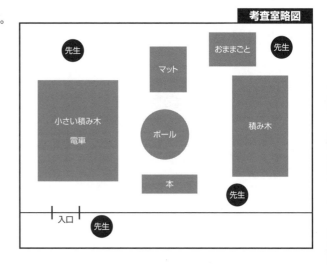

考査室略図

面接テスト

「書類の確認」という形で多少の質問がある。
オープンなスペースでおこなわれ質問は確認のための事務的なもの。

母親へ
お子様の生年月日、住所と電話番号を言ってください。
お父様の職場はどの辺りですか。
現在通っている幼稚園ではどのような様子ですか。
お子様の長所はどのようなところですか。
朝は何時頃起床しますか。
子どもを育てる上でどのようなことに注意していますか。
子育てで大切にしていることは何ですか。
保護者にご協力いただく行事が多いですが大丈夫ですか。

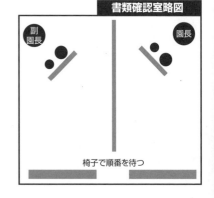

書類確認室略図

椅子で順番を待つ

子どもへ
お名前を教えてください。
お歳はいくつですか。
お友達の名前を教えてください。
好きな食べ物は何ですか。
今日は楽しく遊べましたか。
ここまでどうやって来ましたか。
1番好きなことは何ですか。
お姉さんのお名前は？

【 身体検査 】

● 入室後すぐ、上半身裸になる。
● 母子健康手帳と健康調査書を提出する。

【 考査当日の進行例 】

～考査日～

- 11：30　控え室で待つ。廊下に並び順番に箱から札を取り順番を決める。
　　　　　番号札を親子で着ける（生まれ月によって3色に分かれており、早生まれは水色の番号札）。
　　　　　控え室で検定の流れを説明していただく。
　　　　　グループごとに集団遊び。書類の確認の部屋。
- 13：00　終了。

～考査全体の流れ～

1. 第1次抽選 … 講堂の好きな席に着席して待つ。
2. 第2次検定受付 … 来た順に受付、番号をもらう。
3. 第2次検定（集団遊び・書類の確認）… くじを引きグループ分けとゼッケンの番号が決まる。
　 グループごとに廊下で待ち子ども→親の順番で入室。考査終了後書類の確認。
4. 第2次検定通過者発表及び第3次検定（抽選）… 掲示→受付順に番号をもらう→番号順にくじ引き。
　 （当選者数より1つ多く番号札が入っており、最後に園長先生が引いた数から20名が合格）
6. 当選者受付。

3年保育	入試出題例	※桐杏学園調査を含む過去数年の内容

【 小集団テスト 】（1グループ約10名、約30分）

◆自由遊び・親子遊び

● 積み木、ままごと、ブロック、ボール、ぬいぐるみ、台所セット、人形、電車など。
　子どものみ先に考査室に入り、その15分後くらいに親も入室。（父母どちらか1人）親も子どもといっしょに遊ぶ。
　最後にあと片付けをする。

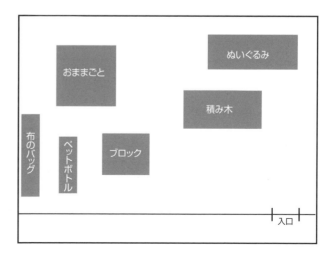

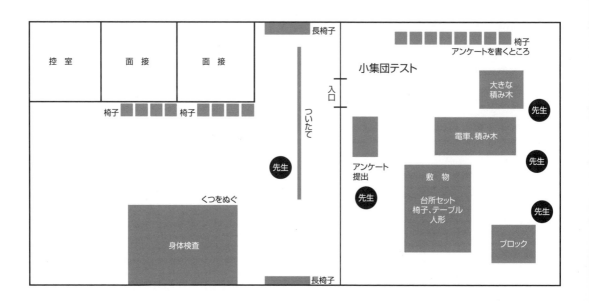

【面接テスト】

「書類の確認」という形で多少の質問がある。

👩 母親へ

なぜこの幼稚園を選びましたか。
上のお子様とは違う幼稚園になりますが、どうしてですか。
通園経路、通園方法について。
お子様達は家ではどのような様子ですか。仲はよいですか。けんかはしますか。
子どもの長所について。
どのような家庭にしていきたいですか。
お母様が子どもの頃、楽しかった思い出を1つ教えてください。
お父様の勤め先は、どこにありますか。
家ではどんな遊びをしていますか。
ふだん児童館などに遊びに行きますか。
お母様の1番好きなことは何ですか。
どのような子に育ってほしいですか。

😮 子どもへ

お名前を言ってください。
お歳はいくつですか。
いつも、誰と遊びますか。
好きな食べ物は何ですか。
好きな遊びは何ですか。
今日は、何で、どうやって来ましたか。
お姉さんのお名前は？
お姉さんは今日は何をしているの？
お姉さんと何をして遊びますか。

【アンケート】

用紙（B5）はホルダーに挟んだ状態で、消しゴム付き鉛筆 1 本とともに渡される。

● 子どもといっしょに過ごす生活の中で、1 番楽しいと思うのはどんなときか。

● 子どもを育てるにあたって、1 番印象に残っていること。

● 食事をつくるときに何を考えてつくるか。

● 公園について、どうお考えですか。

● 遊びについて、どのようにお考えですか。また、どうおこなっていますか。

【身体検査】

● 入室後すぐ、上半身裸になる。

● 母子健康手帳と健康調査書を提出する。

【考査当日の進行例】

9：00	受付。控え室で待つ。 生まれ月によるグループ別（4 月〜 7 月、8 月〜 11 月、12 月〜 3 月の 3 グループ）に番号札を引き、受験番号を決める。 グループにより各会場を回る順番は異なる。
9：20	親子面接［1］。終了後、廊下で待つ。
9：40	親子面接［2］。終了後、廊下で待つ。
10：00	身体検査→終了後、控え室で待つ。
10：30	小集団テスト（子どものみ入室。保護者は廊下で待つ）。
10：45	父母どちらか 1 名が入室し、いっしょに遊ぶ。
11：00	終了。

〜 2 次検定の流れ〜（受付が午前 9 時の組の場合）

9：00	受付（控え室で待つ）。
9：10	生まれ月によるグループ別（A…4 月〜 7 月、B…8 月〜 11 月、C…12 月〜 3 月）に番号札を引き、受験番号を決める。 子どもの左胸と背中、親の左胸に色分けされた受験番号札をつける（A…ピンク、B…黄、C…青） 名前が書いてある所は、ガムテープで隠す。
9：20	グループごとに園長面接、副園長面接、小集団テスト、身体検査の部屋を回る。 （1 グループ約 10 名） 4 か所のうち空いている所から回り、終わると子どもの番号札に○をつけていく。
11：20	終了（受験番号により終了の時間は異なる）。

お茶の水女子大学附属幼稚園

指定地域

（荒川区）西日暮里4

（北区）滝野川1・3・5・6・7、田端1～5、中里1～3、西ヶ原1・3・4

（新宿区）赤城下町、赤城元町、揚場町、市谷加賀町1・2、市谷甲良町、市谷砂土原町1～3、市谷左内町、市谷台町、市谷鷹匠町、市谷田町1～3、市谷長延寺町、市谷仲之町、市谷八幡町、市谷船河原町、市谷本村町、市谷薬王寺町、市谷柳町、市谷山伏町、岩戸町、榎町、大久保2・3、改代町、神楽坂1～6、神楽河岸、片町、河田町、喜久井町、北町、北山伏町、細工町、下落合1～3、下宮比町、白銀町、新小川町、新宿6・7、水道町、住吉町、高田馬場1～4、箪笥町、築地町、津久戸町、筑土八幡町、天神町、戸塚町1、戸山1～3、中里町、中町、納戸町、西五軒町、二十騎町、西早稲田1～3、馬場下町、払方町、原町1～3、東榎町、東五軒町、百人町4、袋町、弁天町、南町、南榎町、南山伏町、山吹町、矢来町、横寺町、余丁町、四谷坂町、若松町、若宮町、早稲田町、早稲田鶴巻町、早稲田南町

（千代田区）飯田橋1～4、北の丸公園、神田神保町2・3、神田三崎町1～3、神田駿河台2、九段北1～4、九段南1～4、五番町、神田猿楽町2、西神田1～3、富士見1・2、

（台東区）池之端2、谷中1～5

（豊島区）池袋1～4、池袋本町1・4、上池袋1～4、北大塚1～3、駒込1～7、巣鴨1～5、雑司ヶ谷1～3、高田1～3、西池袋1～5、西巣鴨1～4、東池袋1～5、南池袋1～4、南大塚1～3、目白1～4

（文京区）大塚1～6、音羽1・2、春日1・2、小石川1～5、後楽1・2、小日向1～4、水道1・2、関口1～3、千石1～4、千駄木1～5、西片1・2、根津1・2、白山1～5、本駒込1～6、本郷1～7、向丘1・2、目白台1～3、弥生1・2、湯島4

保護者の受験 memo ※過去数年の受験者アンケートより

（書類の確認）

- 質問は少ないのですが落ち着いて答えられるように心がけました。
- 書類の確認とはいえ、きちんと気持ちを引き締めて明るく答えました。子どもへの質問がなく意外でしたが、退室するまで気を抜きませんでした。この時間になると走り回ったり、嫌になってしまっているお子さんもいらっしゃいました。
- 面接というよりは書類審査で事務的な感じがしました。

（考査・その他）

- 国立ならではの雰囲気で、私立のようなかしこまった感じがありませんでした。
- 待ち時間を静かに過ごすために、何か持参したほうがよいと思います。
- 入り口から出口まで、待つ間ではチェックされている様子は特にありませんでした。遊びが終わってリラックスしているのか、はしゃいでいるお子さんもいましたので「きちんと待っていようね」と声をかけて順番を待ちました。
- 受付後に番号札をもらい、まずは行動観察の考査でした。その後書類確認という名目で面接があります。
- 身体検査のときに、母子手帳が必要です。
- 2次検定受付は、抽選の翌日9時から11時まででしたが、受付順に試験の時間が決まったようでした。うちは朝9時に受付をし、試験時間も9時でした。
- 待ち時間がわりとあるので、子どもの好きなもの（薄手の絵本3冊、クレヨン、ハサミ、B5の大きさのお絵描き帳）を用意しました。迷路に凝っていたので、紙に親子で順に迷路のクイズを出し、当てるゲームを繰り返していました。

- 健診で、詳しく母子手帳の予防接種と成長曲線（パーセンタイル値）をチェックされました。うちは4歳児健診をしていなかったので、あわてて直前に行きました。
- 自由遊び後、お片付けができず、最後まで考査室に残ってしまいましたが、あせったり、投げ出さず「1つだけでも、カゴに入れようね」と子どもに言い聞かせて行動したのがよかったのかなと思いました。どんなハプニングが起こっても落ち着いて、絶対、子どもに無理に何かさせようとしたり、ヒステリックに叱ってはいけないと思います。退室時は、教官の方々に、ていねいに親子でおじぎをして出ました。
- アンケートを書くとき、渡されたエンピツに消しゴムは付いていましたが、消しにくかったです。自分で消しゴムを持ってくればよかったと思いました。
- 2次検定受験票には通園方法、家族の職業、学歴などの記入がありました。健康調査書は親が記入し、該当する項目がなければ、名前だけでよいようです。
- 試験当日は雨でとても荷物が多くなりました。すべての荷物を持って移動するので、大きな袋が必要だと思います。
- 私立とはまったく違う雰囲気で、廊下で待っている間にも走ったりしている子がたくさんいました。服装も半分くらいは紺の受験ルックでしたが、半分くらいはブラウスにスカートといった普通のスタイルだったように思います。（女児）
- 第1次抽選は主人と2人で行きました。友人同士で来ている方などはおしゃべりをしていました。待つときにはまわりのことを気にかけず、平常心を保つように心がけました。
- 第2次検定の待合室は少々混み合っていて、子どもたちも動き回ったり、泣いたりしていました。待ち時間は少なかったのですが絵本と折り紙を用意しました。
- 親子遊びでは子どもが遊んでいるペースを早くつかんで、自然に振る舞いました。3人の先生もお優しく、見守ってくれているという感じでした。チェックされていることを意識しすぎず行動しました。
- 両親で来ている人もお見かけしましたが、集団遊びには1名しか入れず、面接もないため両親でくる必要性は感じられませんでした。
- 待ち時間のほうが長く、廊下は寒いので携帯カイロがあるとよいと思います。廊下で待つ間は持参した絵本や折り紙があったので助かりました。遊ぶ物を持参していない親子では、お子さんがかけ出したりしていました。
- 当日はわりと自由な感じでしたが、常識的に行動する心がまえで臨み子どもがいつもの調子でいられるようにしました。服装などにもきまりがないように感じますが、控え室での態度は気をつけました。
- 控え室は混んでいて皆さん自由にしているようでしたが、きちんと座って待ちました。私どもは朝9時だったのであまり待たされるという感じはありませんでしたが、子どもをリラックスさせるために好きな絵本を読んだり折り紙をして待ちました。泣いているお子さんも中にはいましたが、あまり気にせず自然に話をしたりしました。お友達同士で来ている方達ははしゃいでいて、あまりよい印象を与えていない様子でした。この時点では特にチェックされていることはなかったようです。
- 服装はかなりみなさん自由で驚きました。紺色にこだわることはないように思いました。
- 紺のスーツで行きましたが、私どものグループの方もほとんどが紺でした。他のグループでは紺のスーツが2〜3名だったところもあり、服装はさまざまでした。
- 母子分離ができていないと、合格は難しいように感じました。

東京学芸大学附属幼稚園竹早園舎

■**園舎長** 鎌田 正裕
■**園児数** 59名
■**制 服** なし
■**通園バス** なし
■**昼 食** 弁当（月・火・木・金）
■**保育時間** [年中] 午前9時10分〜午後1時40分
　　　　　　（水曜日は午前11時40分まで）
　　　　　 [年長] 午前9時〜午後1時半
　　　　　　（水曜日は午前11時半まで）
　　　　　 ※土曜日は休園だが行事が入ることがある

■**所在地** 〒112-0002
　　　　　東京都文京区小石川4-2-1
　　　　　☎ 03（3816）8951
　　　　　https://www2.u-gakugei.ac.jp/
■**併設校** 東京学芸大学附属竹早小学校
　　　　　東京学芸大学附属竹早中学校
　　　　　東京学芸大学附属高等学校
　　　　　東京学芸大学

★教育目標

　人や身近な環境に関わる中で、主体性と協同性をもち、自分らしさを十分に発揮する子どもを育てることを目標としています。

★特 色

　一般の幼稚園と同様に幼稚園教育をおこなうほか、教員養成を目的とする大学の附属幼稚園として、教育の理論と実践に関する研究・実証および学生の教育実習の実施にあたる使命をもっています。また、隣接する小学校・中学校と密接な連絡をとり、幼・小・中の連携教育についての実践・研究も進められています。

★進学状況

■ 併設小学校への進学状況
〈男女〉卒園生は原則として東京学芸大学附属竹早小学校に進学できる。

2024年度入試データ

※ 2023年実施済み。
※幼稚園公表分と桐杏学園調査を併せたものです。
※ 2025年度の要項は、幼稚園配布のもので必ずご確認ください。

■**募集要項** ※ 2023年実施済み
◇**募集人員** ＜2年保育＞男女各15名
◇**要項配布** 11月3日〜15日（Web）
◇**出願** 11月10日〜15日（Web）
　　　　 11月13日〜16日（郵送）
◇**検定料** 1,600円
◇**発育総合調査** 12月19日（男児）
　　　　　　　　 12月20日（女児）
◇**調査結果発表** 12月21日
◇**抽 選** 12月22日
◇**入園手続** 12月22日

■**考査の順番**
月齢による

■**入試状況**
◇**応募者数** （男児）197名 （女児）172名
◇**1次合格者数** （男児） 19名 （女児） 21名

■**付 記**
応募資格は「保護者とともに東京都23区内に居住し、自宅から園舎までの通園時間は、幼児が徒歩または公共の交通機関を使って、35分程度」の者。

2 年保育	入試出題例	※桐杏学園調査を含む過去数年の内容

【運動テスト・小集団テスト（1 グループ約 10 名、約 30 分）

- 小学生の誘導で考査室へ移動。
- すべり台。
- 30cm くらいの車を引っ張る。
- ボール。
- 輪投げ。
- 積み木。
- ままごと。

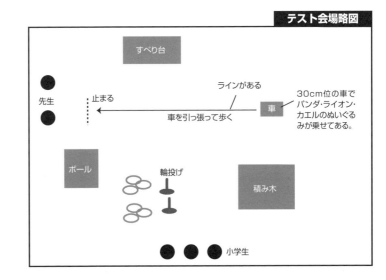

- 小学生が一人ひとり手をつないで考査室まで誘導してくれる。
  考査室で色のついた帽子をかぶる。
  会場に入ると、1 人ずつ立つ場所を指定され、先生の指示を聞き、小学生のお手本を見る。「マットでくまさんになって、
  高さの違うお山を 3 つのぼって、とびこえましょう」
- 的に向かってボールを投げる。
- でんぐり返し。
- 平均台の歩行。
- 運動テストが終わると、自由遊び。
  （積み木、ぬいぐるみなど）

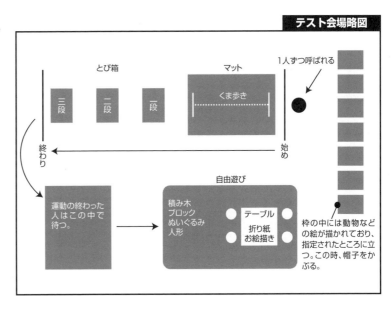

● 控え室で親子で待っていると、先生がテストの流れを説明する。次に小学生が受験者数と同数来て1人に1人ずつ付き添って考査会場（体育館）へ誘導してくれる。会場に入ると色つきの帽子をかぶり、座れる大きさの積み木に座り、名前を呼ばれて立ち、小学生が「これからピクニックに出かけましょう」と言って、あとについてまねをする。最後に「片付けなくてもいいですよ」と言われて終了。

● 初めに誘導してくれた小学生が保護者のもとへ連れてきてくれる。

● 釣り、お料理、動物に餌あげなどのコーナーがあり、好きなもので遊ぶ。

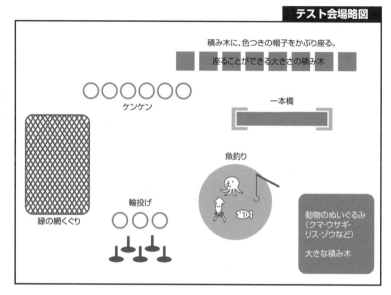

テスト会場略図

積み木に、色つきの帽子をかぶり座る。
座ることができる大きさの積み木
ケンケン
一本橋
魚釣り
輪投げ
緑の網くぐり
動物のぬいぐるみ（クマ・ウサギ・リス・ゾウなど）
大きな積み木

【面接テスト（親子同伴で考査当日におこなわれる）

面接室に入室後、最初に子どものみ質問を受ける。その後、保護者と子どもにわかれて面接を行う。面接終了後、親子遊び（2〜3分）。ペットボトル、輪投げ、赤い大きな布が置いてあり、「自由に遊んでください」と言われる。

保護者へ

教育方針を理解していただいていますか。
行事などでご両親にご協力いただくことがありますが大丈夫ですか。
ボランティアとしてお手伝いいただけますか。
ご家庭でこれだけは厳しく守らせたいとお考えのことは何でしょうか。
…それはなぜそう思われるのですか。
…どのように指導なさるのですか。
お父様も厳しくされていらっしゃいますか。
送迎、帰宅後のお世話はどなたがされますか。
お子様を褒めるとき、叱るときは、どのようなときですか。
食事の際に気をつけていることはありますか。
お子様にはどのような人になってほしいとお考えですか。
…そうなるように、ご家庭で気をつけて育児されていることがあれば、お聞かせください。
お子様の良いと思われるところを教えてください。
…そのようになられたのは、ご両親が何か特別な配慮をされて育てられたからだと思いますが、気のついたことをお話しください。
お子様の好きな遊びは何ですか。……他にはありますか。
現在の幼稚園でけんかなどをすることがあると思いますが、いかがですか。
お子様とどんな遊びをしますか。
このあとお子様と遊んでください。

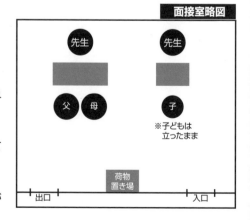

面接室略図

先生　　　先生
父　母　　　子
※子どもは立ったまま
荷物置き場
出口　　　入口

👦 **子どもへ**

お名前を教えてください。

何歳ですか。

今日は誰と来ましたか。

今日は、どのようにして来ましたか。

さあ、先生といっしょに遊びましょう。

「知っているもの」「知らないもの」「やりたくないこと」にわけますよ。（台所、ゲーム、ＰＣなどのカード）

今度はお母さんと遊んでください。

好きな絵を描いてください。

【考査当日の進行例】

～進行例1～

10：00	受付。
10：10	控え室で待つ。
10：40	点呼（廊下で待つ）。
10：50	親子面接。
10：55	控え室で待つ。
11：20	点呼。小集団テスト。
11：40	テストから戻ってくる。終了。

～進行例2～

11：00	受付。
11：15	控え室へ。
11：20	控え室2へ移動。
11：40	調査室へ。
11：50	控え室3へ移動。
12：10	子どもだけ次の調査室へ。
12：20	保護者は控え室4へ。
12：40	子どもが控え室4へ戻る。終了。

保護者の受験 memo ※過去数年の受験者アンケートより

（控え室）

● ほとんどの方が母親のみの付き添いでした。

● 控え室には、何も用意されていないので、何か持っていったほうがよいと思います。

● 控え室には椅子が並んでいるだけで、みなさん絵本、折り紙などを持って来ていましたが、それほど待ち時間はありませんでした。

（考査・その他）

● 母子分離ができないご家庭にも、先生は優しく対応されていて好感が持てました。

● 面接は質問も少なく、なごやかな感じでした。

● 面接のときの親子遊びでは、紙コップ、お手玉、紙の棒などがあり、それをアイスクリームに見立てて2人で遊びました。

● 折り紙と絵本を持参しました。メモ帳とペンでお絵描きをしている方、折り紙をしている方が多くいらっしゃいました。

● 待ち時間はあまりなかったので、スムーズに流れていたのだと思います。

● 8割強が受験用の服装でした。（親：紺のスーツ、子ども：白ブラウスにジャンパースカート）

● 親子で楽しく受験できました。日頃の子どもの姿を見ていただけたような気がします。健康で受験できてよかったです。

● 面接から小集団テストまでの待ち時間は、あまり長くありませんでした。グループによっては、でんぐり返しや平均台上の歩行、折り紙など、指示があったそうです。

● 息子は、面接のときも集団テストのときもたいしたことはしていないので、ダメかと思っていたほどですが、どんなときも終始ニコニコ会話していたことがよかったのではないかと思います。指人形をした先生はガッチリした大きな男の先生でしたが、ニコニコして遊んでいました。誰とでも臆することなく、接することができるのが大切なのかなと思いました。

● 娘はどこへ行ってもあいさつが上手で、親が驚くほどでした。どこでも明るく行動できることが、良い結果に結びつくと思います。

● 待ち時間が長いと聞いていたので、ポットや軽食、折り紙、絵本などいろいろ用意していきましたが、小学生の誘導でとてもスムーズに流れ、待ち時間はほとんどなく、何も必要ありませんでした。何か1つか2つ（折り紙など）持って行けばよいと思います。

● 寒いので防寒に気を配る必要があります。荷物（コートなど）は、移動が多いので大きいバッグにひとまとめにしておくほうがよいです。

● 考査では父親が来ていたのは、聞いていた通り1割ほどでした。服装などとても気にしていましたが、あまり関係ないようです。

● 水筒（緊張してのどが渇くので、子どもより親の必需品でした）、初めて読む絵本、折り紙を持参したのはよかったと思いました。

埼玉大学教育学部附属幼稚園

- ■**園　長**　関　由起子
- ■**制　服**　なし
- ■**通園バス**　なし
- ■**昼　食**　弁当（月・火・木・金）
- ■**保育時間**　[年少] 午前9時〜午後1時20分
　　　　　　[年中] 午前9時〜午後1時30分
　　　　　　[年長] 午前9時〜午後1時40分
　　　　　　　　　（水曜日はそれぞれ2時間短縮）
　　　　　　※土曜日は休園

- ■**所在地**　〒330-0061
　　　　　埼玉県さいたま市浦和区常盤8-13-1
　　　　　☎ 048（833）6288
　　　　　http://www.kinder.edu.saitama-u.ac.jp
- ■**併設校**　埼玉大学教育学部附属小学校
　　　　　埼玉大学教育学部附属中学校
　　　　　埼玉大学

★指導方針
　「賢く」「明るく」「仲良く」「逞しく」を重点目標として、勤労をいとわない自主的精神の旺盛な、人間性豊かなよき社会人を育成することを目標としています。

★特　色
　教員養成大学の附属幼稚園として、「幼児教育の研究と実験・実証」「学生の教育実習並びに研究の指導」をおこなうとともに、地域幼稚園の中核として「地方教育への協力と指導」をすることを目的としています。

★進学状況
■ 併設小学校への進学状況
〈男女〉卒園生は内部進学制度にもとづき、埼玉大学教育学部附属小学校に進学できる。

2024年度入試データ

※ 2023年実施済み。
※幼稚園公表分と桐杏学園調査を併せたものです。
※ 2025年度の要項は、幼稚園配布のもので必ずご確認ください。

■**募集要項**　※ 2023年実施済み
◇**募集人員**　＜3年保育＞男女計約22名
　　　　　　＜2年保育＞男女計約6名
◇**願書受付**　11月21日・22日
◇**考査料**　1,600円
◇**検査日**　12月18日〜21日のうち指定された2日間
◇**抽選日**　12月22日

■**考査の順番**
当日抽選により決定

■**付　記**
通園区域が指定されている。下記の通園区域内に保護者と同居していて、徒歩で通園できる者。

　通園区域
＜さいたま市＞
●**浦和区**　常盤1〜10丁目、仲町1〜4丁目、東仲町、高砂1〜4丁目、北浦和1〜5丁目、本太2〜5丁目、元町1〜3丁目、岸町3・4・6・7丁目
●**南区**　別所1丁目1〜14、3・4丁目、5丁目1〜13、鹿手袋1丁目、2丁目1〜10
●**桜区**　西堀1丁目、8丁目、9丁目、10丁目
●**中央区**　大戸1〜6丁目、新中里1〜2丁目、鈴谷1・2・5丁目

■ 2025年度入試日程（予定）
◇**幼稚園説明会**　2024年8月29日

2年保育	**入試出題例**	※桐杏学園調査を含む過去数年の内容

【小集団テスト】（1グループ約8名）

●自由遊び。
　ままごと、積み木など。
●お買いものごっこ。
　「お皿はどこで売ってるの」、「お花はどこで売ってるの」など。
◆行動観察
　ままごと（先生も加わる）。

【個別テスト】

小集団テスト中に1人ずつ呼ばれる。
● 品物の記憶
● 位置の記憶
● 先生と同じように折り紙を折る。
● プレート…お手本と同じ形をつくる。

◆指示行動
　「ロッカーの2段目、はしから3つ目の○○を持ってきてください」
　「ボールの向こう側にある○○を1つとって、くるりとポールを1周まわって戻ってきてください」
◆数量
　「いちごとりんごはどちらが多いですか」
　「りんごを1つください」
　「いちごはいくつありますか」

【面接テスト】

👨 **保護者へ**
　志望理由についてお聞かせください。
　教育方針についてお聞かせください。
　どのようなお子様ですか。
　お子様は最近何をして遊ぶのが1番好きですか。

どんな絵本を読んであげますか。
お子様が成長したと思われるのはどんな点ですか。
子どもがいてよかったと思うときは、どんなときですか。
通園経路についてお聞かせください。
現在の住所に引っ越してきた理由をお聞かせください。
おけいこ事は何かしていますか。

子どもへ
お名前とお歳を教えてください。
幼稚園の名前を教えてください。
幼稚園では何をして遊びますか。
お友達の名前を教えてください。
好きな食べ物は何ですか。
朝ご飯は何を食べてきましたか。

参考

〜入園案内より〜

1．埼玉大学教育学部附属幼稚園について
　大学の附属幼稚園は、一般の幼稚園と同じように、学校教育法にもとづいて幼児の教育をおこないますが、このほか特に教員養成大学の附属幼稚園として、「幼児教育の研究と実験・実証」「学生の教育実習並びに研究の指導」を行うとともに、地域幼稚園の中核として、「地方教育への協力と指導」をすることを目的としています。
　以上のことがらを具体的に述べますと次のようになります。
〈1〉幼児教育の研究と実験・実証
　幼児教育の考え方、教育内容、指導方法、施設設備などについて研究します。また、新しい教育理論について、それを実際に幼児に適用して実証します。これらのことは、幼稚園内ばかりではなく、大学や他の研究団体、幼稚園と共同し、研究を行ったり交換し合ったりします。
〈2〉学生の教育実習並びに研究の指導
　教育実習は、幼稚園の先生になる人たちを養成するためにおこなわれるもので、学生が幼稚園に来て観察したり、実際に指導したりします。なおこのほか、学生が研究のために、幼児の観察や調査などもおこないます。
〈3〉地方教育への協力と指導
　幼児教育の理論、方法などに関する研究を発表する公開研究会をおこないます。また、当園の教師は、地方の研究会、講習会などの講師として指導にあたるなど、広く幼児教育の振興に協力します。さらに、当園はいろいろな研究会、講習会などの会場を提供したり、地方の幼児教育関係者の参観や教育相談に応じたりして、幼児教育の指導にあたります。
　当幼稚園は、このような特色をもっていますので、一般の幼稚園に比べて、いっそうご家庭の理解と協力を必要とします。これらのことを、じゅうぶんご理解のうえで応募されるよう希望いたします。

2．必要経費について
保育料… 年額73,200円 入園料… 31,300円
PTA会費・教材費・給食費・卒業積立金・学級費・絵本代・その他…月額（平均）約7,000円

埼玉大学教育学部附属幼稚園

～提出書類～

※今年度のものは、必ずご確認ください。

年度２年保育志願票			検査番号

埼玉大学教育学部附属幼稚園

男・女	受付番号	第　号

本人	ふりがな		男女の別	男・女
	氏　名		保護者との続柄	
	生年月日	年　　月　　日　生		
	住　所	（マンション名等も記入して下さい。）		
	入園前の保育歴	幼稚園名（所在地）（　　　　）		
		保育園（所）名（所在地）（　　　　）		

保護者	ふりがな			
	氏　名	印	電話	
	住　所		職業	

家族（同居の祖父母等も記入すること）	続柄	名	年齢	勤務先または在学校園名および学年
	本人			
	父			
	母			

（楷書で記入のこと）

保護者の受験 memo　　※過去数年の受験者アンケートより

● テストに関しては、特にできた、できないは直接合否にはつながっていないように思います。全体を通して感じたことは、本当におとなしいお子さんが多かったこと、３時間の間、泣く子もなく親もとで本を読んでいたり、おかしを食べていたりして、きちんと待っている姿にはびっくりしました。

● 控え室では、親と子の椅子は向かい合うようにセットされていました。待ち時間は３時間から、長い人で７時間の方もいたようです。絵本、お弁当、おやつ、クレヨン、スケッチブック、折り紙、もしくは簡単なおもちゃを必ず持っていったほうがよいと思います。部屋は暖房で必要以上に暑く、子どもはのぼせ気味でした。

親子でする模擬テスト

　各領域の入試問題実例をのせてありますので、お子様と楽しく練習してみてください。理解が不十分だったものや不得意なものは、毎日の生活の中で少しずつ身につけていくことが望ましいと思います。

▶ **記憶**　▶ **言語**　▶ **数量**　▶ **推理**　▶ **知覚**
▶ **知識**　▶ **構成**　▶ **指示行動**　▶ **体操**
▶ **音楽リズム・集団遊び**

▶ 記憶　P.267

４色の折り紙、または色画用紙をご用意ください。

４枚の絵をカード状に切って使用します。

カードを１枚ずつ見せ、色紙の下に隠して、下にどんな絵があるかを問います。

例）赤色の紙の下には何がありますか。

　　青色の紙の下には何がありますか。

　　黄色の紙の下には何がありますか。

　　緑色の紙の下には何がありますか。

絵カードの上にのせる色紙をいろいろ変えて聞いてみてください。

▶ 言語　P.269

あらかじめカードを切っておきます。

（お話を聞きましょう）

　さる君は、仲良しのうさぎ君といっしょに公園に遊びに行きました。途中、うしのおじさんに会いました。うしのおじさんは、「みんなと仲良く遊ぶんだよ」と言いました。公園に着くと、ねこちゃんが楽しそうにすべり台をすべっています。さる君とうさぎ君がブランコのほうを見てみると、まあ大変！くま君とぞう君がブランコの取り合いをしています。さる君はさっき、うしのおじさんに言われたことを思い出し、「くま君、ぞう君，公園は仲良く遊ぶところだよ」とくま君とぞう君に言いました。すると、ぞう君が「ごめんね。もうしないよ。ちゃんと順番を待つよ」と謝りました。それから、さる君とうさぎ君はシーソーに乗って、楽しそうににこにこ顔で遊びました。

１．はじめに「みんなと仲良く遊ぶんだよ」と言ったのは誰ですか。カードを選びましょう。

２．くま君とぞう君がけんかしていたのは、どこだったでしょう。カードを選びましょう。

３．最後にさる君とうさぎ君は、何で遊びましたか。お口でお話ししましょう。

　　［解答］　１．うし　　　２．ブランコ　　　３．シーソー

▶ 数量　P.271

　あらかじめカードを切りはなし、花に色を塗ってからお使いください。花は、赤２枚、黄３枚、青３枚、緑４枚を作ります。つくったカードをバラバラにしてすべて並べます。

１．同じ色の花どうしを集めましょう。

２．赤色の花はいくつありますか。数えてみましょう。

３．黄色の花はいくつありますか。数えてみましょう。

4．青色の花はいくつありますか。数えてみましょう。

5．緑色の花はいくつありますか。数えてみましょう。

6．どの色が1番少ないですか。

7．どの色が1番多いですか。

▶ 推理　P.273

お母さまがあらかじめ［例］のように色を塗っておきます。

小鳥の帽子とチューリップの色が塗ってないところには何色が入りますか。その色で塗りましょう。

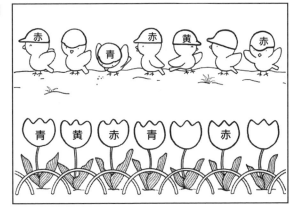

［解答］　（小鳥）左から　黄、青　　（チューリップ）左から　黄、青。

▶ 知覚　P.275

左右の絵で、違っているところを言ってみましょう。

［解答］

右の絵では、

①木の上の部分に穴がある。

②飛んでいる小鳥がちょうちょうになっている。

③女の子がだいている犬がうさぎになっている。

④女の子の横に帽子がある。

⑤葉っぱの上にかえるがのっている。

▶ 知識　P.277

たりないところはどこですか。指でさして、言葉で説明してください。

［解答例］

ブランコの持つところ、はさみの指を入れるところ、歯ブラシの毛の部分、椅子の脚の部分、時計の針、

自転車の後ろタイヤ

▶ 構成　P.279

１．お手本を見ながらパズルを完成させましょう。

２．お手本を見ないでパズルを完成させましょう。

▶ 構成・記憶　P.281

　絵を切り抜いて使います。たまごの絵は、まず輪郭に沿って切り取ってから、ひび割れの線に沿って切ってください。その他の絵は、おおよその輪郭で切り抜いてください。

問題１　たまごのパズル
　たまご４個分のカード（８ピース）をバラバラに置きます。割れ目がぴったり合うものを選んで、たまごを４個作りましょう。

問題２　たまごの中にいるのは何かな？
　かいじゅう、ちょうちょう、ロボット、くまをたまごで隠します。中に何がいるかを聞きます。
　例）①たまご半分で隠します。
　　　②中に何がいるか覚えてください。
　　　③もう一方のたまごのからで絵をすべて隠します。
　　　④たまごの中に何がいるか聞いていきます。

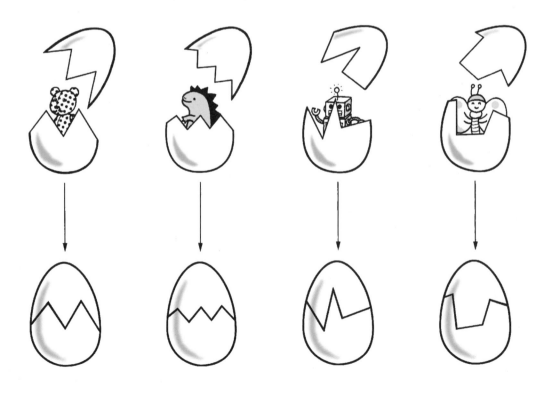

▶ 指示行動

1．衣服の着脱（ボタン掛け）

「スモックを着ましょう。」（前ボタンの服でもよい）

☆**ポイント** … 自分のことは自分でできますか？
- ●ボタン掛けのほかにも、自分で靴をはく、ひとりでトイレで用がたせるといった日常的な生活習慣は、しっかり身につけておきましょう。

2．おやつを食べる

「かごの中から、おせんべいをひとつ取ってください」
「皆で『いただきます』を言ってから、いただきましょう」
「食べ終わったら、ごみはごみ箱に捨てましょう」

☆**ポイント** … 年齢相応の食事マナーは身についていますか？
- ●食べるときの様子を観察するだけで、家庭のしつけがわかります。言われた数以上のお菓子をとったり、「いただきます」の前に食べてしまったり食べ物が口に入っているのに立ち歩くようでは困りますね。食事のあいさつをする、食べているときは席を立たない、ごみが出たらごみ箱に捨てるといった、基本的なことはできるようにしましょう。

3．色・形

「青いクレヨンはどれですか？　青いクレヨンで丸をかいてみましょう」
「では、赤いクレヨンはどれですか？　丸のおとなりに三角をかいてみましょう」

　☆**ポイント** … 色・形がわかりますか？
　　　　　　　　お話が一度で理解できますか？
- ● 色は基本です。水色・桃色・黄緑色・だいだい色・茶色といった中間色もふだんの生活の中で覚えていきましょう。

4．品物・数（品物は、ご家庭にあるもので代用してみましょう）

「後ろの机から、おもちゃの果物が入っている箱とくまをもってきましょう」

「この箱の中から、みかんだけ出して机の上に並べてみましょう」（数種類の中から選び出す）

「みかんはいくつありますか」

「くまに、みかんを食べさせてあげましょう」

「果物の箱を元の場所にもどしましょう」

☆**ポイント** … 指示を理解して行動できますか？　品物の判断がつき、数を正確に数えることができますか？

●日常生活の中で、子どもにかんたんな用事を頼んだり、興味や関心をもったものについて、お手伝いさせてみましょう。そのような経験から、人の話を注意深く聞いて、実行にうつす力が養われるでしょう。

5．ひろげる・たたむ

「くまが風邪をひいて寝ています。○○ちゃんのハンカチをお布団にしてあげてください」

（ポケットからハンカチを出させ、ひろげてかけさせる）

「○○ちゃんがハンカチを貸してあげたら、くまはすっかり元気になりました。どうもありがとう。では、ハンカチをたたんでしまいましょう」

☆**ポイント** … ハンカチはいつもポケットに入っていますか？

●ハンカチだけでなく、爪はきれいか、手洗い・うがいはできるかなど、試験中、案外見られることが多いようです。衛生習慣はしっかり身につけましょう。また、ハンカチをたたんで自分のポケットにしまうなど、自分の持ち物の管理もできるようにしておきましょう。

▶ 体操

1．平均台を渡りましょう。

　●前歩き

　●横歩き

2．的に向かってボールを投げましょう。

3．波跳び、へび跳びをしましょう。

高く跳ぶ

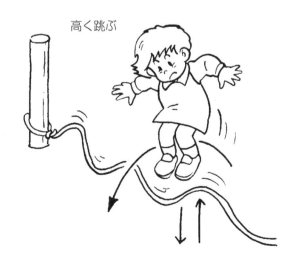

大きく足を開いて跳ぶ

4. でんぐりがえしをしましょう。（前転）
　　えんぴつ回りをしましょう。（横転）

前転

横転

5. とび箱のよじ登りをしましょう。

解　説

1. うでを横に伸ばし、バランスをとりながら歩いていきます。
　　背中をまっすぐに伸ばし顔も前を向いてみましょう。

2. 足を開いて、ボールをコントロールして投げましょう。
　　上手投げだけでなく、下から投げたり、両手で投げたりしてみましょう。

3. 助走をつけて、なるべく高く、遠くへ跳びましょう。

4. 前転では、手の幅は自分の肩幅くらいに、あごを胸につけて回りましょう。
　　横転では、手足をよく伸ばして回りましょう。

5. 元気にふみきり、とび箱にのります。　手はパーにしてしっかりとつきます。
　　とび箱の上から遠くにとびましょう。

▶ 音楽リズム・集団遊び

1. 皆で歌を歌い、手遊びをしましょう。

   【 例 】

   ■ ひげじいさん　　　■ 頭　　　■ 肩　　　■ ひざ・ぽん・むすんでひらいて

   ■ 大きな栗の木の下で　　　■ げんこつ山のタヌキさん　　　■ 犬のおまわりさん

2. 曲に合わせて、動物のまねをしてみましょう。

   【 例 】

   ぞう、うさぎ、くま、りす、うま、あひるなど。

3. 曲に合わせて、歩いたり、止まったりしましょう。

   【 例 】

   曲が止まったら、いすに座りましょう。

4. お家ごっこをして遊びましょう。

   （お父さん、お母さん、赤ちゃんなど役割をきちんと決めて遊びましょう）

5. 積み木・ままごとなどの遊具を用意し、その中から好きな遊
   具を選んで遊びましょう。その後、お母さんが入り、会話を
   交えながら遊びましょう。

解　説

1. 先生のまねをして手遊びをしたり、元気に歌を歌ったり、積極的に参加することが大切ですね。
2. 動物になりきって、なるべく体を大きく動かして元気よく表現してみましょう。
3. 指示を理解し、よく聞くことが大切です。
   合図に合わせて機敏に動きましょう。
4. 遊具をひとりじめすることなく、仲良く遊びましょう。
5. 積極的に参加し、お片付けもきちんとできるようにしましょう。

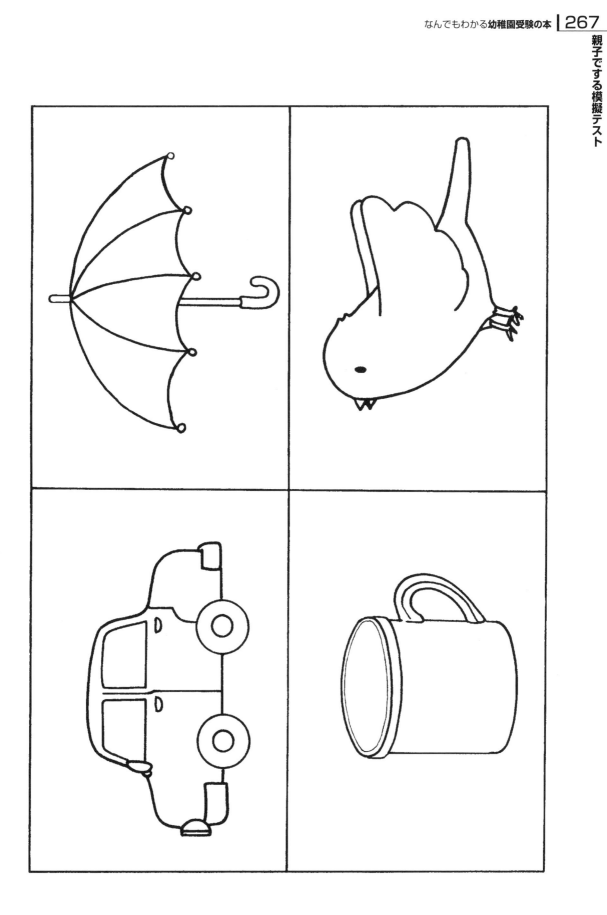

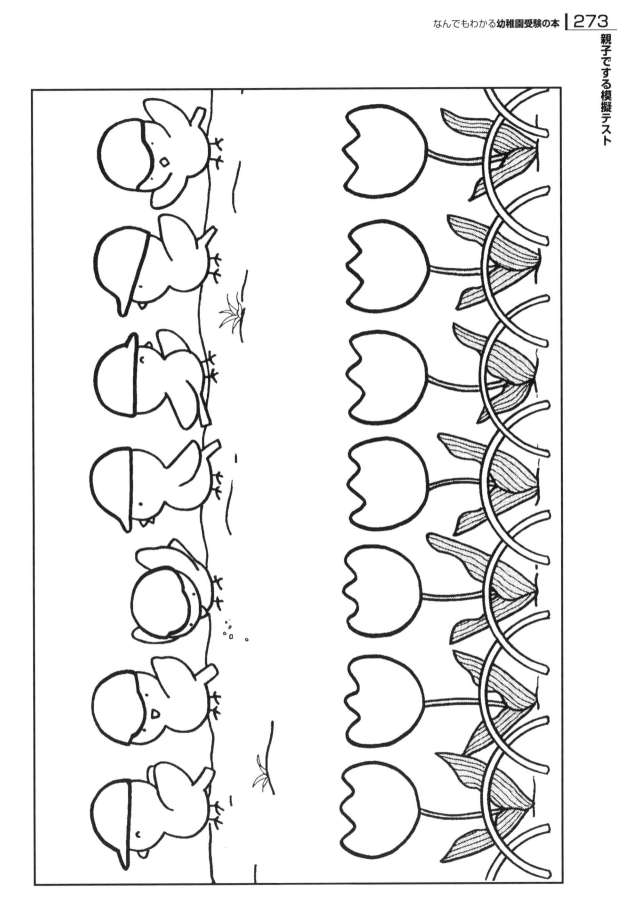

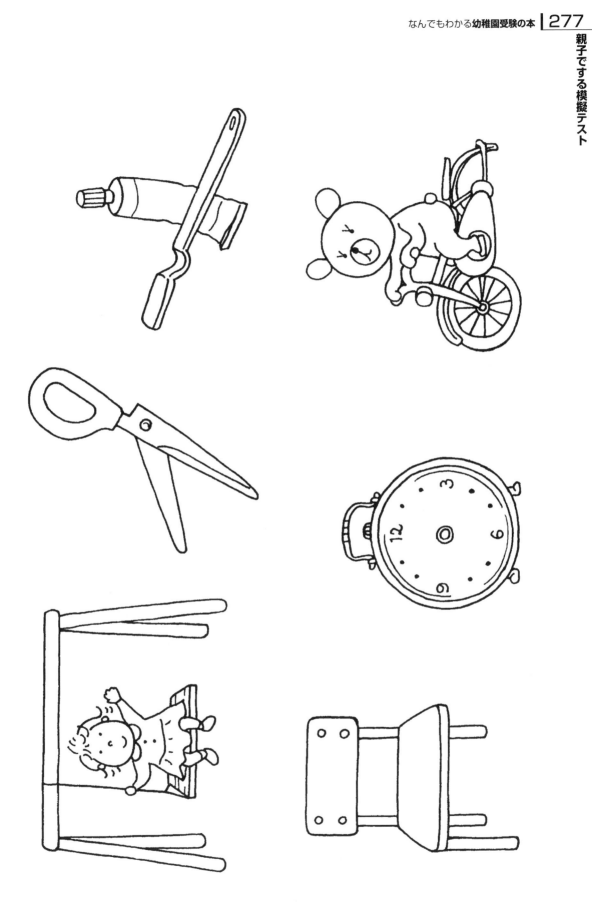

［お手本］

▼切り抜いてお使いください

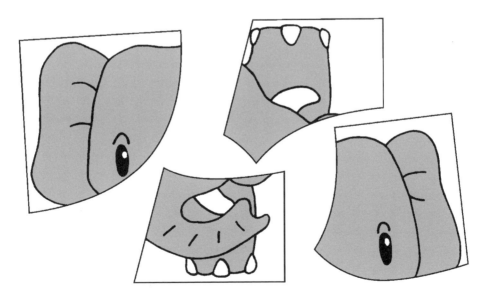

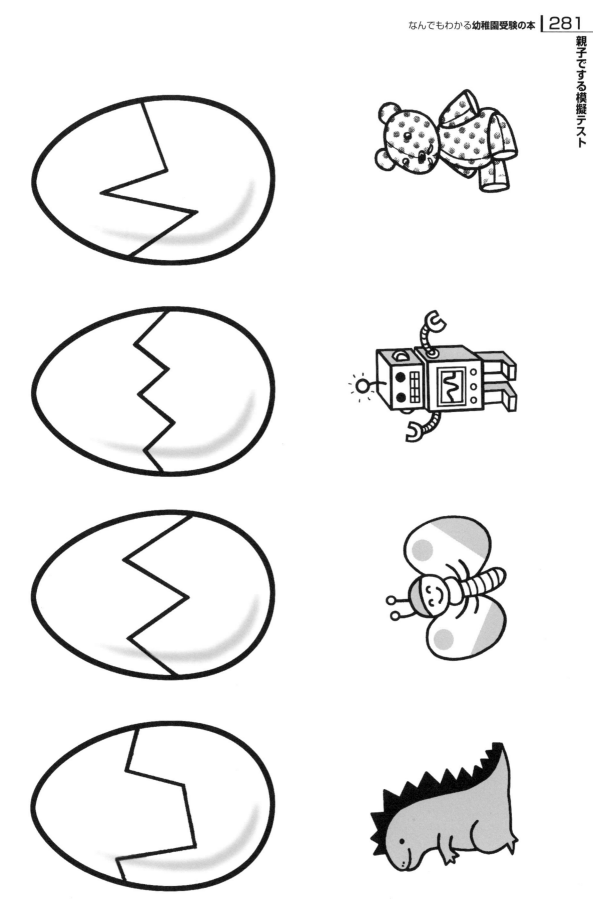

面接テスト
お父さま
お母さま
回答例

各幼稚園合格者ご父母のアンケートをもとに抜粋、掲載しました。面接対策にお役立てください。

CASE 1

【父親に】

Q 志望理由を具体的にくわしくお願いします。

A 公開保育にお伺いしたとき、年少組はリトミック遊びで「ぶどう狩り」をイメージした遊びをし、年長組は知能遊びで漢字パズルといったカリキュラム遊びの中から、自分の頭で考え、発展させ、自主性を高める教育に感銘を受け、先生方の熱心な指導の様子や創造性豊かな園児の姿を拝見し、私どもの子どもも、ぜひ、こちらの幼稚園の教育を学ばせたく思い、志望いたしました。個性的な教育をし、また、知能教育をするという点にも大変興味があります。

【母親に】

Q 熱中している遊びは、積み木と砂遊びだそうですが、お母様とは、どんな遊びをしていますか。

A 積み木で遊ぶ場合、遊びに行ったとき、印象に残ったものを作ることに興味があり、動物園などを作ります。また、砂遊びはいっしょにお山などを作って遊びます。

Q 今まで子育てで、注意してこられたことは何ですか。

A 3世代家族ですので、過保護にならぬよう、自分でできることは自分でさせるようにしてまいりました。

CASE 2

【父親に】

Q お子様の名前の由来をお聞かせください。

A 控えめに咲いていても、その花を見かけたとき、ほっと心がなごまされるような、思いやりにあふれ、不思議な温かさを持ち、心身共に強く、優しい心を持ってほしいと願い名づけました。

【母親に】

Q 入園にあたって心がけたことは何ですか。

A 少しずつではありますが、モンテッソーリ教育の本を参考に、娘が興味を持っているもの、たとえば今は、ビー玉をお皿で左右に移したり、鉄棒にぶらさがることなども大切にしながら、お友達と多く遊ばせ、正しい生活習慣に気をつけました。

CASE 3

👨【父親に】

Q どうやってお子様と接する機会をつくっていますか。また、どのようにして遊びますか。

A 平日早く帰宅したときは、子どもとお風呂に入ったり、その日の出来事を聞いたりします。休日はできるだけ出張以外は仕事をいれずに、家族3人で過ごすようにしています。近くの水族館や博物館へ行くこともありますが、公園でボール遊びをしたり、最近買ったばかりの自転車の練習をしたりいたしております。家では積み木などで遊んだりいたします。

Q そうしてお子様と接することで、お子様の足りないところは何だと思いますか。

A ついつい慎重に考え過ぎて、初めてのことや初対面の人に対して、やや消極的な面があります。

👦【母親に】

Q お子様に自信を持たせるためどのようにしていますか。

A 子どもにはさまざまな経験と機会を与えるようにして参りました。そのことも自信につながると思います。少し前のことですが、子どもはジャングルジムに登ることができませんでしたが、友達といっしょにジャングルジムに登る経験を得たことで、次には自信を持って1人で登れるようになりました。

Q 今、お父様のお話によるとやや消極的ということでしたが、積極性を持たせるため、どのようにしていますか。

A 先程お話ししたことのように、やはり、さまざまな経験や機会を与えることにしております。初めての場所へつれていったり、初めての経験をさせるなど、方向性や助言を与えるようにして参りました。

CASE 4

👦【母親に】

Q お母様から見たお子様の性格を教えてください。

A 例えば、私が咳やクシャミをしますと、遠くからでも飛んできて、「大丈夫?」と言いながら背中をなでてくれたり、おいしいものを頂いたときなど、△△さんにもとっておいてあげましょうと言って、紙に包み大切にしていたり、やさしい気持ちを持っている子と思っております。

Q 家庭で何か気をつけていることがありましたら、おっしゃってください。

A 心身共に健康で、ということが一番の願いですので、その点に留意しながら過ごすようにしています。

CASE 5

👨 【父親に】

Q ふだんはお仕事が忙しいと思いますが、お子様とはどのように接していますか。

A 子どもとの時間を多く持つようにし、話を最後まで聞いてあげるように努力して、自分で考え、判断し、自分でしたいという意欲を引き伸ばしてあげられるように、見守っていきたいと思います。

👩 【母親に】

Q お子様のことで楽しいエピソードはありますか。

A 先日の朝、買い忘れたものがありまして、近くのスーパーに出かける時、ボクが買ってくると申しまして、まだひとりでは無理かと思いましたが、よい機会でしたので、挑戦させることに致しました。朝でしたので交通も少なく、近くでしたがやはり心配で、主人と共に気づかれないようについて行きました。道路を渡るときも、右、左、注意しながら渡り、スーパーでも１人で買い物をして帰ってまいりました。子どもの誇らしげな顔を見まして、主人と２人大変嬉しく、子どもの成長を目の当たりに感じ、涙が出てしまいました。

Q しつけの面など、どのような点に注意していますか。

A 家庭では、社会生活においてのマナーやルール、我慢する、耐える、人を許すということが自然に身につくように教え、自主性を尊重し、自分のことは自分で考え、行動できるように、見守っております。

Q どのような人になってほしいですか。

A 他人の幸福と、自分の幸福のために、献身的に尽くす人になって欲しいと願いながら、弱い人の立場になって物事を考え、行動し、人の気持ち、心がわかるようになり、人々から好感を持たれ、信頼される人になってほしいと願っております。

CASE 6

👨 【父親に】

Q 家庭でどんなことに気をつけていますか。

A 何でも自分のことは自分でできるように、また、自分で考えて行動がとれるように必要以上の保護と援助はさけています。

👩 【母親に】

Q どんなことに気をつけてお子様と接していますか。

A 日常生活のなかで、基本的なけじめやルールのしつけを心がけております。また、現在、何にでも興味を示していますので、子どもの問いかけには、必ず耳を傾けるようにしています。

CASE 7

👨【父親に】

Q ご家族で何を大切にしていますか。

A 会話を大切にして、休みの日にはなるべくいっしょに行動して、何を考え何を求めているのか、共通の体験の中で、お互いに理解できるようにしています。

👩【母親に】

Q お子様を育てるうえで、困ったことがありますか。

A 特に困ったということはございませんが、これから集団生活に入るということで、まずあいさつが大切と考えますので、朝夕のあいさつ、「ありがとう」、「ごめんなさい」が自然に言えるように、親から声をかけるようにしております。また、基本的生活習慣が身につくように、時間がかかっても、なるべく自分でさせるように、手をかしながら親子で練習しております。

CASE 8

👨【父親に】

Q お子様が子ども番組を見ることについて、どのようにお考えですか。

A 時間をきちっと決めて見せればよいと思いますが、番組によっては大変言葉遣いの悪いものや、内容のない番組もありますので、そういったものは見せないものもございます。

Q お子様をどんなときに褒めて、どんなときに叱りますか。

A 約束事をきちっと守れたときに褒めます。逆に、約束事が守れなかったときは叱ります。

👩【母親に】

Q お子様をどんなときに褒めて、どんなときに叱りますか。

A お友達や祖母に親切にしたり、やさしくしてあげたとき、「えらかったわね」と言って褒めてあげます。叱るときは、約束事が守れなかったときや物を大切にしなかったときで、きびしくいたします。

Q お子様は、どんなことに一番興味を持っていますか。

A 今はおままごとごっこで、なかでも赤ちゃんに興味がございまして、毎日のようにぬいぐるみを赤ちゃんにしまして、娘がお母さんになり、だっこしたり、あやしたり、食事させたり、寝かせたりして楽しんでおります。

CASE 9

👨 【父親に】

Q 最近、いろいろなおもちゃが出回っておりますが、それについてどう思われますか。

A 上の2人を欧州で育てておりまして、やはり自然のものがよいと思いますので、木製のものなどを与えるようにしています。

Q 最近、お子様が成長されたと思うことは何ですか。

A 本が読めるようになり、読み方に表現力がつきました。

Q お子様とどんな遊びをしますか。

A 近くの公園で走ったり、サッカーをやったり、季節の草花や虫などを見つけたりします。

👩 【母親に】

Q 子どもが見る、特にマンガについてどのように思われますか。

A いろいろなものがございますが、見る側がきちんと選んでいくことが大切だと思っております。

Q しつけで大切だと思われるものは何ですか。

A 食事のマナー、正しい言葉遣いとあいさつ、お手伝いだと思っております。

Q お子様が今、興味を持っているものを1つお話しください。

A お手伝いに興味を持っておりまして、料理をつくってくれたり、洗濯物を干したりたたんだりしてくれます。

CASE 10

👩 【母親に】

Q 家でどんな手伝いをさせていますか。

A 食事の準備では、おはしや茶碗などを並べたり、自分が使った食器は自分で台所に運ばせております。また、お花がとても好きで、毎日喜んでお水をかえてくれます。

CASE 11

👤【母親に】

Q お子様が園にお入りになった際、みんなの中に入れず、1人離れて立って遊びを見ているというような場合、どうなさいますか。

A 長い目でみたいと思います。家に帰ってからも園のお友達を招いて遊んでいただいたり、近所の子どもたちと多く遊ばせたりして、だんだんとなじませていきたいと思います。また、先生のご指導を賜り、スムーズに和に入れるように最終的に持っていきたいと考えます。

Q お身内の方以外で、尊敬されていらっしゃる女性をおひとりあげてください。

A 茶道の○○先生を深く尊敬しています。茶道のご指導が熱心で、また、家庭生活においても理想とする女性です。家族ぐるみのおつきあいのなかで、お子様やご主人に対する配慮を感じ、また先生は○○○○園という施設で週に1度ご奉仕されており、円満な家庭生活であるからこそ、何か人の役に立ちたいというお気持ちがあるのだと思います。私も将来、先生のように少しでも近づけたら、と思っております。

CASE 12

👤【父親に】

Q どういうときにお子様を褒め、どういうときに叱りますか。

A 友達との遊びを大切にしているので、ルールを守ったり、我慢したり、小さい子に接してやさしくしてあげたとき褒めてあげ、わがままだったり、ルールを守らなかったとき叱ります。

Q 仕事は忙しいようですが、お子様とはどのように接していますか。

A 朝は早いので、子どもと接する時間があまりとれませんが、帰りは他の方たちよりも早く帰ってこれますので、子どもといっしょに遊んだり、お風呂に入れたりします。

👤【母親に】

Q 絵本をよく読んであげていますか。

A はい。近くに図書館がありますので、週に1回は必ず借りて、寝る前に読み聞かせています。

Q 絵本はどういう基準で選びますか。

A まず、子どもが喜ぶものを選びます。ファンタジーの世界にうまく子どもを引き込ませてくれるものや、絵本ですから、絵のきれいなものです。

CASE 13

👩 【母親に】

Q 自分の子どもがお友達の和の中に入れないとき、どうしますか。

A 「『入れて』と言ってみたらどうかしら」、「お友達の右側から入ってみたらどうかしら」、「一番小さいお友達に声をかけてみたら」と、話しかけます。

👨 【父親に】

Q 仕事を通して、社会にどのように貢献していますか。

A 勤務先以外に、夜間は父の診療所で、多くの方々の口腔内を拝見しております。地域社会で勤務されていらっしゃる方々が、仕事のあとに治療ができればと思い行っております。

CASE 14

👩 【母親に】

Q お母様以外に、尊敬されている女性がいらっしゃいましたら、お話しください。

A ナイチンゲールです。ナイチンゲールは子どもの頃より、人の役に立つには、どうしたらよいのかと考えており、一生を弱い人たちの力となって生きた、素晴らしい方だと尊敬しております。

Q もしお子様が、幼稚園でお友達の和に加われずに、1人でいたらどうなさいますか。

A 娘がどうして和に加われないのか、その原因を娘とよく話し追求してみたいと思います。もし、わがままだけによるものならば、時間を要するかもしれませんが、みんなといっしょに何かをするということが、どんなに楽しいものなのかを話したいと思います。

👨 【父親に】

Q お父様のお仕事を通して、何か社会に貢献なさっていることがありましたら、お話しください。

A 私の職業は医師であり、卒業後は大学で診療及び研究をしてまいりましたが、5年前に開業いたしました。現在は診療を通して、地域医療に参加しております。また、近くの老人病院、保育園、小学校に出向き、診療以外にも多くの行事にも参加させていただいております。

CASE 15

👩【母親に】

Q しつけで気をつけていることは何ですか。

A 挨拶すること。我慢すること。自分にして欲しいことを人にもしてあげること。人に自分が作ったものを壊されたり、使っているものを取られても、いつまでも怒っていないで、許してあげること。また、失敗を含め、危険のない限り、後から見守る育児を心がけております。

Q どうして今の園からこちらにお替わりになりたいのですか。

A 残念ながら、現在の園が幼稚園だけですので、本人の成長を少し長い目で見て頂けるのでは、と今回受験しました。

Q お子様に、ぜひ伝えたいことが何かありますか。

A 幸い、健康に恵まれ生を受けましたので、それを努力して生かして、少しでも人のお役に立てるような生き方をしてほしいと日頃から話しております。

CASE 16

👨【父親に】

Q 家庭生活で大切にしていることは何ですか。

A 不規則な仕事柄、時間は限られていますが、少しでも多く会話がもてるように、1日1度は電話をしたり、寝る時間に間に合えば絵本を読んで聞かせたり、また、休日には公園に行き、アヒルにパンをあげたり、娘の好きな馬に乗せたりすることを楽しみにしております。

👩【母親に】

Q 子育てで気をつけていることは何ですか。

A 娘にとってお友達と遊ぶことが、自身の成長にとって大切なことであると思いますので、できるだけ多く機会をつくるようにしています。また、親子で教会に通ったり、クッキーを作ったり、野菜を作ったりすることを楽しみながら、3歳という年齢相応の正しい生活習慣と、自分のことが自分ひとりでできるように心がけております。

CASE 17

【父親に】

Q 休日はお子様とどのように過ごしていますか。

A ふだんは近所の公園で遊ぶことが多いので、休日には博物館、動物園、遊園地に連れて行ったり、遠出をして自然に親しませるなどして、子どもの興味、好奇心を刺激するようにしています。また、家にいるときは、ボール遊び、相撲といった、体を使った遊びをいっしょにするように心がけています。

Q 将来、どのように成長して欲しいですか。

A 画一的な人間が増えていると言われるなか、子どもには大いに個性的で、強い信念を持った人間になってほしいと思っております。そして、ただ単に個性的であるだけではなく、他人の痛みがわかるような、人間味あふれた人に育って欲しいと願っております。

【母親に】

Q 現在、お子様が一番興味を持っていることは、どんなことですか。

A 恐竜に興味を持っていて、将来、恐竜を探し出し、本当に卵から生まれたのか、直接聞き握手をするのだと、毎日図鑑を見たり、恐竜のミニチュアを動かしたりしています。

Q お子様が好んで見るテレビ番組は何ですか。

A できるだけ家庭的な内容のものを見せるように心がけており、子どもは「サザエさん」が好きなようです。また、外国の方の話しているのを町で聞き、それ以来、「英語であそぼう」を楽しみにしています。

Q お子様にとって、家庭での役割とはどのようなことですか。

A まだ4歳ですが、家族の一員として幼いながらに自覚を持ち、やっていいこと、悪いことを踏まえた上で、自分でできることは自分でするよう心がけてしつけております。

CASE 18

【母親に】

Q この1年間、何に気をつけてお子様を育ててきましたか。

A 健康管理に気をつけ、身の回りのことは自分ひとりでできるようにしてまいりました。また、幼稚園に通っておりませんので、集団生活ができるように近くの公園で近所の子ども達と遊ばせたり、週に1度体操教室に通わせたりいたしました。最近は早く幼稚園に行きたいと申しております。

CASE 19

【母親に】

Q お子様を育てていく上で、気をつけていることを教えてください。

A 健康第一に考えております。未熟児で生まれまして、３か月位で標準になりましたが、栄養面になるべく気を配り、好き嫌いなくいろいろな食品を摂取するようにしております。また、感謝の言葉、お詫びの言葉、挨拶の言葉が自然に出てくるように身につけ、自分がされていやだと思うことは人にはしないようにいい聞かせ、なるべく子どもの集団の場へ出掛けるように心がけています。

【父親に】

Q お休みの日は、お子様とどのように接していますか。

A 三輪車や、公園などで体を動かしてする遊びが多いです。また、自然に親しむ機会を多く持ち、それによって美しさを知り、おごそかさを畏れ、興味や好奇心を育てるようにしています。

【母親に】

Q お母様から見て、どのようなお子様ですか。

A 元気で行動力のあるところはよいと思います。ひとりっ子ですので、御兄弟のいるお子さんから見て経験のない分、未熟な点はございます。どのような場においても、物怖じせず実行するタイプなので、これから初めて集団生活をしていくなかで、社会性を身につけ、この子本来の個性が、よい方向に発揮できることを期待しております。

CASE 20

【父親に】

Q 家庭では何を大切にしていますか。

A 家族の会話です。特に子どもの話には耳を傾けるようにしています。

Q 休日にはお子様と、どのように過ごされていますか。

A 近所の公園に出かけ、自然観察や体を動かしてスキンシップを心がけています。今ですと、ドングリ拾いやトンボを追いかけたり、かくれんぼ、鬼ごっこなどです。

【母親に】

Q 子育てで注意している点は何ですか。

A 日常のあいさつがきちんとできること、嘘はつかないこと、自分のことは、自分でできるようにすることです。

CASE 21

👤【父親に】

Q お子様の長所と短所をお聞かせください。

A 日頃、動物やお花の世話をとてもよくし、とてもやさしい面があり、ねばり強く、几帳面であります。しかし、初めての方の前や新しい環境に慣れるまで、多少時間がかかります。

Q どういう家族が理想ですか。

A 子どもが何でも相談し、話し合いができ、みんな健康で明るい家族が理想です。

👩【母親に】

Q 園に対しての希望は何ですか。

A 土や緑に囲まれたこの環境の中で、子どもがのびのびと年齢に応じた保育教育を受け、成長できるように望みます。

Q もし、お子様が幼稚園に行きたくないと言ったらどうしますか。

A 子どもには子どもなりの理由があると思うので、まず、ゆっくり話を聞いて話し合います。

CASE 22

👤【父親に】

Q どのようなお子様ですか。

A 仕事などで疲れて帰ってきたときに、「だいじょうぶ？」など声をかけてくれる、とても優しい気持ちの子どもです。ただ、初めての場所や、初対面の人に対して、多少、人見知りするところがあります。

👩【母親に】

Q しつけについて、気をつけていることは何ですか。

A 「おはよう」から「おやすみ」までの挨拶がきちんとできるということはもちろん、子どもが悪いことをしてしかったときに、感情的に怒るのではなく、その理由がしっかり理解できるようにしています。

Q 家族が多い中で、どのようなことに気をつけていますか。

A 夫婦だけで子どもを育てるのではなく、家族全員で子どもを育てていけるよう隠し事をせず、夕食などを利用して、家族の会議を大切にしています。

CASE 23

👩 【母親に】

Q どのようなことに注意して子育てをなさっていますか。

A 健康に気をつけることはもちろんですが、外で会った方に、「こんにちは」など挨拶ができますよう、また、お片付けがきちんとできますよう、気をつけております。

👨 【父親に】

Q この一年で、お子様が成長されたと思うことは、どんなことですか。

A 4月より集団生活を始めまして、表現の枠が広がりました。例えば、今は絵本を読むことに夢中ですが、声を使って、実によく感情をこめて読んでおります。

👨 【母親に】

Q お子様はお手伝いをしていますか。

A 毎朝、父親に新聞を手渡すことと、メダカの世話です。

Q どのようなお子様ですか。

A 明るく優しく、誰とでも仲良く遊ぶことができ、お友達にも思いやりある態度がとれ、小さなことにも感動できる感情豊かな子どもです。

CASE 24

👨 【父親に】

Q ○○ちゃんは、どのようなお子様ですか。

A 草花や動物が好きで、感受性豊かで、じっくりと物事に取り組む子です。今年の夏は妻といっしょに朝顔やひまわりを育てましたが、毎日のように水をやり、今日はいくつお花が咲いたかしらと観察しておりました。また、体を動かすことも好きで、最近では、なかなかできなかった鉄棒を何回も練習し、前回りができるようになり、日常の行動面でも活発なところが見られ、身の回りのこともひと通りできるようになりました。ただ、今気掛かりな点は、集団の中に入りますとおとなしく、自分らしさを出すのが苦手なところです。

👨 【母親に】

Q 子育てが終わったら、何をしたいとお考えですか。

A 現在、私は娘が通っております幼稚園で自閉症のお子さんのお世話をさせて頂いているのですが、大変なこともありますがそれ以上に教えられ、得ることも多く、とても勉強になっております。育児が一段落しましたら、時間的にも余裕が持てますので、このような活動をより積極的におこなっていきたいと思っております。

CASE 25

👩【母親に】

Q 最近、お子様が成長されたと思われるのは何ですか。

A 3番目の子で、まだ幼いと思っていましたが、最近では朝など兄達に対してパジャマを着替えなさいとか、歯磨きは終わったの、とまるで母親と同じようなことを言うようになってきましたところです。また、いろいろな方とお会いする機会や、いろいろな体験をする機会を多くしたため、聞き分けがよくなったこと、人の気持ちを察し、行動してくれるようになったことでございます。

👨【父親に】

Q 園に何を期待しますか。

A 幼稚園は、娘にとって初めての集団生活ですので、将来、女性としての優しさ、思いやりある人に育ってほしいので、伝統あるこちらの幼稚園で、ぜひ、娘を教育していただきたいと思います。

Q お子様の性格を教えてください。

A 人に優しく接することが得意な娘でございます。公園でお友達がころんで泣いていると、そっとハンカチやティッシュペーパーを渡して、「もう大丈夫だからね」となぐさめたりいたします。祖父母との交流が多いので、祖父が肩が痛いと申しますと、湿布を持ってきまして貼ってあげることも自然にできるようになりました。初めてのことに対しては、多少、消極的な面がございますが、幼稚園でのいろいろな体験を心待ちにしております。

CASE 26

👩【母親に】

Q どのようにしてこちらの幼稚園をお知りになりましたか。

A 幼稚園ではございませんが、○○小学校へ主人の従兄弟の子ども2人が通わせていただいております。幼稚園と小学校の違いはございますが、環境の素晴らしさを聞き、ぜひ、こちらの幼稚園に通わせていただきたく志望させていただきました。

Q お子様の長所と短所をお話しください。

A 祖父母の家の犬の世話をしたり、小さなお友達には言葉をかけながら遊ぶなど、面倒見のよいところがあります。また、公園でお友達が転んで泣いてしまっているとかわいそうだ、と言っていっしょに泣いてしまう人の痛みのわかる心のやさしいところがあります。短所といたしましては、物事に慎重すぎるところがあり、初めての場所やお友達に会うと萎縮してしまうことがあります。男の子ですので冒険心があってもよいのではないかと思っております。

CASE 27

👨 【父親に】

Q ふだん、お子様とはどのように接していますか。

A 仕事上、ふだんは、帰宅時間が遅く、あまり接することができないのですが、その分、休みの日は、お弁当を持って屋外で遊ぶようにしております。

👩 【母親に】

Q お子様にどのような人間になってほしいですか。

A 人間というのは、どのような時でもひとりでは生きていけないので、自分の周りの方々にいつも感謝の気持ちを持って、思いやりのある人間になって欲しいと思っております。

Q 感謝の気持ちを持たせるため、どのようなことに注意をしていますか。

A 今の段階では、まず言葉からだと思いますので、人から親切を受けたり、何かいただいた時には「ありがとう」が自然に言えるようにと日頃から気をつけております。

CASE 28

👨 【父親に】

Q 本園に期待することは何ですか。

A 息子には何事にも積極的に挑戦し、失敗にくじけず、何度も繰り返し、やりぬく人間に育って欲しいと思っております。貴園では家庭とは異なった場面で善悪のけじめ、また、誰とでも仲良く遊ぶことができるよう社会的ルールを学ばせていただけたらと思っております。

👩 【母親に】

Q お子様を育てるにあたって、どのようなことに気をつけていらっしゃいますか。

A 日常のあいさつがきちんとできること、自分のことは自分でできるようにすることです。特に後片付けをきちんとおこない、片付けが楽しいものとなるよう、毎日片付け後にカレンダーにご褒美シールを貼り、本人の意欲を高めるよう努めております。

Q ご主人はどんなふうに教育に参加されていますか？

A いろいろなことに興味が持てるように、と考えてくれています。今年は、春から夏にかけて、カブトムシを飼育したり、先日は、いっしょにチューリップの球根を植えてくれました。

CASE 29

【父親に】

Q どのようなことでも良いので、関心を示していること、心配なことがありましたらお話しください。

A 子どもを持つまでまったく気にも止めていませんでしたが、やはり「いじめ」の問題が心を傷めます。どうしても他人事には思えません。親としてどうすべきかをとても考えております。

【母親に】

Q 何か宗教を持っていますか。興味を持っている宗教はありますか。

A いいえ、持っておりません。特に興味を持っている宗教はありませんが、家の近くにあるキリスト教の教会のほうへ私と子どもとで、毎週通わせていただいております。子ども会のようなもので、週1度、お庭で遊ばせていただいたり、お部屋で牧師様のお話を聞いたり、紙芝居を見たり、自由に遊ばせていただいております。そのような関係で、バザーのお手伝いなどをさせていただいて、今年はケーキや手芸品なども献品させていただきました。

Q 何か、習い事をしていますか。また、どうして通おうと思ったのですか。

A 幼児教室へ通っております。自分の力でお友達をつくり、いっしょに遊んだり、物を作ったり、お友達の和を学んでほしいと思ったからです。

CASE 30

【母親に】

Q お子様とバスに乗られるとき、どのようなことを注意されますか。

A バスは乗ったらすぐに動くので、棒などにすぐにつかまりなさいと言っております。そして、○○色のイスは体の不自由な人やおじいさん、おばあさんが座るので、○○色のイスに座りなさいといい聞かせてあります。

CASE 31

【母親に】

Q ひとりっ子ですが、気をつけていることはなんですか。

A 歩き出す前から、とにかく外へ外へと連れ出すようにしました。今では公園に行けば、必ず知ったお友達がいますし、ご近所の小学生のお姉さんお兄さんと、特に親しくしていただき、兄弟のように取り合いや、ガマンの経験も多くさせてきました。

CASE 32

👨 【父親に】

Q お休みの日はお子様と何をして遊びますか。

A 男の子なので体を使った遊びを中心に、近所の公園でサッカーをしたり、自転車に乗ったりして遊ばせることが多いですが、車が好きなので、交通博物館や、消防博物館に出掛けることもございます。

👩 【母親に】

Q 子育てをしていて感動されたことは何ですか。

A まだ今より小さい頃に砂場で遊んでいましたら、雲がかかり、まわりが暗くなりました。その様子を、「おかあしゃん、夜々してきたよ」と表現しました。知っている限りの言葉を使い言い表した子どもの成長の素晴らしさと、大人では考えつかない童話の世界と現実の世界の境にいる子どもの感性に感動をいたしました。

Q お子様と、お家では何をして遊びますか。

A 物を作ることが好きなので、テーマを決めて粘土をしたり、積み木やブロックで遊ぶことが多いです。

CASE 33

👨 【父親に】

Q 今日のお子様の様子はいかがですか。

A ふだんから幼稚園に行くことをとても楽しみにしており、また、本日はお友達といっしょに遊んだり、得意な歌を歌ったりして、とても楽しそうです。

Q お休みの日は、お子様とどのように接しておられますか。

A 外で遊ぶことが好きなので、兄といっしょに近所の公園へ出掛けて遊具で遊んだり、自然の移り変わりを体験しております。最近ではドングリ拾いをしたり、鳩に餌を与えたりしております。

👩 【母親に】

Q お子様を育てていく上で気をつけていることは何ですか。

A 健康管理を最優先に考え、規則正しい生活をさせ、十分な睡眠時間の確保と栄養のバランスのとれた食事を心掛けております。また、自分の身の回りのことは自分ひとりでできるように育てております。

CASE 34

👨【父親に】

Q 幼稚園に望むことはありますか。

A キリスト教に基づく保育活動のもとで、子どもの発育に応じた保育教育と集団生活における習慣を養っていただきたいと思っております。

Q 子どものケンカについてどう思われますか。

A ケンカもしないようでは逆にこまります。けじめを教えておけば、ケンカも必要なことだと思います。そのようなことから人の痛みや思いやりを覚えていくと思っております。

Q 教会へはいつ頃から通っていらっしゃるのですか。

A 子どもが生まれたのをきっかけに、家族で通うようになりました。教会学校へも参加しております。

Q お父様からみてお子様が最近興味を持っていることは何でしょうか。

A 最近は自転車など、外で遊ぶことを好むようです。

👩【母親に】

Q お母様からみてお子様が最近興味を持っていると思われることは何ですか。

A 柿の実が緑であったのが、秋になると赤く色づいてくるなどの屋外での季節の移り変わりや、物事の変化などに最近は興味があるようでございます。

Q いろいろおけいこをされているようですが、そんな中でお友達との様子はどうですか。

A 楽しく、すぐにお友達と仲良くなれるようです。お友達が集まってきてくれるほうなので、親としましてはありがたく思っております。

Q そのお友達のお母様どうしのお付き合いはありますか。また、どんなお付き合いですか。

A お付き合いはあります。いっしょに公園等へ出かけたり、自宅で手作り遊具の講習会などをして楽しんでおります。

CASE 35

👩【母親に】

Q お仕事と育児の両立について、どのように考えていらっしゃいますか。

A 祖母にも協力してもらいながら、続けられる範囲でと考えておりますが、子どもにとって母親は大切な存在だと感じておりますので、小さいうちは育児を優先したいと考えております。

CASE 36

👨 【父親に】

Q どのようなお子様ですか。

A 家で飼っている小動物を可愛がり世話をする優しいところがあり、最近はお友達との間でも泣いている子に声をかけるなど、思いやりのあるところが出てきました。幼稚園へまだ通っていない分、すでに通われているお子さんと比べますと、経験の少ない分、未熟な点があるかもしれませんが、どのような場においても一生懸命とりくんでいくタイプなので、これからの集団生活で社会性を身につけ、この子の個性が良い方向に発揮できるよう願っております。

👩 【母親に】

Q 今までどのようなことに気をつけてお育てになってこられましたか。

A 子どもが何かをひとりでやりとげたときの満足した表情は素晴らしいと思います。危険のない限り、自分でやりたがることは自分でやらせ、子どもの表情から思いや問いかけを気づいてやれる母になりたいと気をつけてきました。また、今の娘にはお友達と遊ぶ時間やさまざまな経験をすることが大切と思い、多くの機会をつくるように心がけました。

👨👩 【両親に】

Q 最後に考査の上で何かおっしゃっておきたいことはありませんか。

A 特にございません。娘のありのままの姿をそのまま考査で見ていただければ幸いです。

CASE 37

👨 【父親に】

Q 家庭教育で一番大切にしていることは何ですか。

A 私どもの家庭では家族全員で行動し、話し合うことをとても大切にしております。季節ごとに旅行に出掛け、海やスキーなどさまざまな体験をさせ、その体験の感想を必ず家族全員で話し合っております。そうすることで、自分の意見をはっきり述べ、相手の意見をしっかり理解し、相手の立場で物事を考えられる優しい人間に家族全員が成長したいと願っております。

CASE 38

Q お子様にはどのように成長してほしいとお考えですか。

A 社会のルールを守り、人のためにつくすことができる人になってほしいと思っています。

実践から生まれた桐杏学園の受験図書

出版案内　桐杏学園出版

〒272-0021　千葉県市川市八幡3-27-3
市進ビル2F
TEL/047-704-1026　FAX/047-704-1028

小学校入試対策問題集

パーフェクト

思考問題①　思考問題③　思考問題⑤
思考問題②　思考問題④
基本問題①

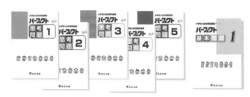

A4判
各2000円+消費税

有名小学校入試準備のためのワークブックシリーズ

ハイレベル 小学校入試
分野別ワークブック **パーフェクト**

入試傾向を見据えた、実力伸張・補強のためのワークブック。
いろいろな出題になれて、さらなるレベルアップができる。

総合問題①推理　総合問題⑤記憶
総合問題②構成　総合問題⑥言語
総合問題③数量　総合問題⑦知識
総合問題④知覚

年中児向け 小学校入試ワークブック
パーフェクトジュニア　総合問題①

A4判
各1100円+消費税

段階別
桐杏ワーク **STEP** ステップ

STEP 0 [年中編]
STEP 1 [基礎編]
STEP 2 [応用編]
STEP 3 [完成編]

■無理のない学習ができる段階別の構成
■8分野の広い範囲の勉強が1冊で
■国立・私立の入学試験の出題状況を解説

B4判
各2300円+消費税

家庭でできる
小学校受験模擬テスト

①（第1回〜第3回）
②（第4回〜第6回）
③（第7回〜第9回）

全3回のテストでお子様の実力を判定。
過去の入試内容を徹底分析した入試予想問題。

B4判
各2300円+消費税

有名幼稚園・小学校入試のための受験図書

有名小学校に合格するために

◆ 首都圏有名国立・私立小学校の
　過去の面接テスト内容
◆ 面接形式・面接注意事項
◆ 受験者の入試感想とアドバイス

毎年4月発刊
年度版

なんでもわかる
小学校受験の本

B5判
3300円+消費税

有名幼稚園に合格するために

◆ 入園願書の書き方とポイント
◆ 入試傾向・小集団テスト・個別テスト
◆ 面接テスト回答例

毎年6月発刊
年度版

なんでもわかる
幼稚園受験の本

B5判
2800円+消費税

小学校入試対策　◆ペーパー問題以外の、絵画制作、運動、指示行動の出題例

パーフェクト過去問題　行動観察

B5判
2500円+消費税

有名小学校入試面接対策の定番

はらはら
ドキドキ **入試面接**

有名小学校の面接テスト内容と受験者の入試感想を、
過去数年分掲載。

B5判
2500円+消費税

桐杏学園の詳しいご案内は、右のホームページでご確認ください。　**https://www.tokyogakuen.co.jp**

さくいん

なんでもわかる
幼稚園受験の本
（2025年度版）

令和6年7月1日　初版　第1刷発行

発行　　桐杏学園出版
発売　　（株）市進

〒272-0021 千葉県市川市八幡 3-27-3
電話：047-704-1026
FAX：047-704-1028

印刷所　　（株）エデュプレス
レイアウト　（有）Dジパング
イラスト　吉川 美幸
　　　　　あたらし　れい

ISBN978-4-906947-38-6